utb 5319

Eine Arbeitsgemeinschaft der Verlage

Böhlau Verlag · Wien · Köln · Weimar
Verlag Barbara Budrich · Opladen · Toronto
facultas · Wien
Wilhelm Fink · Paderborn
Narr Francke Attempto Verlag / expert Verlag · Tübingen
Haupt Verlag · Bern
Verlag Julius Klinkhardt · Bad Heilbrunn
Mohr Siebeck · Tübingen
Ernst Reinhardt Verlag · München
Ferdinand Schöningh · Paderborn
transcript Verlag · Bielefeld
Eugen Ulmer Verlag · Stuttgart
UVK Verlag · München
Vandenhoeck & Ruprecht · Göttingen
Waxmann · Münster · New York
wbv Publikation · Bielefeld

Studieren, aber richtig
Herausgegeben von Michael Huter

Die Bände behandeln jeweils ein Bündel von Fähigkeiten und Fertigkeiten. Das gesamte Paket versetzt Studierende in die Lage, die wesentlichen Aufgaben im Studium zu erfüllen. Die Themen orientieren sich an den wichtigsten Situationen und Formen des Wissenserwerbs. Dabei werden auch das scheinbar Selbstverständliche behandelt und die Zusammenhänge erklärt.

Weitere Bände:
Otto Kruse: Lesen und Schreiben (UTB 3355)
Klaus Niedermair: Recherchieren und Dokumentieren (UTB 3356)
Theo Hug, Gerald Poscheschnik: Empirisch forschen (UTB 3357)
Gerlinde Mautner: Wissenschaftliches Englisch (UTB 3444)
Jasmin Bastian, Lena Groß: Lerntechniken und Wissensmanagement (UTB 3779)
Melanie Moll, Winfried Thielmann: Wissenschaftliches Deutsch (UTB 4650)
Otto Kruse: Kritisches Denken und Argumentieren (UTB 4767)

Sabine Dengscherz
Michèle Cooke

Transkulturelle Kommunikation

Verstehen – Vertiefen – Weiterdenken

Mitarbeit und Fachlektorat: Michael En

UVK Verlag · München

Einbandmotiv: © Sabine Dengscherz

Bibliografische Information der Deutschen Nationalbibliothek
Die Deutsche Nationalbibliothek verzeichnet diese Publikation in der Deutschen Nationalbibliografie; detaillierte bibliografische Daten sind im Internet über http://dnb.dnb.de abrufbar.

UVK Verlag
ein Unternehmen der Narr Francke Attempto Verlag GmbH & Co. KG
Nymphenburger Straße 48 · 80335 München
Internet: www.uvk.de

Dischingerweg 5 · 72070 Tübingen
Internet: www.narr.de
eMail: info@narr.de

Einbandgestaltung: Atelier Reichert, Stuttgart
CPI books GmbH, Leck

UTB-Nr.: 5319
ISBN 978-3-8252-5319-6 (Print)
ISBN 978-3-8385-5319-1 (ePDF)
ISBN 978-3-8463-5319-6 (ePub)

Inhalt

Transkulturelle Kommunikation: Was ist das?

Zu Beginn möchten wir Sie mit einem der wichtigsten Aspekte der Transkulturellen Kommunikation bekannt machen:

Abb. 1: Ein Hase? (Foto: pixabay)

Der Hase steht für viele der Fragen, die wir uns stellen, wenn wir uns mit Transkultureller Kommunikation beschäftigen. Er deutet gleichzeitig verschiedene mögliche Antworten auf diese Fragen an.

Eine Frage könnte lauten: Ist das wirklich ein *Hase*? Was denn sonst, werden Sie vielleicht meinen. Nun, wie bei sehr vielen Fragen, die wir uns im Laufe unseres Lebens stellen, lautet die Antwort: *Es kommt darauf an.*

Worauf kommt es denn an? Es kommt zum Beispiel darauf an, ob der Hase ein „deutschsprachiger" oder ein „englischsprachiger" Hase ist. Aber Hasen sprechen doch weder Deutsch noch Englisch, werden Sie einwenden. Stimmt. Eigentlich geht es darum, ob die Menschen, die den Hasen sehen (also auch Sie) auf Deutsch oder Englisch gelernt haben, sich einen Hasen vorzustellen.

Was sehen Sie denn in dem Bild? Sehen Sie ein „wild lebendes Nagetier"? Vermutlich nicht, oder nicht auf den ersten Blick. Sie sehen wahrscheinlich vor allem ein niedliches Tierchen, das kuschelig und „lieb" wirkt. Auch wenn Sie das Wort *Hase* nur hören, werden wahrscheinlich solche Bilder bei Ihnen aktiviert. Wörter wie *Osterhase*, *Kuschelhase*, *Skihase*, ... auch *Häschen* oder *Hasi* als Kosenamen deuten auf das Image von Hasen auf Deutsch.

Zurück zur ersten Frage: Ist das wirklich ein *Hase*? Ja. Und nein. Kulturell gesehen, also in den Vorstellungen der meisten Menschen, die das obige Bild ansehen oder das Wort „Hase" hören, sieht ein Hase so aus: kuschelig und lieb.

Zoologisch gesehen aber handelt es sich um ein *Kaninchen*. „Zoologische Hasen" oder „eigentliche" Hasen (im Gegensatz zu „vorgestellten" oder kulturellen Hasen) sind dünner, haben längere Beine und Ohren, ein länger gezogenes Gesicht als Kaninchen und wirken, wie wir im folgenden Bild sehen, insgesamt viel weniger niedlich als Kaninchen.

Abb. 2: Ein „zoologischer" Hase (Foto: pixabay)

Sucht man eine englische Übersetzung in einem zweisprachigen Wörterbuch, findet man als erste Angabe: Hase = hare.

Nun, das stimmt. Und stimmt auch nicht. Denn auch im englischsprachigen Kontext hat der „zoologische" *hare* ein viel weniger kuscheliges Image als zum Beispiel ein *rabbit* oder *bunny*. Als Haustier hält man *rabbits* und nicht *hares*, also Kaninchen und nicht Hasen. Der Osterhase ist der *Easter Bunny* und bestimmt kein *Easter Hare*. Wie sagt man dann *Hase* auf Englisch? Es kommt darauf an ...

Was ist denn im ersten Bild *wirklich* zu sehen? Es kommt eben darauf an, aus welchem Blickwinkel wir es betrachten. Es kommt auch darauf an, wer wir sind: Zoolog*innen? Kinder? Koch? Kunsthistorikerin? ...?

Je nachdem, wie wir gelernt haben, an Hasen (oder Kaninchen?) zu denken, wird das Bild unterschiedliche Gefühle und Gedanken in uns wecken.

Abb. 3: „Feldhase“ von Albrecht Dürer (Abbildung: Wikipedia)

Ist die übliche englische Übersetzung des Titels von Dürers Bild – „Young Hare“ – richtig? Warum zum Beispiel *„young“ hare*, wenn es auf Deutsch ja *„Feld“hase* heißt? Vielleicht deswegen, weil *„field“ hare* nicht so üblich ist im Englischen? Oder weil *„young“ hare* hier etwas sympathischer wirkt? Oder wegen des Wortrhythmus? Oder aus allen drei Gründen? Es kommt nicht nur darauf an, wie man das Bild interpretiert, sondern auch darauf, welche Aspekte oder Eigenschaften des Bildes hervorgerufen werden sollen. Manche Kunstexpert*innen vertreten die Meinung, es sei gar kein junger Hase, der hier abgebildet wird, sondern ein erwachsener. Manche Übersetzungen lauten dementsprechend *Hare* oder *Wild Hare* ohne Hinweis auf das Alter. Alle angebotenen Übersetzungen wären als „richtig“ zu bezeichnen. Es kommt eben darauf an. Wie wir über etwas sprechen, etwas bezeichnen, etwas verstehen, hängt von unserem Standpunkt ab. Es hängt davon ab, wer wir sind, wo wir leben oder gelebt haben, wie wir leben etc. Es hängt eben von vielen unterschiedlichen Faktoren ab.

Während Sie die vielen Dimensionen der *Transkulturellen Kommunikation* kennenlernen, werden Sie auch lernen, worauf es ankommt. Welche Kriterien sind für die Analyse einer bestimmten Kommunikation relevant? Für die Lösung eines kommunikativen Problems? Für die Bezeichnung eines Gegenstands?

Worauf es ankommt, wird von Mal zu Mal, von Situation zu Situation anders sein. Menschliche Kommunikation ist nicht nur vielfältig, sie ist auch nicht voraussehbar. Jede Kommunikationssituation ist einmalig. Jeder Kommunikationsakt ist einzigartig. Jedes Mal, wenn Menschen sich äußern, einander wahrnehmen und einander verstehen (oder auch missverstehen) wollen, ist eine neue Konstellation von Gedanken, Gefühlen, gesellschaftlichen und politischen Faktoren im Spiel, die unsere Verstehensbereitschaft und unser Verstehensvermögen formt und beeinflusst. Mit dieser komplexen und gleichzeitig spannenden Tatsache umgehen zu können, gehört zur Expertise der Transkulturellen Kommunikation.

Denn auch wenn wir nicht voraussagen können, was die Leute sagen, schreiben, denken oder meinen werden in all den unzählbaren Situationen, in denen wir Menschen kommunizieren, ist es doch möglich, etwas daraus zu lernen. Wir können gewisse Regelmäßigkeiten feststellen: Verhaltensweisen und Reaktionen erkennen, die immer wieder vorkommen, wenn auch nicht unbedingt in der ganz gleichen Form.

Wir lernen, die Ungenauigkeit, Unvorhersagbarkeit, die komplexe und faszinierende Problematik der menschlichen Kommunikation als Teil unseres Know-hows zu akzeptieren. Denn das macht unser Fachwissen aus: das Erkennen der Probleme, die entstehen, wenn Menschen miteinander umgehen.

Letztlich: Wenn es keine Probleme gäbe, würde man keine Kommunikationsexpert*innen brauchen. Wenn alle dieselbe Sprache sprechen würden, alle einander verstehen würden und das ausdrücken könnten, was sie „eigentlich" meinen, gäbe es keinen Bedarf an Kommunikationsexpert*innen. Ein Studium der Transkulturellen Kommunikation, also eine wissenschaftliche Auseinandersetzung mit Transkultureller Kommunikation, verlangt von uns, Kommunikationsprobleme zu identifizieren, und auch, die passenden Fragen stellen zu können, um Lösungen für diese schon bekannten und doch immer einzigartigen Probleme zu finden.

Was ist also der „Inhalt" einer Einführung in die Transkulturelle Kommunikation? Kurz gesagt: Es geht darum, wie Menschen aus unterschiedlichen Lebensbereichen und Kulturen einander verstehen und warum sie einander auch missverstehen. Ein relativ kurzer Satz, aber mit sehr viel Inhalt. Es gibt kaum etwas, das nicht Gegenstand der menschlichen Kommunikation ist oder sein kann. Unsere Sprachen können potentiell alles besprechen – auch das, worüber wir nicht oder noch nicht sprechen. Vor 20 Jahren hat niemand die Anzahl der „Facebook-Friends" gezählt oder von „googeln" gesprochen. „LGBTIQ+" war kein gängiger Begriff und niemand hat auf

Deutsch „gechillt“ oder war „couchsurfen“. Wir haben es klarerweise getan, aber die Verwendung der „englischen“ Ausdrücke verleiht den Handlungen einen anderen Geschmack als zum Beispiel „sich entspannen“ oder „bei jemandem übernachten“.

Wie wir am Beispiel des Hasen gesehen haben, umfasst die Kommunikation nicht nur Sprache, sondern vieles mehr: Alles, worüber und womit Menschen sich verständigen, ist Gegenstand der Kommunikation oder kann es werden. Unser „Stoff“ ist also potentiell die ganze Welt. Oder schlichtweg: das ganze Leben.

Auch ein anscheinend banaler Alltagsgegenstand wie ein Fenster ist im Kontext der Transkulturellen Kommunikation alles andere als selbstverständlich. Was ist die Funktion eines Fensters? Auch hier lautet die Antwort: Es kommt darauf an.

Es kommt zum Beispiel darauf an, ob wir von einem „westlichen“ Fenster oder von einem Fenster in der Tradition der islamischen Architektur sprechen. In der sogenannten „westlichen“ Tradition dient ein Fenster zwar dazu, Licht in einen Raum zu lassen, es wurde aber im Laufe der Jahrhunderte auch immer mehr als Möglichkeit verstanden, hinauszuschauen und gesehen zu werden oder das „Außen“ nach innen zu bringen (siehe Abbildungen 4, 5 und 6).

Abb. 4: Fenster (Foto: pixabay)

Abb. 5: Fenster (Foto: pixabay)

Abb. 6: Fenster (Foto: pixabay)

Das „islamische" Fenster hingegen soll das Licht so in den Raum filtern, dass es gemäß den ästhetischen Ansprüchen des Korans wirkt. Das Fenster soll nicht in erster Linie nach außen wirken, sondern den Blick nach innen lenken (siehe Abbildungen 7 und 8).

Sprechen wir dann vom „gleichen" Gegenstand? Ja. Und nein. Je nach Tradition, nach Kultur und schließlich nach unserer Perspektive verstehen wir ein *Fenster* als etwas anderes.

Es kann also wirklich alles Gegenstand unseres Fachs werden. Das ist die große Herausforderung – und gleichzeitig die große Faszination.

Abb. 7: Fenster (Foto: „Painted Mosque" von Jocelyn Erskine-Kellie, flickr.com, CC-BY 2.0)

Abb. 8: Fenster (Foto: pixabay)

Wir lernen nie aus, weil sich die Welt ständig ändert. Etwas, das uns heute unwichtig erscheint, kann morgen oder für eine andere Person, für Menschen in einem anderen Land oder in einer anderen sozialen Gruppe von großer Bedeutung sein. Kann heiß umstritten werden, wie zum Beispiel das Bienensterben, der Klimawandel oder das Verbot von Kopftüchern in säkularen Schulen. Oder kann auch gefeiert (und gleichzeitig umstritten!) werden, wie der Weltfrauentag. Kann eine großartige Entdeckung darstellen oder eine gefährliche Bedrohung. Die Menschen werden darüber reden wollen, davon schreiben, miteinander diskutieren und verstehen wollen, wie denn „die anderen" das sehen.

Und wir, wenn wir gelernt haben, die Welt aus unterschiedlichen Perspektiven zu sehen, können sie dabei unterstützen.

Bei allem technologischen Fortschritt werden Menschen nie aufhören, miteinander zu kommunizieren. Der „Stoff" der Transkulturellen Kommunikation ist nie erschöpft. Und damit bleibt auch der Bedarf an Kommunikationsexpert*innen immer gegeben: Menschen, die gelernt haben, die Kommunikation zwischen Menschen und Kulturen zu fördern. Wir leben zwar in einer „globalisierten" Welt, in der viele Unterschiede geglättet oder kleiner werden. Es entstehen aber gleichzeitig neue Unterschiede, neue Sichtweisen und neue Perspektiven, die neue Verständnishürden errichten und alte untermauern. Auch im sogenannten „globalen Dorf" entstehen immer neue Möglichkeiten, einander zu verstehen und misszuverstehen. Auch das Englisch, das so viele sprechen, ist alles andere als „global"; es ist vielmehr ein Ausdrucksmittel für lokale Interessen und kulturell bedingte Anliegen. Englisch ist nicht mehr nur „englisch", sondern die Sprache vieler Kulturen mit ebenso vielen Dimensionen und Bedeutungen. Im transkulturellen Rahmen dieser angeblichen *Lingua franca* sprechen nicht alle die gleiche Sprache. Auch hier ist gegenseitiges Verstehen nicht selbstverständlich.

Auf Transkulturelle Kommunikation können wir nicht verzichten. Die wissenschaftliche Beschäftigung mit Kommunikationsprozessen hilft uns, sie besser zu verstehen und bewusst mit ihnen umzugehen.

Hinweis zu genderbewusster Sprache

Wie wir in diesem Buch noch ausführlicher diskutieren werden, ist (unsere) Sprache – das, was wir sagen und ausdrücken – nie neutral. Alles, was wir sagen, könnte auch auf unzählige andere Arten gesagt werden. Deswegen ist es wichtig, dass wir darüber nachdenken, *wie* wir etwas sagen (wollen), um zu einer bewussten Entscheidung zu finden, die am besten ausdrückt, wie wir die Welt sehen.

Eine dieser bewussten Entscheidungen für dieses Buch ist, dass wir bei genderspezifischen Bezeichnungen für Personen eine Mischform aus grammatisch männlichen und grammatisch weiblichen Formen verwenden und einen Asterisken (*) hinzufügen – „Übersetzer*innen", „ein*e beste*r

Freund* in“, „jede* r von uns“ – wobei in manchen Fällen eine grammatisch männliche Endung wegfällt (zum Beispiel in „das Verhalten Ihres* r Freund* in“).

Wir haben uns für diese Variante – und damit bewusst gegen andere Formen wie zum Beispiel die rein maskuline Form („Übersetzer, jeder“) oder Formen mit Binnen- bzw. End-Majuskeln („ÜbersetzerInnen, jedeR“) vor allem aus den folgenden zwei Gründen entschieden:

Zum einen wollen wir damit Raum schaffen – orthografisch, sprachlich und (somit auch) gedanklich – für Geschlechtsidentitäten, die nicht in die starre/erstarrte Dichotomie Mann-Frau passen. Wir sehen den Asterisken als Anerkennung, Einladung und Versuch der Sichtbarmachung von Menschen, die sich nicht (nur) als „Mann“ bzw. „Frau“ identifizieren bzw. identifizieren können oder/und wollen – darunter intergeschlechtliche Personen, Transgender-Personen, Personen mit nichtbinärer Geschlechteridentität, genderqueere Personen und andere. Die Inhalte, die wir in diesem Buch besprechen, betreffen *alle* Menschen unabhängig ihres Geschlechts.

Zum anderen wollen wir damit auf die diskursive – das heißt, sprachliche und soziale – Konstruiertheit von allen solchen Bezeichnungen generell hinweisen. Menschengruppen wie „Frauen“, „Männer“, „Übersetzerinnen“, „Deutsche“, „Europäer* innen“ etc. sind nicht „einfach so“ in der Welt „natürlich“ vorhanden. Stattdessen werden sie immer wieder aufs Neue als Gruppe konstruiert und gefestigt, unter anderem auch durch die automatisierte Verwendung ihrer Bezeichnungen. (Mehr zum Begriff Diskurs und seinen Wechselwirkungen mit Gesellschaft und Macht werden wir in den folgenden Kapiteln besprechen.) Der Asterisk soll also auch als Erinnerung daran dienen, dass unsere Sprache Realität schafft, diese aber nie die einzig mögliche oder einzig gültige Art ist, die Welt zu verstehen. Dies gilt nicht nur in der Transkulturellen Kommunikation, sondern in jeder Form der Sprachverwendung.

Quellennachweis

Belting, Hans (2008): *Florenz und Bagdad. Eine westöstliche Geschichte des Blicks.* München: C. H. Beck.

I Kommunikation

1 Was ist Kommunikation?

Abb. 9: Frauen im Gespräch (Foto: Carol Mitchell, flickr.com, CC-BY-ND 2.0)

Die Frauen in diesem Bild tun etwas, das wir alle tun können: Sie sehen einander an, lächeln, nehmen einander als Menschen wahr. Manche sprechen auch miteinander. Wenn wir uns das Bild ansehen, erkennen wir, dass hier Menschen zu sehen sind, und ziehen bestimmte Schlüsse aus der Art und Weise, wie sie gruppiert sind, wie nah sie nebeneinander sitzen, was sie mit den Händen tun und auch, wie sie aussehen.

Wir nehmen zum Beispiel an, dass die weißhaarige Frau älter ist als die anderen. Die Frau, die etwas abseits von den anderen sitzenden Frauen sitzt, scheint das Gespräch zu führen. Das schließen wir aus der Körperhaltung der drei Frauen, die sich zu ihr drehen und ihr anscheinend zuhören. Eine Frau hebt die Hand, vielleicht in Ablehnung? Oder Zustimmung? Jedenfalls wirkt sie aufgeregter als die anderen zwei.

Die Frau zur linken Seite scheint aber mehr mit ihrer Kopfbedeckung beschäftigt zu sein als mit der Unterhaltung der restlichen vier Frauen. Oder denkt sie über die Unterhaltung nach? All das und vieles mehr entnehmen wir dem Bild auf einen Blick.

Was diese Frauen miteinander – und auch mit uns durch das Bild – verbindet, heißt Kommunikation. Durch ihre bloße Anwesenheit und gegenseitige Wahrnehmung teilen sie einander (und auch uns) etwas mit: Ich höre dir zu; ich bin nicht damit einverstanden; mich interessiert es nicht, was du zu sagen hast ... Je nachdem, wie sie zueinander stehen, werden sie das jeweilige körperliche und sprachliche Verhalten anders interpretieren.

Auch wir, wenn wir Schlüsse ziehen wie „Die Frau links ist desinteressiert" oder „Sie denkt nach", interpretieren, was sie tut, wie sie steht, ihren Gesichtsausdruck und vieles mehr.

Das tun wir alle „automatisch" – manche würden sagen „instinktiv" –, ohne es in der Schule gelernt zu haben, auch ohne viel darüber nachdenken zu müssen.

Alle Menschen können kommunizieren. Jede*r kommuniziert auf eine ganz eigene Art und Weise. Wir erkennen die Stimme und sogar den Schritt einer uns bekannten Person unter den vielen hunderten Personen, denen wir im Laufe eines Lebens begegnet sind. Dabei muss die Person uns nicht unbedingt nahestehen. Den Schritt der Lehrerin, die uns seit der ersten Klasse begleitet hat, oder der Arbeitskollegin, die seit fünf Jahren im Nebenzimmer sitzt, werden wir vermutlich so schnell identifizieren wie den Schritt unserer Eltern oder unserer besten Freund*innen.

Warum kommunizieren wir?

So einzigartig aber jedes Kommunikationsverhalten sein mag, die Fähigkeit zu kommunizieren ist uns allen gegeben. Mehr noch: Wir können gar nicht anders.

Nicht nur können wir alle kommunizieren – wir müssen. Sobald wir auf die Welt kommen (manche meinen, bereits vor der Geburt), werden wir von mindestens einem Menschen wahrgenommen, gehalten, angesehen. Und auch Säuglinge kommunizieren, ohne es zu wissen, weil sie es einfach müssen: Der erste Schrei kommuniziert, dass das Kind atmet, am Leben ist. Weitere Schreie signalisieren Hunger oder das Bedürfnis nach Körpernähe oder Wärme. Die Pflegepersonen lernen langsam, diese Signale des Kindes zu interpretieren und durch einen Prozess von Versuch und Irrtum dem Kind (meistens!) das zu geben, was es braucht. Auch das Kind lernt allmählich, dass sein Schreien oder Lächeln bestimmte Auswirkungen darauf hat, wie die Menschen in seiner Umgebung reagieren. Es lernt eben, dass sein Verhalten einen Einfluss auf das Verhalten anderer Personen ausüben kann. So lernen wir alle, mit unseren Mitmenschen zu interagieren.

Ohne die zwischenmenschliche Interaktion, die wir Kommunikation nennen, wären wir nicht nur sehr einsam. Wir würden nicht überleben.

Die Gegenwart anderer Menschen ist unvermeidlich mit dem Leben verbunden. Sogar ein*e Einsiedler*in kann sich nur so bezeichnen, weil er*sie sich bewusst den Menschen entzogen hat. So lange aber die Möglichkeit besteht, zur Gemeinschaft zurückzukehren, bleibt auch der Entzug ein Akt der Kommunikation. Wer „ich will nicht“ sagt, sagt noch immer *jemandem etwas.*

Das Kommunikationspotenzial ist immer vorhanden. In diesem Sinne ist der wohlbekannte Satz von Paul Watzlawick zu verstehen: *Man kann nicht nicht kommunizieren.*

Die Umkehrung dieses Grundsatzes der Kommunikationslehre lautet: Wir sind alle zur Kommunikation gezwungen.

Das ist auch der Grund, warum wir alle kommunizieren können.

Wie kommunizieren wir?

Manche Menschen (darunter auch manche Wissenschaftler*innen) vertreten die Meinung, Kommunikation sei nur das, was wir bewusst mitteilen wollen. Mit anderen Worten, der Ausdruck Kommunikation bezeichne nur eine intentional (beabsichtigt) gesetzte Handlung, die einen bestimmten Zweck erfüllen soll. Wir gehen aber hier davon aus, dass Kommunikation alles umfasst, was Menschen einander mitteilen, bewusst oder unbewusst, gewollt oder ungewollt. Mehr noch: Wir vertreten die Ansicht, dass alles, was wir anderen Menschen mitteilen, ob in der gesprochenen oder geschriebenen Sprache, ob ohne ein Wort oder gar ohne etwas zu „tun“, als Kommunikation gilt.

Wir könnten also sagen: Kommunikation ist jede Art von menschlichem Verhalten, das von (einem) anderen Menschen wahrgenommen wird. Wir können also das Prinzip „Man kann nicht nicht kommunizieren“ um eine Einsicht ergänzen: *Wir können uns nicht nicht verhalten.*

Kommunikation und Verstehen

An unserer Reaktion auf das obige Bild haben wir festgestellt, dass das Bild uns „etwas sagt“, ohne dass wir ein Wort gehört oder eine Bewegung gesehen hätten. Wir sehen Menschen und „denken uns etwas". Sie teilen uns etwas mit, weil es uns Menschen nicht möglich ist, etwas zu sehen (oder zu hören oder zu spüren oder ...), ohne wissen zu wollen, was es ist. Wir wollen uns auskennen. Wir wollen uns orientieren können. Vor allem bei anderen Menschen. Wir könnten auch sagen: *Wir wollen verstehen.*

Genau wie das Kommunizieren-Müssen ist auch das Verstehen-Wollen ein Grundbedürfnis des Menschseins. Eigentlich handelt es sich um ein Grundbedürfnis aller Organismen: Jedes Lebewesen muss sich in seinem Weltteil (in seiner Nische) auskennen, um sich zurechtzufinden. Es muss wissen, wer oder was freundlich oder feindlich gesinnt ist, was ihm guttut und was gefährlich ist, etc.

Ebenso geht es uns Menschen. Wir sind auf das Verstehen angewiesen. Niemand hat es gerne, wenn er* sie „die Welt nicht versteht". Wir mögen es nicht, wenn wir einen anderen Menschen nicht verstehen. Probieren Sie es aus: Sagen Sie „Ich kenne mich bei ihm nicht aus" oder „Ich verstehe sie einfach nicht" und versuchen Sie, dabei zu lächeln oder glücklich zu wirken. Das fällt den meisten von uns schwer. Üblicherweise runzeln wir die Stirn und/oder sind irritiert, wenn wir etwas nicht verstehen.

Verstehen und Interpretieren

Wir sind deswegen irritiert, weil das Nicht-Verstehen ein Nicht-einordnen-Können bedeutet. Wenn wir etwas nicht verstehen, können wir „nichts damit anfangen". Wir kennen uns nicht aus, wissen nicht, woran wir sind. Wir können uns nicht orientieren. In vielen Varianten des Englischen sagen wir, wenn wir etwas nicht verstehen: *I can't make sense of it.* (Etwa: Ich sehe keinen Sinn darin. Das ergibt für mich keinen Sinn.) Und dieses Gefühl ist für niemanden angenehm.

Wir umgehen dieses Problem (oder versuchen, es zu lösen), indem wir die Welt um uns mit Bedeutung versehen. Wir sehen Sinn in unserer Um-Welt. Und was wir darin sehen, ist etwas, das *für uns* Sinn macht.

Wir wollen also verstehen. Auch wenn wir meinen, *nicht* verstehen zu wollen, geben wir dem Verhalten, den Äußerungen einer anderen Person irgendeinen Sinn. Wenn wir „nicht verstehen wollen" bedeutet das meistens, dass wir die Meinung der anderen Person nicht akzeptieren wollen oder ihre Perspektive nicht einnehmen wollen. Es geht dann meist darum, auf die eigene Sichtweise zu pochen, weil ein anderer Sinn uns stören würde. Auch wenn wir nicht verstehen, verstehen wir also etwas. Dies wird oft *Missver-*

stehen genannt. Missverstehen fällt auch unter das Verstehen-wollen-Prinzip: Wir verstehen dann eben in *unserem* Sinne.

Mit anderen Worten: Wir interpretieren, was um uns geschieht. Dazu gehört auch das Verhalten anderer Menschen. Es kommt also eine weitere Einsicht zum Grundprinzip der Kommunikation hinzu: *Wir können nicht nicht interpretieren.*

Verstehen als Beziehung

Wie verstehen Sie dieses Bild?

Abb. 10: Vögel (Foto: pixabay)

Oder anders gesagt: Was verstehen Sie an diesem Bild? Das oben erwähnte Verstehensbedürfnis ist so zwingend, dass wir auch „automatisch" die Kommunikation zwischen anderen Lebewesen interpretieren. Und dies erfolgt klarerweise von unserer, der menschlichen Perspektive aus. Bei allen Bemühungen, eine anthropomorphe (menschenzentrierte) Sichtweise zu vermeiden, wird es uns schwer gelingen, einen Vogel aus der Perspektive eines Vogels zu betrachten. Wir nehmen zwangsläufig den menschlichen Standpunkt ein.

Diese menschliche Sicht der Vögel im obigen Bild beeinflusst, wie wir das Verhalten der Vögel interpretieren. Wir deuten ihre Körpersprache, die Nähe oder Distanz, die sie zueinander halten, nach menschlichen Kriterien.

Der Vogel links im Bild zum Beispiel steht etwas abseits und nimmt dadurch eine stärkere Position ein als die anderen drei, die als Gruppe ihm zuzuhören scheinen. Auch die Kopfhaltung des links stehenden Vogels – nach oben gerichtet – wirkt bestimmt und sogar leicht überheblich.

Natürlich könnte man viel mehr aus diesem Bild lesen. Allein diese kurze Beschreibung zeigt aber, wie sehr unsere Auffassung des „Inhalts" eines Bildes oder eines Verhaltens mit dem eigenen Standpunkt zusammenhängt.

Wir sehen auch, dass wir eine Beziehung zwischen den Vögeln annehmen und daraus eine Interpretation ableiten: Die körperliche Nähe (oder Distanz) deutet auf die innerliche (emotionale) Beziehung zueinander hin.

Kommunikation ist in der Tat nicht möglich ohne Beziehung – ohne sich aufeinander zu beziehen. Wenn wir eine Person (oder etwas) wahrnehmen, beziehen wir uns auf sie (bzw. darauf). Wir beginnen, sie (oder es) einzuordnen: Wer ist das? Wie gut kennen wir uns? Ist sie mir sympathisch? etc. In den meisten Fällen erfolgt diese Einordnung unbewusst oder automatisch. Bei Eltern oder Freund*innen zum Beispiel müssen wir uns nicht mehr fragen, wer sie sind oder ob wir sie gernhaben: Wir wissen „automatisch", wie wir zu ihnen stehen. Und wie wir zueinander stehen, beeinflusst wesentlich die Interpretation des gegenseitigen Verhaltens.

Ein Kind, das seinen Eltern vorschreibt, nicht nach Mitternacht nach Hause zu kommen, wird höchstwahrscheinlich als frech gelten. Die meisten Kinder und Jugendlichen erwarten hingegen, dass die Eltern gewisse Regeln aufstellen, und auch wenn diese lästig sind, würde kaum jemand auf die Idee kommen, solche Eltern als *frech* zu bezeichnen. *Frech* ist nur jemand, der die akzeptierte Autoritätsgrenze überschreitet.

Die gleiche Äußerung – „Komm nicht zu spät nach Hause!" – wird also je nach der Beziehung der kommunizierenden Person und deren Autoritätsverhältnis unterschiedlich interpretiert. Der „Inhalt" der Äußerung ändert sich dementsprechend: *Du bist frech* oder *Du bist lästig* bzw. *Typisch Eltern.*

Es ist aber nicht nur eine Frage der Autorität. Ob wir jemanden mögen oder nicht, für schüchtern oder überheblich, intelligent oder dumm halten – alle möglichen Gefühle beeinflussen unsere Interpretation dessen, was jemand in seinem*ihrem Verhalten aussagt.

Eine Lehrerin, die eine Schülerin für grundsätzlich engagiert und intelligent hält, wird eine Frage wie *„Könnten Sie das bitte erklären? Ich verstehe nicht, was Sie gerade gesagt haben."* vermutlich als Wissensdurst und Lernbereitschaft auffassen. Einer anderen Schülerin, die als faul und unruhig gilt, wird womöglich bei der gleichen Frage Desinteresse und mangelndes Lernvermögen unterstellt werden.

Diese Bestimmung des „Inhalts" einer Äußerung oder eines Verhaltens auf der Basis der Beziehung gilt grundsätzlich in jedem Bereich der Kommunikation, in der wissenschaftlichen und beruflichen Welt und auch im Alltag. Wir können uns nicht *nicht* beziehen. Beziehung *ist* Kommunikation, weil wir einander nicht wahrnehmen können, ohne uns aufeinander zu beziehen.

Auf den Punkt gebracht

1. Verhalten ist Kommunikation. Kommunikation ist etwas, das passiert, wenn Menschen einander wahrnehmen.
2. Alle Menschen kommunizieren.
3. Kommunikation ist nicht immer gewollt oder beabsichtigt.
4. Verhalten wird immer interpretiert. Diese Interpretation erfolgt unbewusst oder bewusst.
5. Es gibt kein objektives Verstehen. Alles wird von einem bestimmten Standpunkt aus verstanden.
6. Wir können nicht verstehen, ohne zu interpretieren. Auch Missverstehen ist eine Interpretation.
7. Die Beziehung bestimmt die Interpretation des Inhalts.

Zum Weiterdenken und Vertiefen

1. Sie sehen eine Person auf der Straße, die Sie nicht sehr sympathisch finden, begrüßen sie aber dennoch aus Höflichkeit. Die Person reagiert nicht und geht einfach weiter, ohne zu grüßen. Was empfinden Sie? Wie ordnen Sie ihr Verhalten sein?
2. Das Gleiche passiert ein paar Tage später mit einem*r Freund*in. Sie grüßen, aber es kommt nichts zurück. Was empfinden Sie diesmal? Wie verstehen Sie das Verhalten Ihres*r Freund*in?

2 Kommunikationssituationen und ihre Dimensionen

Wenn wir kommunizieren, tun wir das immer in einer bestimmten Situation. Die Situation hat Einfluss darauf, *wie* wir kommunizieren, also wie wir unser Verhalten auf andere beziehen. Wir treffen – bewusst oder unbewusst – Entscheidungen darüber, was wir ausdrücken möchten, welche Details wir erwähnen oder auslassen, welche Informationen wir zusätzlich für das Verstehen mitliefern und wie wir diese Informationen darstellen. Um diese Entscheidungen treffen zu können, müssen wir verschiedene Dimensionen der jeweiligen Kommunikationssituation berücksichtigen. Dazu gehören einerseits Rahmenbedingungen wie zeitliche, räumliche und soziale Nähe und Distanz, andererseits aber auch Vorstellungen über das Vorwissen der Kommunikationspartner*innen (der *Adressat*innen*), potentielle Erwartungen, die auf früheren Erfahrungen beruhen, und unterschiedliche Absichten (*Intentionen*) bei der Kommunikation.

In sogenannten Face-to-Face-Kommunikationssituationen sind alle Beteiligten gleichzeitig anwesend – wie zum Beispiel die Frauen auf dem Foto am Beginn dieses Kapitels (Abbildung 9). Stellen Sie sich vor, dass aus dieser Situation heraus eine der Frauen etwas kommentiert, das auch die anderen im Blickfeld haben: Sie schaut vielleicht auf ein Geschäftslokal, das kürzlich eröffnet worden ist, und macht eine Bemerkung dazu. Den anderen braucht sie es nicht eigens zu beschreiben, sie können es auch selbst sehen. Die Frauen können auf eine gemeinsame Wahrnehmung zurückgreifen. Möglicherweise entwickelt sich das Gespräch dann aber noch in eine andere Richtung und eine der Frauen nimmt auf etwas anderes Bezug, eine Begegnung vom Vortag vielleicht. In diesem Fall muss sie schon mehr erklären und beschreiben, den anderen eine Situation schildern und nachvollziehbar machen, in der sie nicht dabei waren. Geht es dabei um gemeinsame Bekannte oder ein gemeinsames Lebensumfeld, kann die Erzählerin sich aber immer noch auf viel geteiltes Wissen beziehen. Außerdem muss in der Face-to-Face-Kommunikation nicht alles *verbalisiert* (versprachlicht) werden, was ausgedrückt werden soll, sondern es können auch – bewusst oder unbewusst – *nonverbale* Elemente der Kommunikation eingesetzt werden, wie Mimik, Gestik oder bestimmte Körperhaltungen.

Wenn nun eine entfernte Bekannte anruft, die wissen möchte, was es Neues gibt, müsste die Erzählerin entscheiden, was sie berichtenswert findet und wie sie es für ihre Gesprächspartnerin darstellt. Dabei würde sie wahrscheinlich darauf Rücksicht nehmen, dass die entfernte Bekannte nicht über dieselben Informationen verfügt wie die Anwesenden. Und wenn nicht gerade Videotelefonie eingesetzt wird, ändert sich die Situation auch dadurch, dass die Gesprächspartnerinnen einander nur hören, aber nicht sehen können.

Die geschilderten Kommunikationssituationen unterscheiden sich in ihren *Rahmenbedingungen*: in ihrem Verhältnis von Nähe und Distanz, zeitlichen und räumlichen Verhältnissen. In jedem Fall findet informelle mündliche Kommunikation statt, aber die Informationen müssen jeweils unterschiedlich ausgewählt und eingebettet werden. Wenn Kommunikationspartner*innen über einen Bereich sprechen, in dem sie viel gemeinsame Erfahrung teilen, müssen sie wenig erklären. Da reicht manchmal schon eine Anspielung für das Verstehen: Davon leben zum Beispiel „Insider*innen-Witze".

Außenstehende können diesen Witzen nicht folgen, weil ihnen die „Vorgeschichte" fehlt. Wenn eine der Frauen beschließen würde, ein Buch über ihr Leben zu schreiben, würde sie diese Vorgeschichte dann vielleicht erzählen und so die Leser*innen auch (scheinbar) zu „Insider*innen" machen, indem sie sie in die Geheimnisse der Gruppe einweiht. Wie viele und welche Informationen mitgeliefert werden, hängt also auch davon ab, wie eingeschätzt wird, was die Kommunikationspartner*innen wissen – und was sie nicht wissen. Es wird ein bestimmtes Vorwissen vorausgesetzt – und nicht erklärt. Anderes wird *nicht* vorausgesetzt – und deshalb erklärt. Stillschweigende Voraussetzungen, die nicht explizit an- oder ausgesprochen werden, werden *Präsuppositionen* genannt, aus dem Lateinischen *prae* (vor[her]) und *suppositio* bzw. *supponere* (Voraussetzung, Unterstellung, Annahme, annehmen). Präsuppositionen sind sehr wichtig in der Kommunikation, weil sie mitsteuern, welche Informationen für das Verstehen notwendig sind und mitgeliefert werden müssen und welche nicht.

Außerdem spielen auch die Kommunikationsabsichten (Intentionen) eine wichtige Rolle: Es macht einen Unterschied, zu welchem Zweck kommuniziert wird, was mit der Kommunikation erreicht werden soll. Stellen wir uns vor, eine der Frauen ist Wissenschaftlerin und forscht über wirtschaftliche Entwicklung. Oder sie ist Journalistin, die eine Reportage zu diesem Thema schreibt. Vielleicht hat die Wissenschaftlerin – oder die Journalistin – jemanden gebeten, das Foto zu machen, um ihre Studie – oder ihren Artikel – zu illustrieren. Falls sie die Szene, die auf dem Foto zu sehen ist, in ihre Studie einbezieht, wird sie dafür sehr wahrscheinlich wieder andere Worte verwenden und andere Informationen auswählen als in einer Autobiografie oder am Telefon gegenüber einer Bekannten. Die Frau agiert in unterschiedlichen Kommunikationsrollen für unterschiedliche *Adressat*innen*: Für die Leser* innen des Artikels oder der Studie sind zum Teil andere Informationen interessant und notwendig für das Verstehen. Außerdem verfolgen die Journalistin und die Wissenschaftlerin mit ihren Texten andere Absichten als die Verfasserin der Autobiografie: In der Autobiografie steht das Leben einer einzelnen Person im Mittelpunkt und in der Reportage oder der Studie geht es eher darum, die Frauen und ihre Geschichte in einem größeren Kontext betrachten, zum Beispiel der wirtschaftlichen Entwicklung der ganzen Region.

Die Autobiografie, die wissenschaftliche Studie und die Reportage haben aber auch etwas gemeinsam: Sie sind schriftlich gestaltete Texte. Damit kommt eine weitere Dimension der Kommunikationssituation ins Spiel: das *mediale* Erscheinungsbild. *Medien* sind Hilfsmittel für die Kommunikation: Texte können schriftlich oder mündlich verbreitet werden, auf Papier, über Schallwellen in der Luft oder über elektronische Kommunikationskanäle, zum Beispiel das Internet. Medien können also als „Transportmittel" für die Kommunikation betrachtet werden.

Bei schriftlichen Texten vergeht oft zwischen *Textproduktion* (Schreiben) und *Textrezeption* (Lesen) längere Zeit. Manchmal werden Texte sehr, sehr viel später noch gelesen (zum Beispiel, wenn wir uns heute mit Texten aus der Antike beschäftigen). Manchmal vergeht hingegen zwischen Schreiben und Lesen nur sehr wenig Zeit (wenn wir zum Beispiel online Zeitung lesen oder mit jemandem chatten). Texte aus großer zeitlicher Distanz sind oft nicht mehr leicht zu verstehen. Wir verfügen heute über andere Informationen als Menschen aus früheren Jahrhunderten und wir haben zum Teil auch andere Erwartungen an Texte, sind andere Kommunikationsstile gewöhnt.

In Kommunikationssituationen spielen, wie wir gesehen haben, *Interpretationen* eine wichtige Rolle. Diese Interpretationen hängen häufig mit *Erwartungen* zusammen – und diese Erwartungen haben auch mit *Erfahrungen* zu tun. Wir alle haben im Laufe unseres Lebens Erfahrungen mit Kommunikationssituationen gemacht und auf Basis dieser Erfahrungen handeln wir in vielen Situationen intuitiv. Die Erfahrungen und die Intuition, die darauf basiert, bestimmen sowohl unser eigenes Handeln als auch unsere Interpretationen des Verhaltens anderer.

Solche intuitiven Interpretationen erfassen aber oft nur einen Teil einer Situation – und die Schlüsse, die jemand aus dem kommunikativen Verhalten anderer zieht, sind auch nicht immer treffsicher. So glaubt etwa Mark

Twains „Yankee aus Connecticut", er sei in einer „Irrenanstalt" gelandet, als er sich plötzlich im England des 6. Jahrhunderts wiederfindet. Das zweite Kapitel des Romans beginnt mit der folgenden Szene:

> **KING ARTHUR'S COURT**
>
> The moment I got a chance I slipped aside privately and touched an ancient common looking man on the shoulder and said, in an insinuating, confidential way:
> „Friend, do me a kindness. Do you belong to the asylum, or are you just on a visit or something like that?"
> He looked me over stupidly, and said:
> „Marry, fair sir, me seemeth—"
> „That will do," I said; „I reckon you are a patient."

Der Mann aus dem 6. Jahrhundert wird vom „Yankee" aus dem 20. Jahrhundert über seine Art und Weise zu kommunizieren als „Patient" klassifiziert. (Die Übersetzerin Lore Krüger gibt seine Wortwahl auf Deutsch wieder mit „Wahrlich, edler Herr, mich däucht …") Wer so kommuniziert, kann nicht geistig gesund sein, schließt der Ich-Erzähler. Selbst den Blick seines Kommunikationspartners deutet er als „stupid". Der Ich-Erzähler interpretiert das Verhalten des Mannes auf Basis seiner Erfahrungen – und diese neue Erfahrung kann er nicht gut einordnen. Die Kommunikationssituation unterscheidet sich stark von den gewohnten, und die Ausdrucksweise ist nach Ansicht des Ich-Erzählers nicht *normal*.

Aber was ist normal? In Kommunikationssituationen empfinden wir häufig das Gewohnte als „normal". Das, was bereits aus früheren Situationen in ähnlicher Form bekannt ist, was sich offensichtlich bewährt hat und deshalb immer wieder in ähnlicher Form vollzogen wird.

Kommunikatives Verhalten ist allerdings immer in einem *Kontext* zu sehen. Ohne den Kontext lässt sich nicht gut verstehen, was warum auf welche Weise kommuniziert wird. Das sehen wir im Beispiel von Mark Twain.

Auch im folgenden Beispiel hilft der Kontext dabei, die Kommunikation einordnen zu können. Das Bild zeigt eine Handlungsanweisung auf der Tür-Innenseite einer Toilettenkabine in einem „westlichen" Kaufhaus in Shanghai.

Abb. 11: Handlungsanweisung in einer Toilette in Shanghai (Foto: SD)

Hier ist es nützlich zu wissen, dass in Shanghai Hocktoiletten weitaus verbreiteter sind als Sitztoiletten – und von vielen auch als hygienischer empfunden werden, was wiederum eine Motivation dafür darstellen kann, die Sitztoilette ebenfalls als Hocktoilette zu verwenden. Die Kaufhausverwaltung sieht hier nun Kommunikationsbedarf und möchte jenen, die Sitztoiletten in Hocktoiletten „umfunktionieren", vermitteln, dass dieses Verhalten nicht erwünscht ist. Hier kommt eine weitere Dimension ins Spiel: die *Intention*, die Absicht bzw. der Zweck, den die Kommunikation verfolgt, also das, was durch die Kommunikation erreicht werden soll. Die Mitteilung der Kaufhausverwaltung folgt einer klaren Intention. Kommunikation ist aber nicht immer so eindeutig einer bestimmten Intention zuzuordnen. Darauf werden wir später noch zurückkommen.

Neben *Kontext*, *Rahmenbedingungen* und möglichen *Intentionen* ist auch die *Rolle*, die jemand in der Kommunikation einnimmt, eine wichtige Dimension der Kommunikationssituation. Und Kommunikationsrollen hängen wiederum mit der *Beziehung* der Kommunikationspartner*innen zusammen. Die Kaufhausverwaltung kommuniziert in einer anderen Rolle als die Journalistin oder die Wissenschaftlerin – oder die Frauen im informellen Gespräch untereinander.

Wir haben nun also gesehen, dass Kommunikationssituationen durch unterschiedliche Dimensionen beschrieben werden können – und dass diese Dimensionen nicht nur mitbestimmen, *wie* kommuniziert wird, sondern auch, *was* kommuniziert wird – und was nicht. Was kann in einer bestimmten Situation, in einem bestimmten Kontext als selbstverständlich vorausgesetzt werden und muss nicht gesagt werden? Was gilt als bekannt? Und welchen Zweck soll die Kommunikation erfüllen, welche Intention steckt dahinter? Steckt überhaupt eine bewusste Intention dahinter?

Um nachvollziehen und verstehen zu können, warum jemand in einer Situation was und wie kommuniziert, müssen wir also einiges über die Situation wissen, in der diese Person agiert.

Auf den Punkt gebracht

1. Kommunikationssituationen werden durch mehrere Dimensionen bestimmt.
2. Zu diesen Dimensionen gehören Rahmenbedingungen (wie räumliche, zeitliche und soziale Nähe und Distanz), Medien, Adressat*innen, Kontexte, Intentionen und Kommunikationsrollen.
3. Vorwissen und Erfahrungen spielen eine wichtige Rolle in der Kommunikation.
4. Neue Kommunikationssituationen werden auf Basis früherer Erfahrungen mit Kommunikation interpretiert.
5. Die Kommunikationssituation und die Beziehung zwischen den Kommunikationspartner*innen bestimmen nicht nur mit, wie kommuniziert wird, sondern auch, was kommuniziert wird.

Zum Weiterdenken und Vertiefen

1. Denken Sie an einen Insider*innen-Witz oder Gag in Ihrem Freund*innenkreis oder in Ihrer Familie. Stellen Sie sich vor, Sie müssten ihn einer Person erklären, die sie zum ersten Mal in Ihrem Leben sehen. Wie weit müssten Sie dabei ausholen? Welche Informationen müssten Sie mitliefern?
2. Machen Sie einen Spaziergang in Ihrer Umgebung und achten Sie bewusst auf Gebots- und Verbotsschilder: Was wird kommuniziert? Und wie? In welchem Kontext sind diese Gebote und Verbote zu sehen?
3. Stellen Sie sich vor, Mark Twains „Yankee aus Connecticut“ landet auf seiner Zeitreise im April 2020 und begegnet einigen Menschen, die ihm aus dem Weg gehen und Atemschutzmasken tragen. Wie würde er reagieren? Entwerfen Sie einen kurzen Dialog!

3 Sprachkompetenz und Kommunikationskompetenz

Die Art und Weise, wie Sprache verwendet wird, spielt eine wichtige Rolle in der Kommunikation. In der zitierten Szene in Mark Twains Roman spricht der Mann aus dem 6. Jahrhundert ein altertümliches Englisch und wird dadurch vom Ich-Erzähler als „Patient“ einer „Anstalt“ klassifiziert. Sprachverwendung – und damit auch Sprachkompetenz – ist also ein wichtiger Faktor in der Kommunikation, sowohl *produktiv*, also wenn wir Texte verfassen (beim Sprechen oder Schreiben), als auch *rezeptiv*, also wenn wir Texte verstehen wollen (beim Hören oder Lesen). Sprachkompetenz ist aber nicht der einzige Faktor. Denn wie wir gesehen haben, findet Kommunikation in konkreten Situationen statt, die auch in ein soziales Umfeld eingebettet sind. Und diese Situationen bestimmen mit, was und wie kommuniziert wird.

Mark Twains Ich-Erzähler weiß (noch) nicht, dass er eine Zeitreise ins 6. Jahrhundert gemacht hat – und er zieht deshalb falsche Schlüsse aus der Situation. Dies führt zu einem Vorurteil: Jemand verhält sich anders als gewohnt und der Ich-Erzähler hält ihn deshalb vorschnell für nicht gesund, „nicht normal“. Genau genommen weiß der Ich-Erzähler aber nur zu wenig über den Kontext, in dem die Kommunikation stattfindet. Er verfügt zwar über ausreichend Sprachkompetenz, um zu verstehen, was der Mann aus dem 6. Jahrhundert ihm sagt, kann die Form „seemeth“ vielleicht sogar ungefähr historisch einordnen und weiß, dass es nicht besonders üblich ist, im 20. Jahrhundert so zu sprechen. Hätte er gewusst, dass er im 6. Jahrhundert gelandet ist, hätte er die Ausdrucksweise des Mannes sicherlich anders interpretiert – und wohl selbst von vornherein eine andere Frage gestellt.

Es zeigt sich also, dass Kommunikationskompetenz etwas anderes ist als Sprachkompetenz. Mit *Sprachkompetenz* ist gemeint, dass jemand eine Einzelsprache wie etwa Deutsch, Tschechisch oder Portugiesisch auf einem bestimmten Niveau beherrscht. Niveaustufen – für Fremdsprachenkenntnisse – wurden im Europäischen Referenzrahmen für Sprachen beschrieben und standardisiert (mit den Niveaubeschreibungen für A1, A2, B1, B2, C1 und C2). Sprachbeherrschung hilft dabei, Äußerungen zu verstehen und zu produzieren, *Kommunikationskompetenz* verweist aber noch auf anderes: nämlich auf die Fähigkeit, sich in der Mehrdimensionalität von Kommunikationssituationen zurechtzufinden, Äußerungen von anderen *vor diesem Hintergrund* zu verstehen und einordnen zu können und auch selbst funktionierende Äußerungen *in einem Kontext* produzieren zu können. Damit dies in einer bestimmten Sprache klappt, braucht man allerdings auch Sprachkompetenz.

Sprachen stellen wir uns manchmal als abstrakte Systeme vor, die einfach da sind und die Mittel bereitstellen, die wir in der Kommunikation dann verwenden. Das ist aber genau genommen eine konstruierte Vorstellung, denn in der Realität kommt Sprache immer in ganz konkreten Verwendungssituationen vor. Der Soziolinguist Alastair Pennycook nennt dies *Language Practice*, auf Deutsch ist oft von *Sprachpraxis* und *Sprachpraxen* die Rede. Damit wird betont, dass Sprache eng mit sozialen Kontexten verwoben ist. Ein Beispiel dafür wäre etwa eine bestimmte Ausdrucksweise in einem Unternehmen. Dabei gibt es, zumeist bezogen auf übliche Arbeitsabläufe, Übereinkünfte darüber, was bestimmte Begriffe bedeuten, die von Außenstehenden nicht oder nur zum Teil verstanden werden. Manche dieser Begriffe beziehen sich auf Produkte und werden mit steigender Bekanntheit des Unternehmens auch größeren Gesellschaftsschichten geläufig. So können Sie sich wahrscheinlich von einem IVAR-Regal oder von einem iPad eine ziemlich genaue Vorstellung machen. Ikea und Apple haben es mit ihrer wirtschaftlichen Macht und ihrer Marktpräsenz geschafft, einige ihrer Produktnamen so bekannt zu machen, dass sie im allgemeinen Sprachgebrauch verständlich sind.

Was hat dies nun mit Sprach- und Kommunikationskompetenz zu tun? *Sprachkompetenz* bedeutet, dass wir sprachliche Mittel kennen und benutzen können.

Kommunikationskompetenz geht darüber hinaus: Wir müssen auch wissen, in *welchen* Situationen *welche* sprachlichen Mittel verwendet werden – und welche Aussagen damit transportiert werden sollen.

Stellen Sie sich vor, jemand sitzt mit Freund*innen beim Essen und sagt: „Würde es Ihre unendliche Güte erlauben, mir die Butter zu reichen?“ Das ist ein völlig korrekter deutscher Satz. Wahrscheinlich wäre er in der Kommunikationssituation dennoch deplatziert. Vielleicht aber auch nicht: Vielleicht soll durch die übertriebene „geschraubte“ Höflichkeit ironisch Ungeduld ausgedrückt werden – oder es ist ein Insider*innen-Gag, der sich auf etwas gemeinsam Erlebtes bezieht. Ob eine Äußerung in einer Situation passend oder unpassend formuliert ist, können wir nur einschätzen, wenn wir mehr über die Situation wissen.

In diesem Sinne bedeutet Kommunikationskompetenz die Fähigkeit, eine Kommunikationssituation *realistisch* einzuschätzen und dabei die Dimensionen zu berücksichtigen, die in der jeweiligen Kommunikationssituation besonders wichtig sind.

Manche Kommunikationssituationen sind Routine, andere nicht. In vertrauten Kommunikationssituationen im Alltag ist Sprach- und Kommunikationspraxis häufig ritualisiert und automatisiert, und dadurch (intuitiv) an konkrete sprachliche Mittel geknüpft. Wenn wir „Guten Morgen" oder „Auf Wiedersehen" sagen, denken wir in der Regel nicht viel darüber nach, was in genau dieser aktuellen Kommunikationssituation angebracht ist. Schwieriger wird es in Kommunikationssituationen, in denen wir noch keine oder kaum Erfahrungen haben oder die zwischenmenschlich „heikel" sind.

Es gibt also immer wieder Situationen, über die wir viel nachdenken – und auch Situationen, für die wir uns die nötigen sprachlichen Mittel noch nicht angeeignet haben. Der Soziolinguist Jan Blommaert spricht in diesem Zusammenhang von *Truncated Repertoires.* Repertoire bezeichnet die Gesamtheit aller sprachlichen Mittel, die wir kennen. „Truncated" kann übersetzt werden mit „verkürzt", „beschränkt" oder „angeschnitten", verweist also darauf, dass etwas *nicht vollständig* ist. Mit *Truncated Repertoires* sind also unvollständige sprachliche Repertoires gemeint. Blommaert meint dies aber nicht abwertend, sondern betont, dass wir in *keiner* Sprache *alle* Elemente kennen – weil wir gar nicht alle *brauchen.*

Wir verfügen in der Regel über jene sprachlichen Mittel, denen wir in konkreter Sprachpraxis („Language Practice") begegnet sind und die wir auch selbst anwenden. Damit sind die sprachlichen Mittel häufig mit bestimmten Kommunikationssituationen verbunden, in denen sie immer wieder verwendet werden, weil sie da gut funktionieren. „Truncated" ist aber auch verwandt mit „trunk", was Rumpf, aber auch Stamm, Baumstamm bedeuten kann. Aus diesem Stamm heraus können immer wieder neue Äste wachsen: Wir können unser *sprachliches Repertoire* ein Leben lang erweitern. In diesem Sinne lassen sich die „Truncated Repertoires" als ein Grundstock an sprachlichen Mitteln begreifen, auf dem wir aufbauen können.

Wir haben gesehen, dass Sprachkompetenz und Kommunikationskompetenz nicht gleichzusetzen sind – aber sie hängen zusammen: Sprachpraxis ist an Kommunikationssituationen gebunden. Und auch die Auseinandersetzung mit der *Wirkung* von sprachlichen Ausdrucksmitteln ist an einer Schnittstelle von Sprachkompetenz und Kommunikationskompetenz zu sehen. Dazu gehört der Umgang mit bestimmten grammatischen oder lexikalischen Formen, mit rhetorischen Figuren und sprachlichen Bildern. Sprachliche Elemente haben nicht nur eine Bedeutung (*Denotation*), sondern sie lösen auch bestimmte Vorstellungen aus, die mitgemeint sind (*Konnotationen*). Die Sprachwissenschaftlerin Kirsten Adamzik veranschaulicht das anhand eines Beispiels: Die Begriffe „Baby", „Säugling" oder „Wickelkind" bezeichnen vielleicht jeweils dasselbe Kind, betrachten es aber aus unterschiedlichen Perspektiven: Baby bezieht sich vor allem auf das geringe Lebensalter, Säugling auf den Umstand, dass das Kind Muttermilch trinkt, und Wickelkind darauf, dass es gewickelt werden muss.

Stilmittel, sprachliche Bilder und Konnotationen können bewusst eingesetzt werden, um bestimmte Wirkungen zu erzielen. Das kann auch eine emotionale Wirkung sein. Nicht zuletzt darauf beruht die Macht der Sprache, die für Propaganda und Manipulation missbraucht werden kann, wurde – und wird.

Ein Sprachwissenschaftler, der sich damit intensiv auseinandergesetzt hat, ist Victor Klemperer: Er war in der Zwischenkriegszeit Professor für Romanistik an der Technischen Hochschule Dresden. Unter dem NS-Regime verlor er seine Stelle, wurde als Jude verfolgt, konnte sich aber immer wieder verstecken und untertauchen (unter anderem im Chaos nach den Luftangriffen auf Dresden) und so in Deutschland überleben. In seinen Tagebüchern analysiert er die Sprachverwendung im Dritten Reich, die „Lingua Tertii Imperii", kurz: LTI. Die Analyse wird ihm zur „Balancierstange", die ihm hilft, durch die schrecklichen Zeiten zu kommen. Er beobachtet scharfsinnig, wie eine bestimmte Form der Sprachverwendung die öffentliche Meinung regelrecht vergiftet und dadurch die NS-Diktatur stützt:

> Was war das stärkste Propagandamittel der Hitlerei? [D]er Nazismus ging in Fleisch und Blut der Menge über durch die Einzelworte, die Redewendungen, die Satzformen, die er ihr in millionenfachen Wiederholungen aufzwang und die mechanisch und unbewusst übernommen wurden. [...] Sprache dichtet und denkt nicht nur für mich, sie lenkt auch mein Gefühl, steuert mein ganzes seelisches Wesen, je selbstverständlicher, je unbewusster ich mich ihr überlasse. Und wenn nun die gebildete Sprache aus giftigen Elementen gebildet oder zur Trägerin von Giftstoffen gemacht worden ist? Worte können sein wie winzige Arsendosen: sie werden unbemerkt verschluckt, sie scheinen keine Wirkung zu tun, und nach einiger Zeit ist die Giftwirkung doch da. [...] Die nazistische Sprache [...] ändert Wortwerte und Worthäufigkeiten, [...] in alledem durchtränkt sie Worte und Wortgruppen und Satzformen mit ihrem Gift, macht sie die Sprache ihrem fürchterlichen System dienstbar, gewinnt sie an der Sprache ihr stärkstes, ihr öffentlichstes und geheimstes Werbemittel. (Klemperer 1975:25 f)

Die Macht der Sprache zeigt sich darin, dass durch bestimmte Begriffe bestimmte Assoziationen ausgelöst und Deutungsrahmen aufgerufen werden. Dadurch können die Einstellungen von Menschen beeinflusst werden. Das kommt nicht nur in Diktaturen vor, sondern auch in der Demokratie. Es ist nicht auf die NS-Zeit beschränkt, sondern heute immer noch aktuell – und wird auch anhand von aktuellen Beispielen erforscht: Dies tun zum Beispiel der Sprachwissenschaftler George Lakoff und die Sprach- und Kognitionswissenschaftlerin Elisabeth Wehling. Das Phänomen, dass bestimmte sprachliche Elemente bestimmte Vorstellungen auslösen, nennen sie *Framing*.

Begriffe werden durch diese Vorstellungen bewusst „eingerahmt", es wird ein Deutungsrahmen aufgerufen, in den Informationen eingeordnet werden. So macht es zum Beispiel einen Unterschied, ob von „Nichtraucherschutz" und „guter Luft in Gasträumen" gesprochen wird – oder von „militantem Rauchverbot".

Assoziationen und Deutungsrahmen sind häufig mit Emotionen verknüpft. Dies wird in der Kommunikation bewusst genützt: In der Werbung wird typischerweise versucht, positive Emotionen oder Sehnsüchte zu wecken. Das Steuern von Deutungsrahmen ist aber eben auch ein Teil von Propaganda und Manipulation. In jüngerer Zeit wurde politisches Framing und das potentielle „Gift", das darin stecken kann, unter anderem im Zusammenhang mit dem Migrations- und Fluchtdiskurs untersucht: Elisabeth Wehling bringt dafür die Beispiele „Flüchtlingskrise", „Flüchtlingswelle" oder gar „Flüchtlingstsunami". Diese Begriffe lösen Konnotationen aus, die Angst machen – und zwar nicht Angst vor dem Krieg oder den Katastrophen, die die Flucht ausgelöst haben, sondern Angst vor den geflüchteten Menschen. Umgekehrt löst ein Begriff wie „Steueroase" erfreuliche Vorstellungen von einem schönen, üppigen, grünen Ort aus – und nicht etwa die Vorstellung von Betrug an der Allgemeinheit.

Sprachliche Manipulation im Alltag und in unterschiedlichen Kommunikationssituationen zu *durchschauen* und ihr nicht auf den Leim zu gehen, ist eine Frage von Sprach- *und* Kommunikationskompetenz. Dazu gehört auch, „giftige" Begriffe und Bilder zu erkennen und sie nicht unabsichtlich weiterzutragen.

Deutungsrahmen an sich sind weder gut noch schlecht, sie gehören zur Kommunikation dazu. Wir brauchen Deutungsrahmen, um uns in Aussagen und Texten zurechtzufinden. Kommunikationskompetenz bedeutet in diesem Zusammenhang, zu verstehen, wie Deutungen konstruiert werden und welche Rolle sprachliche Mittel dabei spielen. Sensibilität für die Wirkung von Sprache zu entwickeln, ist schon ein erster Schritt hin zu professioneller Kommunikation.

Auf den Punkt gebracht

1. Sprachkompetenz und Kommunikationskompetenz unterscheiden sich voneinander.
2. Bei Sprachkompetenz geht es um die Beherrschung von Sprachen (auf einem bestimmten Niveau), Kommunikationskompetenz bedeutet hingegen, Kommunikationssituationen in ihrer Mehrdimensionalität realistisch einschätzen zu können und das eigene kommunikative Verhalten auf die Situation auszurichten.
3. Sprachkompetenz und Kommunikationskompetenz hängen zusammen.
4. Sprachverwendung ist an konkrete Kommunikationssituationen geknüpft.
5. An der Schnittstelle von Sprachkompetenz und Kommunikationskompetenz geht es um die ästhetische und emotionale Wirkmacht von Sprache.

Zum Weiterdenken und Vertiefen

1. Erinnern Sie sich an eine Situation, in der Sie eine Kommunikationssituation falsch eingeschätzt und deshalb jemanden irritiert haben oder selbst irritiert waren.
   a. Skizzieren Sie die Kommunikationssituation und überlegen Sie, welche Informationen über den Kontext Ihnen oder Ihren Kommunikationspartner* innen möglicherweise gefehlt haben. Erzählen Sie die Szene jemandem oder schreiben Sie sie auf.
   b. Konnten Sie das Missverständnis klären? Wenn ja, wie? Wenn nicht, was könnten Sie tun, wenn Ihnen etwas Ähnliches wieder passiert?
2. Lesen Sie bewusst einige Schlagzeilen oder Postings in seriösen Zeitungen, in Boulevardblättern und auf Social-Media-Plattformen: Überlegen Sie, welche Assoziationen bestimmte Begriffe oder Schlagzeilen bei Ihnen wecken und welche Deutungsrahmen sich auftun.
   a. Welche emotionalen Reaktionen merken Sie dabei an sich selbst?
   b. Versuchen Sie, die Stellen umzuformulieren, um andere Reaktionen auszulösen.

4 Professionelle Kommunikation: Was ist das?

Wir haben festgestellt, dass alle Menschen nicht nur kommunizieren können, sondern kommunizieren müssen.

Warum sollten wir dann Kommunikation studieren, erforschen oder analysieren? Wozu gibt es Kommunikationstheorien, wenn wir ohnehin alle die Praxis beherrschen?

Nun, viele wissenschaftliche Disziplinen beschäftigen sich mit einer Praxis, die alle Menschen grundsätzlich „können“: Die Anatomie untersucht, wie der menschliche Körper strukturiert ist und wie er funktioniert. Die Musikwissenschaft versucht unter anderem, zu erklären, welche Funktion die Musik in der Gesellschaft erfüllt und wie Menschen Musik produzieren, wie wir auf Musik reagieren und warum Musik überall auf der Welt zu finden ist. Ebenso untersucht die Sprachwissenschaft die Struktur und Funktion der Sprache, also wie und warum wir sprechen sowie die sozio-politische Einbettung des Sprachgebrauchs und vieles mehr.

Wir sehen bereits, dass es bei den oben erwähnten Wissenschaften nicht in erster Linie darum geht, eine bestimmte Handlung oder Praxis zu verbessern; es geht vor allem darum, diese zu *erklären*.

Genauer gesagt *versuchen* die Wissenschaften, real vorhandene Phänomene – also alle möglichen Dinge, die es in der Welt gibt – zu erklären. Diese Erklärungsversuche, die wir auch *Theorien* nennen, entstammen dem bereits erwähnten Bedürfnis, die Welt um uns zu verstehen. In dem Sinne ist auch Wissenschaft eine Form von Kommunikation.

Wissenschaftler*innen teilen der Gesellschaft (und einander) mit, wie sie etwas verstehen. Sie stellen zum Beispiel fest, dass die Entwicklung der Feinmotorik mit der kindlichen Sprachentwicklung zusammenhängt oder dass das Gehirn eine ständige Sauerstoffzufuhr braucht.

Da Wissenschaft einen Verstehensversuch darstellt, kommt es manchmal auch zum Missverstehen, also zu einer falschen Erkenntnis. Man meint, etwas verstanden zu haben und stellt später fest, dass man sich geirrt hat. Oder andere weisen darauf hin, dass etwas nicht stimmt. Wie in jeder anderen Kommunikation kommt es in der Wissenschaft oft zu Meinungsverschiedenheiten. Zum Beispiel darüber, welche Regionen im Gehirn für die Sprachverarbeitung zuständig sind bzw. ob man überhaupt spezifische Regionen dafür identifizieren kann.

Früher war die vorherrschende wissenschaftliche Meinung, dass die Gehirne von „Frauen“ kleiner seien als die von „Männern“ und daher weniger leistungsfähig. Inzwischen hat man festgestellt, dass die Größe des Gehirns von Mensch zu Mensch verschieden ist und bei der Hirnleistung die Qualität ohnehin nicht von der Quantität abhängt.

Auch in der Wissenschaft werden also Phänomene, Dinge, Handlungen wahrgenommen und interpretiert.

Was hat das alles mit uns zu tun?

Eine wissenschaftliche Beschäftigung mit dem Phänomen Kommunikation (wie zum Beispiel in Universitätsstudien, die sich mit Kommunikation, Marketing und/oder Translation beschäftigen) versucht eben, zu verstehen und zu erklären, wie und warum Menschen miteinander kommunizieren. Auch hier gilt die Annahme: Wenn ich etwas verstehe, kenne ich mich einigermaßen aus.

Wir wollen also unser eigenes Kommunikationsprofil und das Verhalten anderer Menschen verstehen, um besser damit umgehen zu können. Wir wollen aus unserem „intuitiven“ Wissen um Kommunikation ein bewusstes, reflektiertes Know-how entwickeln, das auch beruflich eingesetzt werden kann. Diese Expertise kann dann anderen Menschen helfen, Kommunikationsschwierigkeiten zu überwinden, problematische Situationen zu bewältigen oder die eigene Interaktion zu analysieren und zu steuern. In welchen Berufen und Bereichen ein solches Know-how zum Einsatz kommen könnte, werden wir später diskutieren (siehe Kapitel 5).

In der kritischen Auseinandersetzung mit Kommunikation lernen Sie also auf der Basis von wissenschaftlichen Theorien (Erklärungsversuchen), wie die menschliche (Transkulturelle) Kommunikation abläuft. Sie lernen dies nicht nur, um es besser zu können, sondern um zu *erkennen*, was Sie (und andere) tun, wenn Sie kommunizieren.

Denn erst wenn wir wissen, was wir tun, sind wir in der Lage, darüber zu sprechen und es anderen mitzuteilen.

Unser kommunikationsrelevantes Wissen ist, wie so vieles, das wir wissen, unbewusst, unreflektiert und unausgesprochen. Wir wissen zum Beispiel, „ohne es zu wissen“, was in den folgenden drei Bildern passiert.

Der Mann „sagt“ dem Baby (und auch uns) durch seine Körpersprache, dass er es lieb hat.

Abb. 12:Mann und Baby
(Foto: pexels.com, CC0)

Die Frau auf der Bank ist verärgert und wendet sich vom Mann ab. Aufgrund ihrer Körperhaltung und Gesichtsausdrücke gehen wir davon aus, dass der Mann und die Frau in einer engeren Beziehung zueinander stehen.

Abb. 13:Mann und Frau auf einer Bank
(Foto: pixabay)

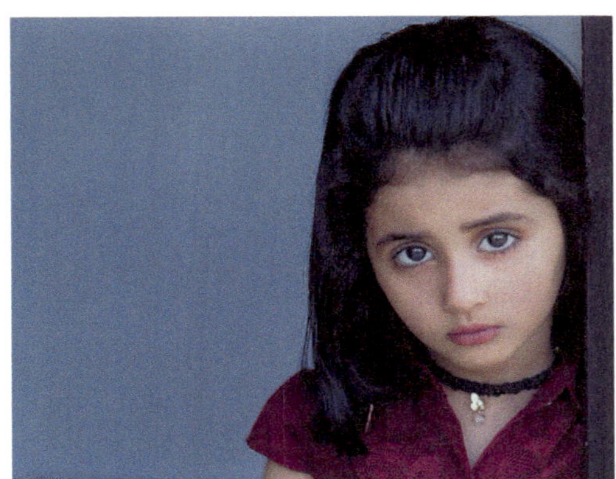

Das Mädchen ist traurig.

Abb. 14:Mädchen (Foto: pexels.com, CC0)

Das Wissen, das dabei aktiviert wird, nennen wir *implizites* Wissen. Es hat noch nicht die Ebene des Bewusstseins erreicht und es würde uns schwerfallen, zu artikulieren, woher wir dieses Wissen haben. „Das weiß man einfach."

Wenn wir aber beruflich für andere Menschen und mit anderen Menschen kommunizieren wollen, sollten wir bewusst wissen, was wir tun. Schließlich wird uns niemand für eine Arbeit bezahlen wollen, die wir nur „dem Gefühl nach" verrichten.

Durch ein einschlägiges Studium und/oder gezielte Reflexion lernen Sie, über dieses implizite Wissen, das Sie im Alltag einsetzen, „ohne es zu wissen", bewusst nachzudenken und es auch zu artikulieren. Es geht also darum, dieses implizite Wissen eben *explizit* zu machen.

„Explizit", aus dem lateinischen *explicare* (erklären), bedeutet „ausdrücklich" oder „deutlich". Explizites Wissen ist also ein Wissen, über das wir sprechen können, das wir erklären können und das wir daher auch anderen mitteilen können. Wenn eine Tischlerin erklären kann, welches Holz für ein bestimmtes Möbelstück am besten geeignet ist, drückt sie ein Wissen aus, das sie vermutlich in langjähriger Erfahrung entwickelt hat, ohne unbedingt viel darüber nachgedacht zu haben. Wer ihr aber einen Auftrag erteilt, möchte wissen, warum gerade dieses Holz und nicht jenes. Menschen wollen meistens verstehen, warum eine Arbeit so und nicht anders ausgeführt wird. Durch das Explizitmachen ihres über Jahre entwickelten fachlichen Know-hows ist die Tischlerin imstande, die Gründe ihrer Entscheidungen oder Empfehlungen zu erklären. Anders gesagt: Das Nachdenken über das eigene Tun ermöglicht eine effiziente Kommunikation.

Professionelle Kommunikation ist also eine Kommunikation, die bewusst und zielgerichtet ist. Wir wissen, was wir kommunizieren wollen. Eben das ist der Unterschied zwischen professioneller und nicht professioneller Kommunikation: Die Fähigkeit, Kommunikationssituationen analysieren, steuern und gestalten zu können.

Wenn wir Kommunikation studieren und auch zum Beruf machen wollen, gibt es zwei Ebenen, auf denen wir professionelles Kommunizieren zum Einsatz bringen müssen.

Eine Ebene ist die Arbeit, mit der wir beauftragt werden, zum Beispiel eine (internationale) Marketing-Kampagne, eine Übersetzung, ein journalistischer Text, eine Website-Gestaltung, eine Kommunikationsberatung, eine Simultandolmetschung oder eine Presseaussendung. Es liegt auf der Hand, dass wir eine solche Arbeit nur dann zufriedenstellend erledigen können, wenn wir in der Lage sind, die gesamte Kommunikationssituation zu erfassen und zu analysieren. Wir müssen also die Fähigkeit entwickelt haben, die kommunikativen Bedürfnisse der Auftraggeber*innen und anderer Zielgruppen zu analysieren und zu berücksichtigen. Wir müssen natürlich auch wissen, wie wir diesen Bedürfnissen entsprechen können.

Ein Beispiel: Sie wollen sich für eine Stelle oder ein Studium in Japan bewerben. Sie sollen ein Motivationsschreiben sowie einen Lebenslauf in englischer und japanischer Sprache einsenden und beauftragen eine Übersetzungsagentur mit der Übersetzung ins Japanische. Sie müssen sich darauf verlassen, dass der*die Übersetzer*in nicht nur „Japanisch kann", sondern wirklich versteht, was er*sie schreibt. Als professionelle*r Kommunikationsexpert*in muss er*sie wissen, dass jedes Wort, jedes Schriftzeichen, das Layout etc. Wirkung auf den Gesamteindruck hat, und auch, wie diese auf die Personen wirken werden, die den Text voraussichtlich lesen werden. Als Auftraggeber*in verlassen Sie sich darauf: Sie vertrauen auf die Expertise eines professionell handelnden Menschen. Sie verlassen sich auch darauf, dass der*die Übersetzer*in versteht, welche Wirkung Sie erzielen wollen. Nur wer Kommunikation analysiert und reflektiert, kann sie auch zielgerichtet steuern und gestalten.

Ein anderes Beispiel: Sie lesen in einer deutschsprachigen Zeitung eine Reportage über steigende Mieten und Immobilieninvestments in Berlin. Dabei möchten Sie sich darauf verlassen können, dass sich der*die Journalist*in wirklich mit dem Thema auseinandergesetzt hat, vor Ort war, mit Mieter*innen, Vermieter*innen und Investor*innen gesprochen und zudem Hintergrundrecherchen angestellt hat. Und Sie möchten einen Text lesen, der interessant geschrieben ist und als Reportage erkennbar ist, damit Sie seinen Informationsgehalt einschätzen können. Sie erwarten dabei also seriösen, professionellen Journalismus, auf allen Ebenen.

Ein drittes Beispiel: Sie sind als Kommunikationsberater*in für ein internationales Unternehmen tätig, das seinen Hauptsitz auf Grund der Entwicklungen rund um den Brexit von London nach Hamburg verlegt. Sie erhalten den Auftrag, diesen Schritt zu begleiten und zu unterstützen und die Mitarbeiter*innen zu briefen: Was müssen sie bei einer Verlegung nach Deutschland beachten? Welche Behördengänge sind nötig, wie kann sich das Unternehmen gut in der Stadt positionieren? Wie lässt sich diese Verlegung für Marketingzwecke nützen, wie das Image des Unternehmens positiv beeinflussen? Welche Maßnahmen sind nötig, um diese Ziele zu erreichen? Bei einer solchen komplexen Aufgabe müssen Sie unterschiedliche Kommunikationssituationen mit verschiedenen Kommunikationspartner*innen einschätzen können und eine Reihe unterschiedlicher Ziele erreichen. Ihre Auftraggeber*innen erwarten von Ihnen, dass Sie Ihre Expertise dafür effektiv einsetzen.

Mit unserer fachlichen Expertise als Kommunikationsexpert*innen müssen wir also sicherstellen, dass unsere Arbeit den Qualitätskriterien entspricht, die von Auftraggeber*innen und anderen Zielgruppen (zum Beispiel den Rezipient*innen unserer Texte) an sie angelegt werden. Diese fachliche Expertise ist aber nur *eine* – wenn auch wichtige – Ebene unserer professionellen Kommunikation.

Die zweite Ebene betrifft das Vertrauen, das Auftraggeber*innen uns entgegenbringen müssen. Sie werden sich nur dann auf uns verlassen wollen, wenn wir durch den eigenen Kommunikationsstil den Eindruck vermitteln, professionell kommunizieren zu können.

Im Journalismus zum Beispiel ist es wichtig, dass wir uns präzise und elegant ausdrücken können, dass unsere Texte angenehm zu lesen sind. Wenn wir uns im Kontakt mit Auftraggeber*innen mündlich unklar und unprofessionell ausdrücken, dann ist es wahrscheinlich, dass sie uns nicht zutrauen, schriftlich klar und professionell texten zu können.

Beim Übersetzen und Dolmetschen zum Beispiel kommunizieren wir im Namen unserer Auftraggeber*innen. Wir sprechen oder schreiben *für sie.*

Meistens können sie nicht kontrollieren, was wir sprechen oder schreiben, weil ihnen die Sprache nicht bekannt ist. Und auch wenn sie die Sprache können, werden sie nicht gelernt haben, die anderen wichtigen Dimensionen eines Kommunikationsaktes zu analysieren oder zu bewerten, wie diese wirken.

Auch wenn wir zum Beispiel eine Kommunikationsberatung anbieten, übernehmen wir die Kommunikation für andere in dem Sinne, dass wir Empfehlungen unterbreiten, wie sie sich verhalten sollen, um ein bestimmtes Ziel zu erreichen oder eine bestimmte Wirkung zu erzielen. Auch hier geht es um Vertrauen. Wir sagen: *Tu dies, sag jenes, verhalte dich so und du wirst die kommunikative Wirkung erreichen, die du anstrebst.*

Dabei ist es notwendig, nicht nur über ein tiefes und nuanciertes Wissen zu verfügen: Wir müssen auch selbst, in unserem eigenen, individuellen Verhalten zeigen, dass unser Wissen „stimmt".

Das gilt für persönliche Begegnungen ebenso wie für die digitale Welt. Wenn wir uns in Online-Meetings zudem in unserem eigenen Zuhause zeigen – müssen wir sehr genau überlegen, was davon wir Fremde sehen lassen möchten und was nicht, wie wir uns an unserem Arbeitsplatz präsentieren und was wir dadurch für einen Eindruck hinterlassen.

Die Personen, für die wir arbeiten, haben uns ihre Kommunikation anvertraut oder vertrauen uns, dass wir sie zielführend beraten. Wir wollen also zeigen, dass wir diesem Vertrauen gewachsen sind. Das tun wir, indem wir unsere eigene Kommunikation professionell gestalten – nach dem Motto: *What you see is what you get.*

Würden Sie ein Make-over akzeptieren von jemandem, der selbst ungepflegt ist? Oder hätten Sie Vertrauen zu einer Zahnärztin, die selbst schlechte Zähne hat? Der eigene Kommunikationsstil ist die erste Garantie dafür, dass wir Kommunikation ernstnehmen.

Kommunikation ist etwas sehr Persönliches, auch für internationale Unternehmen oder „gesichtslose" Großorganisationen. Letztlich geht es ja um das eigene Image: wie man gesehen wird, wie man verstanden wird.

Professionell kommunizieren zu können setzt demnach voraus, dass wir auch in Bezug auf uns selbst über explizites Wissen verfügen und analysieren, steuern, gestalten, was wir aussagen und wie wir wirken wollen. (Dieser Aspekt der Kommunikation wird in Teil IV näher behandelt.)

In professioneller Kommunikation treten wir einerseits selbst – als professionelle Kommunikator* innen, als Journalist* innen, Kommunikationsberater* innen oder als Translator* innen – in Erscheinung, andererseits vertreten wir jene, die uns ihre kommunikativen Anliegen anvertraut haben. Wenn wir anderen bei der Kommunikation helfen, übernehmen wir Verantwortung dafür, dass die Kommunikation so gestaltet wird, dass sie ihr Kommunikationsziel erreichen können. Das Vertrauen unserer Auftraggeber*innen basiert darauf, dass sie uns professionelle Kommunikation zutrauen: Sie vertrauen also darauf, dass wir verstehen, was in der Kommunikationssituation geschieht, damit wir die Kommunikation bewusst steuern und gestalten können.

Die Analyse der Kommunikationssituation und ihrer Dimensionen dient als Grundlage dafür, das kommunikative Handeln auf diese Situation auszurichten: Dazu gehört auch, die Wirkung von sprachlichen Mitteln in Kommunikationssituationen einschätzen zu können und zu verstehen, wie Sprache in der Kommunikationssituation wirkt und funktioniert. Für professionelle Kommunikation ist es notwendig, Sprach- und Kommunikationskompetenz zu verbinden.

Dafür müssen wir auch wissen, an wen sich ein Text richtet, also welche *Adressat*innen* angesprochen werden sollen und in welchen *Diskursgemeinschaften* diese Adressat*innen zu verorten sind. Adressat*innen sind jene Menschen, für die der jeweilige Text gestaltet wird. Sie sind die unmittelbare *Zielgruppe*, aber auch als Teil größerer Diskursgemeinschaften zu sehen. Diskursgemeinschaften sind Gruppen, in denen ähnlich über ähnliche Themen kommuniziert wird. (Auf Diskurse und ihre gesellschaftliche Einbettung werden wir in Teil II noch genauer eingehen.)

Ein Beispiel für eine solche Diskursgemeinschaft sind Wissenschaftler*innen einer bestimmten Fachrichtung. Wenn etwa ein wissenschaftlicher Fachartikel für eine bestimmte internationale Zeitschrift, etwa *Hermes – Journal of Language and Communication in Business* oder *M&K – Medien und Kommunikationswissenschaft* oder das *Journal of Advertising Research* verfasst wird, dann sind die Leser*innen dieser Zeitschriften die Adressat*innen, die Zielgruppe. Sie können darüber hinaus aber auch als Teil einer größeren „scientific community“ gesehen werden, die sich mit verschiedenen Bereichen der Kommunikationswisssenschaft beschäftigt.

Wenn wir Erfahrungen in diesen Diskursgemeinschaften gesammelt, bewusst reflektiert und dadurch eine Vorstellung entwickelt haben, wie kommuniziert wird, gibt uns dies wichtige Anhaltspunkte für die Gestaltung von Texten. Einerseits geht es dabei um das Vorwissen, mit dem wir in der Diskursgemeinschaft – und damit auch bei unseren Adressat*innen (der Zielgruppe) – rechnen können. Andererseits sehen wir auch, wie andere Texte für diese oder ähnliche Zielgruppen gestaltet sind, und können daraus bestimmte übliche Formen, Merkmale und „Regeln“ (*Konventionen*) ableiten.

Konventionen spielen eine wichtige Rolle in professioneller Kommunikation.

Wenn in der Kommunikation der Eindruck erweckt wird, dass die Person, die spricht oder schreibt, die Konventionen nicht kennt, dann wirkt das in der Regel unprofessionell. Das bedeutet aber *nicht*, dass es in professioneller Kommunikation immer darum geht, Konventionen zu *erfüllen*.

Manchmal wird auch bewusst nach einer *unkonventionellen* Lösung gesucht, etwa wenn damit besondere Aufmerksamkeit erregt werden soll. Ein Beispiel dafür ist das „Virgin America Safety Video“. Wahrscheinlich kennen Sie die Situation: Vor dem Abflug stehen Flugbegleiter*innen im Mittelgang des Flugzeugs, während viele Fluggäste aus dem Fenster schauen oder gelangweilt in einer Zeitschrift blättern. Die wenigsten schauen zu. Um neues Interesse an den Instruktionen zu wecken, hat man versucht, sie einmal anders zu gestalten – und einen Video-Clip mit Tanz und Musik gedreht. Und auf einmal schauen sich Menschen die „Instruktionen“ aus Neugier an – sogar freiwillig, zu Hause, ganz ohne in ein Flugzeug zu steigen: Auf You Tube hat das Video schnell Millionen Klicks erreicht.

Professionelle Kommunikation bedeutet also bewusste, verantwortungsvolle Gestaltung, die auf ein Kommunikationsziel ausgerichtet ist. Um entscheiden zu können, wie wir in einer Situation professionell kommunizieren und die erwünschte Wirkung erreichen können, müssen wir ziemlich gut über die Situation Bescheid wissen. Nur so können wir uns darüber klar werden, worauf es ankommt. Deshalb ist es so wichtig, sich mit den Dimensionen der Kommunikationssituation auseinanderzusetzen.

Wenn Kommunikationsangebote professionell gestaltet und Kommunikationsprobleme gelöst werden sollen, müssen Adressat*innen, Diskursgemeinschaften und Konventionen berücksichtigt und – mündliche wie schriftliche – Texte auf ganz bestimmte Situationen und Intentionen ausgerichtet werden. In diesem Sinne bildet die Analyse professioneller Kommunikation die Basis für Translation. Darüber erfahren Sie im nächsten Kapitel mehr.

Auf den Punkt gebracht

1. Professionelle Kommunikation ist bewusste, reflektierte Kommunikation.
2. Sie erfordert explizites Wissen, also die Analyse von durch implizites Wissen gesteuerten Handlungen und Annahmen.
3. Professionell kommunizieren bedeutet daher auch bereit und fähig zu sein, den eigenen Kommunikationsstil kritisch zu beobachten.
4. Professionelle Kommunikation bedeutet, Verantwortung für die Gestaltung von mündlichen und schriftlichen Texten zu übernehmen.
5. Dafür ist es notwendig, Kommunikationssituationen in ihrer Mehrdimensionalität zu begreifen und insbesondere Intentionen und Adressat*innen zu berücksichtigen.
6. Auftraggeber*innen möchten darauf vertrauen können, dass wir wissen, was wir tun, dass wir Kommunikation analysieren, steuern und gestalten können.
7. Für andere Menschen die Kommunikation zu übernehmen ist eine verantwortungsvolle Tätigkeit und setzt ein Vertrauensverhältnis voraus. Dieses Vertrauen wird unter anderem durch den eigenen Kommunikationsstil gefördert.

Zum Weiterdenken und Vertiefen

1. Stellen Sie sich vor, Sie gehen zu einer Ärztin und bekommen das Gefühl, sie hätte Ihre Symptome nicht ganz ernst genommen und Sie mit unverständlichem Fachjargon eingeschüchtert.
   a. Wie viel Vertrauen haben Sie zu dieser Ärztin?
   b. Wie fühlen Sie sich, wenn Sie nicht verstehen, was man mit Ihnen vorhat?
   c. Was hätte die Situation für Sie angenehmer gestalten können?
2. Stellen Sie sich vor, jemand erteilt Ihnen den Auftrag, eine Rede auf einer Feier zu halten. Welche Fragen würden Sie noch stellen, um an die Informationen kommen, die Sie brauchen, damit Sie den Auftrag professionell erfüllen können?
3. Betrachten Sie die folgende Todesanzeige:

Pfiati, Franzl

deine Freundinnen und Freunde

Georg und Sabine • Uschi und Herbert • Alex und Mario • Laura • Christian, Gabi und Robert • Franziska und Willi • Irina • Leon und Barbora • Tobias • Helena und Dean • Regina und Uwe • Moritz • Dieter, Gerhard, Anna und Jakob • Ursula und Thomas • Katrin und Lukas • Michaela und Ruth • Marion • Eva-Maria • Simon • Veit • Ben und Nimrod • Josef P. • Josef R. • Magdalena • Hannelore und Richard • Christoph, Heide und Angelika • Thomas • Gudrun • Klaus und Sophie

Abb. 15: Unkonventionell gestaltete Todesanzeige (inspiriert von „Ulli, tschüß" aus Linke 2001:217; Gestaltung und Grafik: ME)

a. Wie wirkt die Textgestaltung auf Sie?
b. Sehen Sie sich andere Todesanzeigen im Internet oder in einer Zeitung an: Was haben sie gemeinsam? Können Sie aus den Beispielen auf Konventionen bei der Textgestaltung schließen?
c. Überlegen Sie, was die Gründe gewesen sein könnten, dass Franzls Freund*innen die Todesanzeige anders gestaltet haben als die meisten anderen. Welche Intentionen könnten dabei eine Rolle gespielt haben?

5 Was ist Translation?

Eine besondere Form der (professionellen) Transkulturellen Kommunikation ist *Translation.* Translation ist eine hochkomplexe Tätigkeit, die viele Gestalten annehmen kann. Translation kann eine Form von Übersetzen oder Dolmetschen sein, die viele mehrsprachige Menschen ohne formale Ausbildung im Alltag ausführen: Sie erklären, was jemand in einer anderen Sprache gesagt oder geschrieben hat. Dies kann unterschiedliche Situationen betreffen: von der informellen Dolmetschung einer Begrüßung der Großeltern über die spontane Übersetzung eines Zeitungsartikels oder Fansubbing bis zur Dolmetschung der Diagnose einer Ärztin für Familienmitglieder, die eine andere Sprache sprechen. In diesen und ähnlichen Fällen kann die nicht-professionelle Translation als Spontanlösung ganz gut, manchmal sehr gut funktionieren. Das ist auch gut so.

Manchmal aber brauchen wir mehr Einblick in die Abläufe der translatorischen Kommunikation. Oft ist es sehr wichtig, genau abschätzen zu können, wie unsere sprachlichen und sonstigen kommunikativen Handlungen auf die Menschen wirken, für die wir übersetzen oder dolmetschen.

In solchen Fällen reicht eine intuitiv gewonnene, meist unreflektierte Translationsfähigkeit nicht aus. Wir können zwar davon ausgehen, dass alle Menschen grundsätzlich mit dem Potenzial ausgestattet sind, Translation betreiben zu können. Aber für die Ausübung einer seriösen, verlässlichen und vertrauenswürdigen professionellen Tätigkeit muss diese Grundfähigkeit reflektiert und bewusst entwickelt werden. Wie beim Singen, Schwimmen, Zeichnen oder Nachdenken beruht auch die Professionalisierung der Translationsfähigkeit auf der Analyse und der Bewusstmachung der Vorgänge, die sie ausmachen. Nur so können wir unsere Handlungen steuern und zielgerichtet einsetzen.

Das deutsche Wort *Translation* umfasst sowohl die traditionellen Tätigkeiten wie Übersetzen (schriftlich) und Dolmetschen (mündlich) wie auch eine ganze Reihe von verwandten und benachbarten Tätigkeiten. Manche davon werden wir in diesem Buch vorstellen.

Translation, von dem lateinischen *transferre* abgeleitet, bedeutet laut Wörterbuch: hinübertragen oder hinübersetzen. Wir sehen hier sofort, wie missverständlich eine sogenannte „wörtliche Übersetzung" sein kann. Denn nach dieser Wörterbucherklärung klingt es, also ob etwas von einem Ort zu einem anderen gebracht würde.

Viele Menschen, die sich nicht näher damit auseinandergesetzt haben, glauben auch, dass wir tatsächlich etwas *von* einer Sprache *zu* einer anderen hinüberbringen. Sie glauben, dass dieses „etwas" unverändert bleibt und „nur" in einer anderen Sprache ausgedrückt wird. Als würde der „gleiche Inhalt" lediglich mit einem neuen sprachlichen Etikett versehen.

Nun, Translation, wie jede Kommunikation, ist ein *Prozess*. Und Prozess heißt immer auch Veränderung.

Wenn Sie zum Beispiel Freund*innen erzählen, was Sie gestern Abend gemacht haben, erzählen Sie ihnen bestimmt nicht *alles*. Sie schildern nicht den *ganzen* Abend. Sie überlegen, welche Aspekte des Abends für Ihre Freund*innen interessant sein könnten. Sie betonen manche Ereignisse, lassen andere weg, je nachdem, was für Sie wichtig ist, ob Sie eine humorvolle Anekdote oder ein ärgerliches Ereignis schildern wollen. Was Sie sagen und wie Sie es sagen, wird davon abhängen, ob Sie beim Publikum Lachen oder Mitgefühl erzeugen wollen. Und wenn jemand aus der Gruppe weitererzählt, was Sie erzählt haben, wird sich die Geschichte wieder verändern, je nachdem, zu welchen Personen er* sie spricht und welche Gefühle oder Gedanken erweckt werden sollen. Wir alle kennen das Spiel „Stille Post", dessen Spaß darin besteht, festzustellen, wie sehr sich eine Botschaft beim Weitererzählen verändert. Wir wissen auch, dass wir Dinge anders darstellen, wenn wir sie schriftlich mitteilen, anstatt sie spontan im Gespräch zu erzählen.

Eine erste Antwort auf die Frage *Was ist Translation?* könnte also lauten:

Translation ist der Ausdruck dessen, was jemand sagen will.

Wohlgemerkt: Was jemand sagen *will*. Nicht: Was er* sie „tatsächlich" sagt.

Denn, wie wir alle wissen, sagen (oder schreiben) wir nicht immer das, was wir „eigentlich" meinen. Wie oft am Tag fragen wir unsere Gesprächspartner*innen, ob sie wissen, was wir gemeint haben:

Du weißt schon, was ich meine ...? Das sagen oder denken wir, wenn uns Zweifel kommen, ob wir uns klar ausgedrückt haben, wenn wir das Gefühl bekommen, nicht „das richtige Wort" verwendet zu haben etc. Dies ist ein Merkmal der menschlichen Kommunikation: Wir drücken uns ziemlich ungenau aus. Dazu kommt, dass ohnehin alles von unserem Gegenüber interpretiert wird. (So gesehen ist es erstaunlich, dass wir einander je verstehen!)

Wenn wir also als professionelle Kommunikationsexpert*innen Translation betreiben, versuchen wir, zu analysieren, was jemand sagen *will.* Was der* die Sprecher*in oder die Person, die einen Text schriftlich verfasst hat, (der* die Textproduzent*in oder Textverfasser*in) *gemeint* hat.

Die wissenschaftliche Disziplin, die sich mit der systematischen Beobachtung von Translationsvorgängen und Translationsformen beschäftigt, ist die Translationwissenschaft. Auf Englisch: *Translation Studies.* (Der Großteil der wissenschaftlichen Werke wird in der Translationswissenschaft, wie heute auch in allen anderen Disziplinen, in englischer Sprache verfasst. Auch in Ländern, die nicht so stark in der sogenannten „westlichen" Tradition verankert sind, wie zum Beispiel in China oder in Japan, macht sich zunehmend der Einfluss des Englischen als internationaler Wissenschaftssprache spürbar.)

Die Translationswissenschaft entwickelt durch die Untersuchung des Phänomens „Translation" eine theoretische Basis für die Erklärung einer Reihe wichtiger Prozesse der Transkulturellen Kommunikation. Durch die Analyse der Arbeitsprozesse, die mit der professionellen Translationstätigkeit einhergehen, wird also nicht nur die Effizienz dieser Tätigkeiten sichtbar gemacht, sondern auch deren Relevanz in der heutigen Kommunikations- und Informationsgesellschaft.

Translation ohne „Original"?

Gibt es das? Ja. Denn es ist nicht immer der Fall, dass eine mündliche oder schriftliche sprachliche Äußerung vorliegt, die übersetzt oder gedolmetscht werden soll.

Es könnte zum Beispiel vorkommen, dass eine Künstlerin eine Ausstellung plant und jemanden damit beauftragen will, dafür die Bildbeschreibungen zu gestalten. Dann wird die Translationsaufgabe darin bestehen, das Verhältnis der Künstlerin zu ihren Bildern in Worte zu fassen oder die Aufmerksamkeit der Zuschauer*innen auf besondere Nuancen oder Aussagen der Bilder zu lenken. Die Translationsarbeit erfolgt in einem solchen Fall nicht zwischen Sprache A und Sprache B und auch nicht zwischen einer sprachlichen Äußerung und einer zweiten. Die Translation drückt etwas aus, was linguistisch noch nicht ganz erfasst worden ist.

Was gemeint ist, wird von einem Medium (dem Bild, dem Gefühl der Künstlerin) in einem anderen (der schriftlichen Bildbeschreibung) umgesetzt.

Das folgende Beispiel zeigt ein Bild von Markus Guschelbauer und Beschreibungen des Übersetzers Georg Raslagg.

Abb. 16: „Raster Buch Decke" (mit freundlicher Genehmigung von Markus Guschelbauer)

Das Buch als Sinnbild für das Poetische, die stille Versunkenheit in Literatur und Muße, umrahmt von einer kolossalen und beeindruckenden Naturlandschaft. Romantische Elemente treffen auf biedermeierliche Assoziationen zur Flucht ins Idyll und zur Suche nach Stille. Kontrastiert werden diese Assoziationen durch das zentrale geometrische Raster im Bild, das dem Betrachter einen abrupten und beinahe krassen Wahrnehmungs- und Perspektivenwechsel abverlangt: Jede Betrachtung kann immer wieder zwischen drei zentralen Themen wandern und bringt neue Aspekte der Bildkomposition zutage: Im Hintergrund die Darstellung unberührter Natur als großartige Kulisse der Romantik, im Vordergrund ein Hinweis auf Kontemplation und friedlicher Zurückgezogenheit in sich selbst. Zentral ist jedoch das in der Bildmitte platzierte Objekt, das in Anlehnung an die Verrasterung der US-amerikanischen Landschaft – wie sie gut aus der Vogelperspektive zu erkennen ist – die Wahrnehmung des sich verdunkelnden Himmels und der Weite der Landschaft anscheinend sehr nüchtern und klar strukturiert. Doch ist dem aber wirklich so? Seine geometrische Struktur wird selbst von einem Hauch Romantik umspielt. Das Licht der Sonne macht sein Material zum metallgoldenen Rahmen einer Szenerie, die den Betrachter nur langsam wieder freigeben möchte.

The book as a symbol of the poetic and the serene immersion in literature and leisure, framed by a monumental and impressive natural landscape.

Romantic elements meet with Biedermeier associations to escape into the idyll and to search for silence. These associations are contrasted by the central geometric grid in the picture, which demands an abrupt and almost blatant change of perception and perspective from the viewer: Each contemplation can time and again wander among three central themes, revealing new aspects of image composition: in the background, the depiction of untouched nature as a magnificent backdrop of romanticism, in the foreground, a reference to contemplation and peaceful solitude within oneself. The central point, however, is the object placed in the middle of the picture, which seems to structure the perception of the darkening sky and the vastness of the landscape in a very sober and clear manner, similar to the rasterization of the US-American landscape – as can be seen from a bird's eye view. But is this really true? Its geometric structure is itself surrounded by a touch of romance, because the sunlight transforms the material into a metal-golden frame of a mesmerizing scenery.

Wir sehen hier, wie die künstlerische Intention in poetischer Sprache zum Ausdruck gebracht wird. Was der Künstler „sagen" wollte, wird interpretiert und in einem neuen Medium (Sprache) formuliert.

Die jahrhundertealte Tradition der *Ekphrasis* (auch *Ekphrase* genannt), also die Beschreibung eines Kunstwerks in Form eines anderen Kunstwerks, können wir daher auch als eine Form von Translation bezeichnen. Bekannte Translationen im Sinne der Ekphrasis wären zum Beispiel die Kunstrezensionen von Charles Baudelaire oder die Ausführungen Goethes zur Gartenkunst. Die sinnliche Erfahrung eines Kunstwerks kommt in einem neuen Medium zum Ausdruck, das andere sinnliche Erfahrungen emöglicht.

Der Sprach- und Translationswissenschaftler Roman Jakobson und andere (Translations-)Wissenschaftler* innen sprechen in diesem Kontext von *intersemiotischer Translation* oder *synästhetischer Translation.*

Wir können also ergänzen:

Translation ist die kommunikative Umgestaltung dessen, was jemand zum Ausdruck bringen will.

Bevor wir zum Ausdruck bringen können, was eine andere Person meint, müssen wir klarerweise auch eine Vorstellung davon haben, was dieses „Gemeinte“ sein könnte. Mit anderen Worten, wir müssen *verstehen*. Es liegt auf der Hand, dass niemand sagen kann, was jemand meint, ohne es selbst zu wissen.

Auch hier wollen wir nicht vergessen, dass es nicht um die bloße Übertragung von Wörtern oder Inhalten geht. Es handelt sich nicht um den Austausch von Wörtern oder die Etikettierung von „Inhalten“. Ein sogenannter „Inhalt“ ist, wie wir in den Ausführungen über Kommunikation gesehen haben, auch eine Interpretation, die auf der Basis vieler emotionaler, sachlicher und pragmatischer Faktoren stattfindet. Wir verstehen nie „ganz“ oder zu 100 Prozent, also die Gesamtheit dessen, was jemand kommuniziert; wir verstehen hauptsächlich das, was für uns selbst relevant und wichtig ist. Verstehen ist also nicht nur eine Interpretation, sondern immer ein *Selektionsprozess*. Jedes Verstehen als Interpretation ist eine Auswahl von wichtigen und relevanten Aspekten einer Äußerung. Eine einzige, eine einzig *richtige* Interpretation gibt es nicht. Ein einziges „Original“, von dem wir bei der Translation ausgehen können, gibt es nicht.

Perspektivenwechsel

Wir sind alle mit dem Phänomen des Perspektivenwechsels vertraut.

Auf den ersten Blick fallen uns beim folgenden Bild bestimmte Merkmale auf, je nachdem, wer wir sind. Wir sehen vielleicht die Kleidung, oder die Augen, das Lächeln ...

Abb. 17: Zwei Menschen (Foto: pixabay)

Abb. 18: Zwei Menschen im Gespräch auf der Straße (Foto: pixabay)

Wenn beim Anblick des zweiten Bildes gefragt wird, was es vom ersten Bild unterscheidet, sehen wir beide Bilder genauer an. Allein durch den Hinweis, dass wir Unterschiede bewusst suchen oder artikulieren sollen, wird unsere Aufmerksamkeit intensiviert und auf andere Aspekte gelenkt als beim „spontanen" Ansehen. Wenn wir die Bilder vergleichen, sehen wir sie aus einem anderen Blickwinkel, entdecken Details, die uns vorher nicht aufgefallen sind und gewinnen auf beide eine neue Sicht dessen, was sie aussagen.

Beim zweiten Mal aber wird unsere Aufmerksamkeit nicht nur in eine Richtung gelenkt (*Finde den Unterschied!*); wir sehen uns die Bilder genauer an.

Durch dieses Genauerhinsehen *verstehen* wir die Bilder auch anders. Sie sagen uns etwas, das sie beim ersten Blick noch nicht ausgedrückt haben.

Diese Alltagserfahrung ist eine wichtige Komponente von Translation und Transkultureller Kommunikation. Unser Verstehensprozess wird deswegen intensiviert und gelenkt, weil wir dabei immer zwei „Bilder" vergleichen: die kommunikative Absicht (Intention) einer Person und die Verstehensfähigkeit (das Interpretationspotenzial) derjenigen, die die Äußerung lesen, hören oder anschauen werden.

Verstehen für die Zwecke von Translation und Transkultureller Kommunikation ist nie einseitig: Es sind immer mindestens zwei Ansichten daran beteiligt.

Translation und Transkulturelle Kommunikation erfordern Verstehen und Interpretieren aus zwei Perspektiven.

Im Translationsprozess wie in anderen Formen der Transkulturellen Kommunikation verstehen wir „das Gemeinte" oder die Botschaft nicht nur in Bezug auf die Person/Personen, die es äußert/äußern; wir verstehen es auch im Hinblick auf diejenigen Personen, die die Neugestaltung (das *Translat* oder den *Zieltext*) wahrnehmen werden. Wir nennen diese Personengruppe die *Rezipient*innen* oder die *Zielgruppe* des Translats bzw. des Zieltexts.

In der professionellen Transkulturellen Kommunikation, also auch in der Translation erfolgt Verstehen auch unter Berücksichtigung der Zielgruppe. Wir können davon ausgehen, dass diese Zielgruppe andere Erfahrungen, andere Sprachkenntnisse, andere Bildung, Lebensgewohnheiten und/oder andere Werte und Erwartungen haben wird als die Zielgruppe oder Produzent*innen der ursprünglichen Äußerung. (Denn sonst wird keine Translation oder professionelle Transkulturelle Kommunikation gebraucht.) Wir nennen diese Äußerung *Ausgangstext.* (In Teil III wird näher darauf eingegangen, was ein Text alles sein kann.)

Das bedeutet: Bei Translation und Transkultureller Kommunikation verstehen wir, um etwas für andere verständlich zu machen. *Etwas verständlich machen* heißt ja auch *erklären.* Das translatorische Erklären erfolgt im Grunde wie jede andere Form von Erklären: Wir fragen uns, was die Zielgruppe *verstehen kann* und *verstehen will.*

Wer zum Beispiel einem Kind erklären möchte, was *Lohnsteuer* ist, müsste sich zuerst fragen, was das Kind über die Gesellschaft, die Funktion von Geld und die Arbeitsteilung wissen könnte. Auf der Basis dieser Überlegungen wird dann eine Erklärung formuliert, die dem kindlichen Verstehenshorizont entspricht. Man versucht in dem Fall, die Welt durch die Augen des Kindes zu sehen (und zu verstehen), damit man nicht an ihm „vorbeiredet". Wir berücksichtigen, was das Kind bereits kennt, um ihm etwas Neues vorzustellen. So integrieren wir das Neue mit dem schon Vertrauten.

Translation und professionelle Transkulturelle Kommunikation erfordern Verstehen-und-Erklären.

Wenn wir einen Sachverhalt durch die Augen anderer betrachten, sehen wir die Dinge von ihrem Standpunkt aus: Für den Moment sehen wir die Welt auch aus ihrer Perspektive.

Um ein Translat oder einen anderen Zieltext in professioneller Transkultureller Kommunikation erzielen zu können – also die kommunikative Absicht einer Person (oder Personengruppe) so umzugestalten, dass wir zum Ausdruck bringen, was diese Person (oder Gruppe) gemeint hat – vergleichen wir zwei Perspektiven. Wir identifizieren dabei Gemeinsamkeiten und Unterschiede, wie im Beispiel der zwei Bilder oder des Kindes, dem wir einen neuen Begriff erklären wollen. Der Translationsprozess erfordert somit einen ständigen Wechsel der Perspektive, bei dem eine Auswahl aus dem Informationspotenzial des Ausgangstexts anhand des Verstehenspotenzials der Zielgruppe getroffen wird. Diese Selektion berücksichtigt beide Perspektiven.

Translation und Transkulturelle Kommunikation erfordern Perspektivenwechsel und Selektion.

Die Perspektive zu wechseln ist etwas, das wir alle können und mehrmals am Tag tun. Wir lassen den Prozess ablaufen, der gerade beschrieben wurde. Wenn zum Beispiel eine erfahrene Kinderärztin ein kleines Kind fragt, wo es ihm denn wehtue und als Antwort sieht, wie das Kind auf den Bauch zeigt, „übersetzt" sie die Kindersprache für sich und versteht, dass das Kind womöglich nicht sagen will, nicht *wirklich meint*, dass es Bauchweh hat. Denn erfahrene Kinderärzt*innen wissen, dass Kleinkinder noch nicht gelernt haben, ihren Schmerz körperlich zu orten. Diese wissen lediglich, dass etwas an ihrem Körper (oder auch an ihrer „Seele") nicht stimmt und zeigen auf die Stelle, die am häufigsten als Schmerzpunkt identifiziert wird. Es wird vermutet, dass Kleinkinder so oft gefragt werden, ob sie Bauchweh hätten, dass sie eine Zeit lang *jeden Schmerz* als Bauchweh bezeichnen. Erst allmählich lernen Kinder, ihr Unwohlsein differenziert zu betrachten und zu benennen, bis sie schließlich auch Kopfweh, Zahnweh, Traurigsein etc. eigenen Kategorien zuordnen können.

Die geduldige Ärztin würde dann diese Übersetzung ihrer Erfahrung wiederum für das Kind übersetzen, ihr Wissen aus der kindlichen Perspektive betrachten und neu gestalten. Sie würde auch nicht ihr gesamtes diesbezügliches Wissen zum Ausdruck bringen, denn das Kind wäre damit überfordert und nicht imstande, ihr die gewünschte Information zu liefern. So spricht sie die Sprache des Kindes und fragt zum Beispiel: „Und wo genau hast du denn Bauchweh?" Wenn das Kind dann auf den Kopf oder Ellbogen zeigt, bekommt sie eine Antwort, die ihr in der Diagnose weiterhelfen könnte.

Solche Formen der Transkulturellen Kommunikation werden auch in der Translationswissenschaft reflektiert.

Eine Art von Translation, die „innerhalb einer Nationalsprache" stattfindet, wie am Beispiel der Lohnsteuererklärung für Kinder oder der Kinderärzt*innen, die die Kindersprache übersetzen, können wir nach Roman Jakobson *intralinguale Translation* oder auch als *Rewording* oder *Reframing* bezeichnen. Diese Dimension der beruflichen Praxis wird immer wichtiger, da viele Unternehmen die Relevanz von verständlicher Kommunikation in der „eigenen" Sprache erkennen. So gibt es zum Beispiel Agenturen, die sich der Übersetzung komplizierter Gesetzestexte aus dem Deutschen in ein einfacheres, verständliches Deutsch widmen. Grundsätzlich spielt verständliche Kommunikation eine immer wichtigere Rolle in der Gestaltung einer gelungenen und sympathischen Corporate Identity.

Wir haben bereits festgestellt, dass im Translationsprozess und bei der Textgestaltung in Transktultureller Kommunikation eine Änderung stattfindet. Es wird nicht das gesamte Informationspotenzial des Ausgangstexts artikuliert, sondern nur diejenigen Aspekte, die bei der Zielgruppe eine gewünschte Wirkung erzielen soll. Diese gewünschte Wirkung können wir auch *Kommunikationsziel* nennen. Die Umgestaltung des Ausgangsinformationspotenzials erfolgt also im Hinblick auf das Kommunikationsziel: Was soll wie bei wem was bewirken?

Wenn wir Translation oder Transkulturelle Kommunikation betreiben ...

... können wir nicht alles zum Ausdruck bringen.

... müssen wir nicht alles zum Ausdruck bringen.

... drücken wir das aus, was für das Kommunikationsziel wichtig und relevant ist.

Es ist der Ärztin in unserem Beispiel vermutlich gar nicht bewusst, dass sie einen Perspektivenwechsel vollzieht und Selektion betreibt. Sie kommuniziert „intuitiv" mit ihren jungen Patient*innen, indem sie zielgerichtet aus ihrem Erfahrungsschatz schöpft.

Wer aber professionell Translation und/oder Transkulturelle Kommunikation als Beruf ausüben will, muss wissen, was er*sie tut. Der wichtigste Unterschied zwischen professioneller und nicht-professioneller Translation und Transkultureller Kommunikation ist eben das Bewusst-Sein um das eigene Handeln – wir wissen, was wir tun und warum wir es tun. Wir lernen, unsere „Intuition" zu hinterfragen, unser Wissen zu steuern und zielgerichtet einzusetzen. Und wie wir sehen werden, umfasst dieses Wissen viele Dimensionen der menschlichen Interaktion.

Professionelle Translation und Transkulturelle Kommunikation werden deswegen gebraucht, weil nicht alle Menschen gelernt haben, das verständlich zu machen, was andere verstehen sollen.

Ich sehe was, das du nicht siehst

Im vorigen Beispiel hat die Kinderärztin ihr Wissen in einer für das Kind verständlichen Sprache ausgedrückt, in der berechtigten Annahme, dass das Kind einen anderen Umgang mit und Zugang zu der Welt hat als sie. Kinder verfügen nicht nur über einen anderen Wortschatz, sie haben auch andere Interessen und andere Sorgen, die ihre Perspektive auf sich und andere sowie ihr Verstehensvermögen prägen. Kinder sprechen eine andere Sprache (auch wenn dies die „gleiche" Nationalsprache ist, zum Beispiel Deutsch oder Kroatisch), weil sie eine andere Lebenserfahrung haben als Erwachsene.

Das Gleiche gilt für Jugendliche. Die Gruppe von Menschen, die wir *Jugend* nennen, hat ihre eigene Art, auf die Welt zu blicken, sich zu verhalten und sich zu äußern (nicht nur sprachlich, sondern zum Beispiel auch in der Kleidung). Man könnte sagen, dass die Jugend eine eigene Kultur bildet. Wir sprechen in der Tat oft von einer *Jugendkultur.* Es existiert in Österreich, Deutschland, Bosnien, Indien, fast überall eine Jugendkultur, die zwar als Teil der „größeren" Kultur zu erkennen ist, aber gleichzeitig auch irgendwie „anders".

Wir drücken aus, wie wir die Welt erleben. Dabei ist die Jugend nicht die einzige gesellschaftliche Gruppierung, die eine spezifische Lebens- oder Welterfahrung hat. In jeder Gesellschaft, jeder Kultur sind mehrere Gruppen von Menschen zu finden, die ihre „eigene" Sprache sprechen und auf die Welt durch eine bestimmte „Brille" blicken. Diese Gruppierungen verbinden gemeinsame Interessen und Anliegen. Fußballspieler* innen oder Radfahrer* innen zum Beispiel haben einen anderen Blick auf ihren Körper, auf Leistung und die Beschaffenheit eines Fußballplatzes oder einer Rennstrecke als Nicht-Sportler* innen. Ein Botaniker, eine Künstlerin oder eine Gärtnerin beobachten eine Rose aus einem ganz anderen Blickwinkel als Nicht-Botaniker* innen, Nicht-Künstler* innen etc. Bekanntlich haben auch Frauen und Männer gelernt, die Welt aus geschlechterspezifischen Perspektiven zu betrachten. Diese Interessens- und Erfahrungskollektive können wir als Kulturen innerhalb einer Kultur bezeichnen.

Dabei kann ein Mensch selbstverständlich verschiedenen Gruppierungen angehören. Dies ist auch meist der Fall: Eine Fußballspielerin kann zum Beispiel gleichzeitig auch Mutter und Botanikerin sein. Ein Radfahrer könnte auch einer künstlerischen Tätigkeit nachgehen.

Jede dieser „Kulturen" hat spezifische Lebenserfahrungen und Werte und verwendet auch spezifische Wörter und Ausdrücke, um über sie zu sprechen. Oder sie verwendet „die gleichen" Wörter wie alle anderen, aber mit anderen Bedeutungen. Diese spezifische Art, über einen bestimmten Teil der Lebenserfahrung aus einer spezifischen Perspektive zu kommunizieren, nennen wir *Diskurs.*

Dass unterschiedliche Erfahrungen, Einstellungen und Werte zu unterschiedlichen Bedeutungen und Interpretationen führen können, sehen wir zum Beispiel am Wort *Obdachlose.* Laut DUDEN handelt es sich hierbei um Personen, die „(vorübergehend) ohne Wohnung" sind. Für manche wird viel mehr mit diesem Ausdruck verbunden: Obdachlose sind Sozialschmarotzer, faul, ungewaschen etc. Für andere aber sind Obdachlose Menschen, die aufgrund widriger Umstände kein Zuhause haben, die (wahrscheinlich) Hilfe und Unterstützung brauchen und den gleichen Respekt verdienen wie alle Mitglieder der Gesellschaft.

Auch im DUDEN wird interpretiert; es werden mit dem Wort „Obdachloser" Ausdrücke wie Penner und Vagabund assoziiert, mit der entsprechenden Abwertung.

Wert- und Einstellungsunterschiede können sich auch in der Grammatik manifestieren. Zum Beispiel darin, ob der bestimmte oder unbestimmte Artikel oder die Mehrzahl verwendet wird.

Wenn etwa in deutschsprachigen Medien folgende Meldung zu lesen ist, können gewisse Fragen auftauchen. *Der Wolf nähert sich der Stadt.* Wer mit dem Mediendiskurs nicht vertraut ist, wird sich vielleicht fragen: Welcher Wolf? Welche Stadt? Tatsächlich handelt es sich um Wölfe (Mehrzahl), die sich immer öfter in der Nähe von Städten auf der Suche nach Nahrung aufhalten. Die Verwendung des bestimmten Artikels – *der* Wolf, *der* Stadt – macht aus den vielen Wölfen einen einzigen archetypischen Wolf, der viel bedrohlicher wirkt als eine undefinierte Gruppe. Auch der „große böse Wolf" wird damit Erinnerung gerufen und es wird Angst geschürt. Solche diskursiven Strategien fallen kaum auf. Sie werden und wurden daher oft für Propagandazwecke eingesetzt, zum Beispiel, um ein Feindbild zu kreieren. Der antisemitische Film *Der ewige Jude* zum Beispiel summiert *alle* jüdischen Menschen unter den einen dargestellten Juden, der nur abzulehnende Eigenschaften zeigt. „Der Jude" steht somit stellvertretend für alle jüdischen Menschen, die alle als gleich dargestellt werden und nur als stereotypisierte Figur wahrgenommen werden. Die nationalsozialistische Ideologie stellt eine Kultur dar, mit eigenen Werten und einem eigenen Diskurs, der diese Werte zum Ausdruck bringt. Dies zeigt sich auch in der Analyse des Nazidiskurses von Viktor Klemperer.

Auch die Translation von einem Diskurs in einen anderen, sofern dies in derselben „Nationalsprache" erfolgt, können wir als *intralinguale Translation* im Sinne Jakobsons (siehe oben) bezeichnen. Zum Beispiel: Wenn eine serbische Physikerin der Öffentlichkeit eine neue Theorie vorstellen will, übersetzt sie ihren fachspezifischen Diskurs in einen anderen Diskurs, zum Beispiel für die Leser*innen des Wissenschaftsteils einer serbischen Zeitung. Sie könnte aber auch ein*e professionelle*n Translator*in damit beauftragen und sich darauf verlassen, dass diese bewusst und systematisch ausführt, was sie höchstwahrscheinlich „intuitiv" und eher unreflektiert zustande bringt.

Im Vergleich dazu wird Translation *zwischen* „Nationalsprachen" (zum Beispiel: *Hase* auf Deutsch wird ins Französische übersetzt) in Jakobsons Modell *interlinguale Translation* genannt. In allen Fällen handelt es sich um die Interpretation von Zeichen und den sprachlichen und nicht-sprachlichen Ausdruck dieser Interpretation.

Alles klar?

Kulturell geprägte Diskurse werden manchmal von anderen kulturellen Kollektiven verstanden, manchmal auch nicht. Nur: Was bedeutet hier *verstehen*? Propaganda oder Werbung zum Beispiel werden insofern „verstanden", als sie ihre Wirkung erreichen, meist ohne dass den Menschen bewusst wird, wie diese Wirkung erreicht wird. Es ist gerade diese Undurchsichtigkeit der Botschaft, die deren Effizienz garantiert. Autowerbung, die uns starke Männer und schöne Frauen und/oder glückliche Familien zeigt, erweckt das Gefühl, auch wir könnten ein solches Leben führen, wenn wir nur dieses Auto kaufen würden.

Abb. 19: Lächelnde Menschen in einem Auto (Foto: pixabay)

Man sagt es uns nicht direkt. Aber der aus Bildern und Sprache bestehende Diskurs vermittelt sehr effizient die Werte und Absichten des Autounternehmens. Haben wir die Botschaft *verstanden*? Ja und nein. Sie hat die gewünschte Wirkung erzielt. Was wir dabei nicht verstanden haben, ist, *wie* diese Wirkung zustande kommt. Es gibt also verschiedene Ebenen des Verstehens. Wer eine Botschaft verstehen-und-erklären will, sie in einem neuen Kontext, für ein neues Zielpublikum umgestalten will, muss zu einer tieferen, breiteren Verstehensebene gelangen als eine Person, auf die die Botschaft bloß „wirkt". Wir wollen zum Beispiel verstehen, wie das oben diskutierte Framing im Kontext der Werbung funktioniert.

Kommunikation zwischen Kulturen – seien es Nationalkulturen oder „Kulturen in Kulturen" – erfolgt mittels Translation und Transkultureller Kommunikation. (Mit dem Begriff *Kultur* werden wir uns gleich im nächsten Teil unseres Buchs näher beschäftigen.)

Translation ist eine Form von Transkultureller Kommunikation.

Auf den Punkt gebracht

1. Translation und Transkulturelle Kommunikation sind Verstehen-und-Erklären von Inhalten für unterschiedliche Zielgruppen und unterschiedliche Kommunikationsziele.
2. Translation ist nicht lediglich ein Austausch von Wörtern.
3. Translation und Transkulturelle Kommunikation sind Prozesse ständigen Perspektivenwechsels.
4. Translation ist immer auch Interpretation.
5. Translation ist immer ein Selektionsprozess.
6. Translation und Transkulturelle Kommunikation befassen sich mit Diskursen und Kulturen, und nicht nur mit Sprachen. Sie befassen sich mit Kommunikation über Kulturgrenzen hinweg.
7. Professionelle Translation und Transkulturelle Kommunikation sind bewusste, analytische, steuerbare Prozesse.

Zum Weiterdenken und Vertiefen

1. Sie erzählen einem* r Freund* in von Ihrem Lieblingsfilm / Ihrem Lieblingsbuch / Ihrer Lieblings-Netflixserie, ... Auf welche Szenen, Charaktere oder Aussagen legen Sie besonders Wert? Warum? Unterscheidet sich Ihre Beschreibung je nachdem, mit wem Sie darüber sprechen? Warum?
2. Beschreiben Sie das folgende Bild in 2–3 Sätzen (in einer Sprache Ihrer Wahl). Was spricht Sie im Bild besonders an? Warum?

Abb. 20: Ein Bild (Foto: ME)

3. Stellen Sie sich vor, Sie schreiben einen Text über Umweltschutz für 7- bis 8-jährige Schulkinder. Der erste Absatz sollte sofort ihr Interesse wecken und ihr Engagement für die Sache fördern. Schreiben Sie den ersten Absatz (3–4 Sätze) so, dass er die Lebenserfahrung von Kindern mit dem Kommunikationsziel zusammenbringt.

Quellen

Adamzik, Kirsten (2004). *Sprache: Wege zum Verstehen.* Tübingen: Francke UTB.

Ames-Lewis, Francis (2002). *The intellectual life of the early Renaissance artist.* New Haven / London: Yale University Press.

Arrojo, Rosemary (1999). Dekonstruktion. In: Snell-Hornby, Mary, Hönig, Hans G., Kußmaul, Paul, Schmitt, Peter A. (Hrsg.), *Handbuch Translation.* 2. Auflage. Tübingen: Stauffenburg, 101–102.

Bassnett, Susan (2007). Culture and Translation. In: Kuhiwczak, Piotr, Littau, Karin (Hrsg.), *A Companion to Translation Studies.* Clevedon: Multilingual Matters. 13–23.

Berlyne, Daniel E. (1971). *Aesthetics and psychobiology.* New York, NY: Appleton-Century-Crofts.

Blommaert, Jan (2010). *The Sociolinguistics of Globalization.* Cambridge: Cambridge University Press.

Busch, Brigitta (2012). The Linguistic Repertoire Revisited. *Applied Linguistics,* 33(5), 503–523

Collins, Sophie (2019). Radical Ekphrasis; or, An Ethics of Seeing. In: Campbell, Madeleine, Vidal, Ricarda (Eds). *Translating across Sensory and Linguistic Borders. Intersemiotic Journeys between Media.* Cham: Palgrave Macmillan, 371–394.

Cooke, Michèle (2012). *Wissenschaft, Translation, Kommunikation.* Wien: Facultas.

Dengscherz, Sabine (2020): Professionelles Schreiben in mehreren Sprachen. Das PROSIMS-Schreibprozessmodell. *ZIF – Zeitschrift für interkulturellen Fremdsprachenunterricht* 25: 1, 397–422. Online verfügbar unter https://tujournals.ulb.tu-darmstadt.de/index.php/zif/article/view/1023/1020

Ehlich, Konrad (1989). Zur Genese von Textformen. Prolegnomena zu einer pragmatischen Texttypologie. In: Antos, Gerd, Krings, Hans P. (Hrsg.), *Textproduktion. Ein interdisziplinärer Forschungsüberblick.* Tübingen: Niemeyer, 84–99.

Europarat (Hrsg.) (2001). *Gemeinsamer europäischer Referenzrahmen für Sprachen: lernen, lehren, beurteilen.* München: Langenscheidt.

Gumperz, John G. (1964). Linguistic and Social Interaction in Two Communities. *American Anthropologist,* 66, 137–153.

Haase, Martin (2015). „Nebelsprech" – Sprechen in der parlamentarischen Demokratie. *Linguistik Online,* 73(4), https://doi.org/10.13092/lo.73.;2194 [9.12.2019].

Hines, Melissa (2004). *Brain gender.* Oxford: Oxford University Press.

Hulea, Lavinia (2015). Ekphrasis and reverse ekphrasis as adaptation processes. *Journal of Romanian Literature Studies,* 6, 939–944.

Jakobson, Roman (1959). On linguistic aspects of translation. In: Brower, A. Reuben (Hrsg.), *On Translation.* Cambridge, MA: Harvard University Press, 232–239.

Kadrić, Mira, Kaindl, Klaus, Cooke, Michèle (2012). *Translatorische Methodik.* 5. Auflage. Wien: Facultas.

Kadrić, Mira, Kaindl, Klaus (Hrsg.) (2016). *Berufsziel Übersetzen und Dolmetschen. Grundlagen, Ausbildung, Arbeitsfelder.* Tübingen: Francke.

Klemperer, Victor (2007 [1975]). *LTI. Notizbuch eines Philologen.* 23. Auflage. Leipzig: Reclam.

Kussmaul, Paul (2014). *Verstehen und Übersetzen: ein Lehr- und Arbeitsbuch.* Tübingen: Narr Francke Attempto.

Lakoff, George, Wehling, Elisabeth (2016). *Auf leisen Sohlen ins Gehirn. Politische Sprache und ihre heimliche Macht.* Heidelberg: Carl-Auer-Verlag.

Linke, Angelika (2001). Trauer, Öffentlichkeit und Intimität. Zum Wandel der Textsorte „Todesanzeige" in der zweiten Hälfte des 20. Jahrhunderts. In: Fix, Ulla, Habscheid, Stephan, Klein, Josef (Hrsg.), *Zur Kulturspezifik von Textsorten.* Tübingen: Stauffenburg, 195–223.

Mahler, Andreas (2016). „Übersetzen" als Kulturprozess: Thesen zur Dynamis gemachter Welten. *Anglia*, 134(4), 668–682.

Pennycook, Alastair (2010). *Language as a Local Practice.* London / New York, NY: Routledge.

Reddy, Michael J. (1979). The conduit metaphor: A case of frame conflict in our language about language. In: Ortony, Andrew (Hrsg.), *Metaphor and Thought.* Cambridge: Cambridge University Press, 284–310.

Resch, Renate (2006). *Translatorische Textkompetenz. Texte im Kulturtransfer.* Frankfurt am Main: Peter Lang.

Siever, Holger (2010). *Übersetzen und Interpretation: die Herausbildung der Übersetzungswissenschaft als eigenständige wissenschaftliche Disziplin im deutschen Sprachraum von 1960 bis 2000.* Frankfurt am Main: Peter Lang.

Stolze, Radegundis (2008). *Übersetzungstheorien. Eine Einführung.* 5. Auflage. Tübingen: Gunter-Narr-Verlag.

Vermeer, Hans J. (1982). Translation als „Informationsangebot". *Lebende Sprachen*, 27(3), 97–101.

Watzlawick, Paul, Bavelas, Janet Beavin, Jackson, Don D. (1969). *Menschliche Kommunikation: Formen, Störungen, Paradoxien.* Bern: Hans Huber.

Primärtexte

Twain, Mark (1889). *A Connecticut Yankee in King Arthur's Court.* Verfügbar unter www.gutenberg.org/files/86/86-h/86-h.htm [9. 12. 2019].

Twain, Mark (1977 [1889]). *Ein Yankee aus Connecticut an König Artus' Hof.* [Übersetzung: Lore Krüger]. München: Carl Hanser Verlag.

II Kultur und Kommunikation

1 Was ist Kultur?

Kultur, wie auch Kommunikation, ist etwas, das wir alle täglich leben und erleben. Wie die Kommunikation ist Kultur also etwas, das wir *tun*. Sie ist demnach ein *Prozess*, daher auch *dynamisch* und *sich verändernd*. Als dynamischer, lebendiger Prozess ist Kultur außerdem etwas, das auf uns Menschen *wirkt*.

Wie Kultur wirkt und wie wir sie (er-)leben, sehen wir zum Beispiel an den folgenden Bildern.

Abb. 21: „Frauenschuhe“ (Foto: pixabay)

Sogenannte „Frauenschuhe“, die Frauenfüße zu einem für den (hetero-männlichen) Blick „schönen“ Gang zwingen, sind ein Ausdruck kultureller Lebensart. Kulturelle Einflüsse haben zu der Vorstellung geführt, dass Frauen anders gehen sollen als Männer. Ihre Gangart hängt nicht nur von ihrem „natürlichen“ Körperbau ab (zum Beispiel von einem breiteren Becken), sondern auch wesentlich davon, wie eine Gesellschaft sie sehen – und kleiden – will. Frauenfüße, wie Frauenkörper ganz allgemein, werden im Hinblick auf gesellschaftliche Auffassungen von Ästhetik auch physisch geformt; sie werden durch die Form des ihnen zur Verfügung stehenden Schuhwerks wie ein Kunstwerk gestaltet. In der Tat wurden (und werden) Frauenfüße seit Jahrhunderten umgestaltet, um dem Schönheitsideal der jeweiligen Gesellschaft zu entsprechen. Im alten China (wie auch heute in etwas anderem Maße) galten kleine Frauenfüße als besonders schön. Sie wurden gebunden und gebrochen, um diesem Schönheitsideal zu entsprechen. Dass viele Frauen dabei kaum gehen konnten, erhöhte sogar den Schönheitsfaktor: eine hilflose Frau galt als besonders reizvoll.

Wir sehen an der Abb. 21, wie sehr sich die Tradition der Verunstaltung von Frauenfüßen auch in der heutigen Schuhmode ausdrückt.

„Männerschuhe“ wie die im folgenden Bild (die wir ja ohne Mühe, ohne Nachdenken als solche erkennen) erlauben den Männerfüßen Raum, sich zu bewegen, den Boden zu spüren, aufrecht und solide zu gehen. Das macht es einfacher, den Rücken beim Gehen gerade zu halten und mit starkem, bestimmtem Schritt zu marschieren.

Abb. 22: „Männerschuhe“ (Foto: pixabay)

Im Vergleich zum Gang der Frauen – bzw. zur kulturellen Vorstellung davon – wirkt der (kulturell so ermöglichte und geförderte) Gang der Männer viel „natürlicher“. Sowohl Männer als auch Frauen haben gelernt, wie sie gehen *sollen*. Sie lernen zum Beispiel, welche Schuhe für welches Geschlecht als „geeignet“ gelten. Sie lernen, ob sie die Beine eng aneinanderpressen oder breiter auseinander halten sollen beim Gehen. Und die Schuhe, die ihnen die Schuhindustrie, die Mode zur Verfügung stellt, unterstützen die Vorstellung davon, wie wir gehen „sollen“.

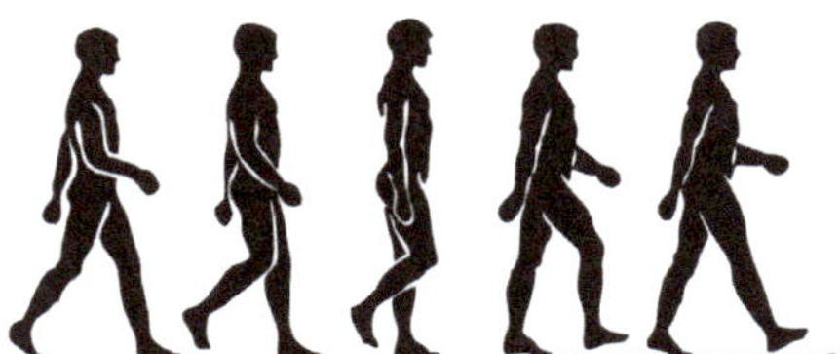

Abb. 23: „men“ walking (Bild: pixabay)

Abb. 24: „women" walking (Bild: pixabay)

Zum Glück haben wir heute etwas mehr Auswahl. Es gibt Schuhe für Frauen, die auch unseren Füßen Bewegungsraum erlauben. Schuhe, in denen wir wirklich gehen, laufen, hüpfen können und nicht nur wie Akrobat*innen am Seiltanz balancieren müssen.

Abb. 25: Diese Schuhe könnten „Frauenschuhe" oder „Männerschuhe" sein (Foto: pixabay)

Aber es gilt für viele noch immer: Wenn Frauen sich „schön machen" wollen, sollten sie die Füße in unmögliche Formen zwingen. „Schönheit muss leiden." Wir sehen am Alltagsbeispiel eines relativ banalen Kleidungsstücks, wie die Kultur auf den menschlichen Körper wirkt, wie sie ihn formt und wie wir Kultur tatsächlich leben.

Wir sehen auch, dass Kultur, die so stark auf uns eindringt, nicht allmächtig ist. Wir können über sie nachdenken. Wir können ihre Wirkung analysieren. Und uns dann zum Beispiel für eine andere Lebensart entscheiden: Wir können uns bequeme Schuhe anziehen, uns nicht „geschlechterkonform" verhalten, barfuß gehen ...

Was ist nun Kultur? Eine vorläufige Antwort lautet:

Kultur ist eine in der Gesellschaft erlernte Art, zu leben. (Harris, 1999:19)

Kultur wirkt. Auf jede Dimension des Lebens. Sie ist aber keine Zwangsjacke. Wir können, wenn wir wollen, auch andere Lebensarten wahrnehmen.

Wir sehen also, dass Kultur einen starken Einfluss auf unser körperliches Befinden ausübt. Die Erwartungen und Konventionen der Gesellschaft oder der Gruppe, in der wir leben, erzeugen einen Druck, der uns zu einem bestimmten Verhalten bewegt, zum Beispiel dazu, unbequeme (oder bequeme) Schuhe zu tragen. Der Wunsch, den gesellschaftlichen Erwartungen zu entsprechen, entsteht aus dem menschlichen Bedürfnis, sich in der Gruppe wohlzufühlen. Wir Menschen sind „Herdentiere". Anders gesagt: Wir brauchen alle ein Kollektiv oder eine soziale Gruppe, die uns als Mensch bestätigt. Wir wollen alle von Menschen umgeben werden, die so denken und so empfinden, wie wir das tun. Deswegen wirkt der gesellschaftliche Druck so stark: Jede* r will dazugehören. Und deshalb ist es auch so unangenehm, wenn wir „gegen den Strom schwimmen" und nicht das tun, was von uns erwartet wird. Letztlich wollen wir ja akzeptiert und *verstanden* werden. Und es ist viel leichter, eine Person zu verstehen, die die Welt so sieht wie wir selbst.

Probieren wir es aus: Wie viele Sinne hat der Mensch? Antwort: Fünf, sechs, acht bis dreizehn, je nachdem ... Sie haben wahrscheinlich in der Schule oder zu Hause gelernt, dass wir fünf Sinne haben: den Tastsinn, den Geruchssinn, Sehen, Hören und Schmecken. Manchmal kommt ein sechster dazu: der Gleichgewichtssinn. Oder sind es doch sieben? Manche zählen den Bewegungssinn auch dazu.

Wir nehmen die Welt durch unsere Sinne wahr, heißt es. Diese Wahrnehmung regelt unseren Umgang mit der Welt, mit unserer Umgebung und daher auch mit den Menschen, die uns umgeben.

Nun, die Frage, mit wie vielen Sinnen wir ausgestattet sind, ist von zentraler Bedeutung, denn je nachdem, wie viele es sind, wird unsere Welt-Wahrnehmung mehr oder weniger differenziert. Oder auf jeden Fall *unterschiedlich* differenziert.

Wenn wir zum Beispiel, wie in manchen indischen Kulturen, das Sprechen (vāca) oder die „Hand zum Arbeiten" (hasta) als Sinne verstehen, wird unser Wahrnehmungsvermögen um wichtige Dimensionen ergänzt.

Im Sanskrit zum Beispiel gibt es mehrere Wörter für die Sinne, je nachdem, welches Sinnesgefüge gemeint wird. So gewinnt das Zusammenwirken mehrerer Wahrnehmungsmöglichkeiten eine sprachliche Realität; man kann darüber sprechen, nachdenken, diese Vorgänge buchstäblich *wahr*nehmen. Wollten wir versuchen, in einer Fünf-Sinne-Kultur von acht oder gar dreizehn Sinnen zu sprechen, müssten wir nicht nur neue Wörter dafür finden. Wir müssten auch unsere Gesprächspartner*innen davon überzeugen, dass es diese Sinne *wirklich gibt.* Wir müssten sie dazu bringen, eine andere Realität zu akzeptieren.

Daraus ergeben sich zwei wichtige Konsequenzen:

- Kultur interpretiert die Beziehung einer Gruppe (eines Kollektivs) zur Welt.
- Dadurch wird eine Realität konstruiert, die für die jeweilige Kultur als die Realität gilt.

In vielen sogenannten „westlichen" Kulturen – zum Beispiel auch im deutschsprachigen Raum – wird die Tatsache wahrgenommen, dass junge Männer in der Pubertät eine tiefere Stimme entwickeln. Dies nennen wir im Deutschen *Stimmbruch.* Laut DUDEN: „Stimmwechsel bei männlichen Jugendlichen in der Pubertät, der [...] zu einem allmählichen Tieferwerden der Stimme führt."

Es fällt auf, dass die Stimmentwicklung bei weiblichen Jugendlichen hingegen in vielen Gesellschaften nicht kollektiv wahrgenommen wird. Auf Deutsch gibt es zum Beispiel keine Bezeichnung dafür in der Alltagssprache und daher auch keine Möglichkeit, diese Erfahrung zu benennen. Wir können sagen, es wird kulturell eine Realität konstruiert, die eine körperliche (und wohl auch psychische) Entwicklung eines Teils des Kollektivs wahrnimmt und artikuliert, während die gleiche Entwicklung bei einem anderen Teil des Kollektivs (jungen Frauen) sprachlich ausgeklammert wird. Wir „wissen" zwar alle, dass erwachsene Frauen eine andere Stimmlage haben als präpubertäre Mädchen. Aber diese Wahrheit wird kulturell nicht wahrgenommen. Sie bleibt unsichtbar und unterdrückt, weil sie aufgrund gesellschaftlicher Entwicklungen als unwichtig und irrelevant gilt.

Kulturspezifische Realität hebt manche Aspekte der menschlichen Erfahrung hervor und unterdrückt andere. Kultur ist ein Selektionsprozess; es wird das selektiert, was für das jeweilige Kollektiv als *relevant* gilt.

Was relevant ist für eine bestimmte Gruppe, hängt von unterschiedlichen Faktoren ab. Menschen, die in der Wüste leben, lernen, Windverhältnisse wichtig zu nehmen, die auf einen Sandsturm deuten könnten, während solche Anzeichen bei Stadtbewohner*innen kaum auffallen werden.

Eine Gesellschaft, die den Wert eines Menschen aufgrund der Hautpigmentierung beurteilt, wird „Hautfarben" in weiß, schwarz, braun etc. klassifizieren und diese dann auch als wirklich vorhandene und relevante Unterschiede sehen. Ein Kollektiv, das alle Menschen in erster Linie als Menschen sieht und nicht (mehr) das Bedürfnis hat, sie in zwei Gruppen – Männer und Frauen – zu unterteilen, wird diese binäre Unterscheidung nicht betonen bzw. aufhören, sie aufrechtzuerhalten. Dann entsteht die Möglichkeit, sich selbst auch außerhalb dieser Kategorien zu sehen, sich anders zu präsentieren und eine neue Realität zu leben.

Wir nennen die kollektiven Vorstellungen, die unsere Wahrnehmung der Welt steuern, eine Kultur.

Diese Steuerung der Wahrnehmung erfolgt, wie wir gesehen haben, durch die Selektion derjenigen Merkmale der Welt, die für das kollektive Leben für relevant gehalten werden.

Warum brauchen wir das? Wir haben bereits festgestellt, dass Menschen sich auskennen wollen. Wir wollen verstehen, was Dinge sind (zum Beispiel essbar oder nicht, gut für uns oder schlecht, vertrauenswürdig oder mit Vorsicht zu behandeln etc.). So versuchen Menschen seit eh und je, die Geschehnisse und Phänomene der Welt in eine *Ordnung* zu bringen, die für sie Sinn ergibt.

Im alten Griechenland erklärte man Donner, Blitz und Sturm als „Zorn der Götter". Die Fruchtbarkeit der Erde wurde als Wirken der Göttin Demeter verstanden. Auch in vielen anderen (heutigen und älteren) Glaubenssystemen werden Weltgeschehnisse auf das Wirken von Göttern oder Göttinnen zurückgeführt. Somit entsteht eine *Erklärung*, nach der wir uns orientieren und an der wir uns festhalten können. Etwas verstehen und erklären zu können, Anhaltspunkte zu haben, vermittelt ein Gefühl von Sicherheit und Geborgenheit. Und auch wenn diese Geborgenheit ab und zu zu wackeln beginnen sollte (zum Beispiel: „Warum sind die Götter zornig?" „Warum ist die Ernte so schlecht?"), so hilft die Erklärung („Es sind die Götter"), Fragen in einem vorgegebenen Rahmen zu stellen, anstatt hilflos ins Chaos zu blicken.

In diesem Sinne findet Kultur in jeder Gesellschaft, in jedem Kollektiv statt. Und zwar als Selektions- und Erklärungsprozess.

Kultur erklärt auch, warum es Menschen in bestimmten gesellschaftlichen Rollen gibt. Zum Beispiel begannen vor einigen Jahren (hauptsächlich weibliche) Wissenschaftler*innen, sich zu fragen, warum es Großmütter gibt. Sie und ich könnten meinen: um uns lieb zu haben und von uns geliebt zu werden. Eine solch emotionsgeladene Antwort befriedigte die von einer männlichen Perspektive geprägte Wissenschaftswelt nicht: Großmütter wurden schlichtweg als „evolutionäre Anomalie" abgestempelt und als Forschungsgegenstand ad acta gelegt. „Evolutionäre Anomalie" ist wissenschaftlich für: Laut Evolutionstheorie sollte es Großmütter gar nicht geben, da sie nichts (!) zur Erhaltung der Spezies beitragen. Großmütter stellen also einen evolutionären Fehler bzw. Irrtum dar. (Eine etwas andere Übersetzung der wissenschaftssprachlichen „Anomalie" könnte lauten: Wir verstehen nicht, warum dem so ist, möchten es aber nicht zugeben).

Was geschieht nun hier? Großmütter trügen, so heißt es, nichts bei, weil alte Frauen keine Kinder gebären könnten. Die Fortpflanzung sei demnach der einzige wertvolle Beitrag, den Frauen leisten können. Frauen im gebärfähigen Alter seien also evolutionär „sinnvoll", während alte Frauen „sinnlos" seien. Aber es gibt sie trotzdem – und nicht erst seit es Antibiotika und Altersheime gibt! Wieso?

Laut dem Erklärungssystem „Frauen sind nur dann gesellschaftlich wertvoll, wenn sie Kinder in die Welt setzen" haben Großmütter keinen gesellschaftlichen Wert und keinen Sinn. Man „erklärt" sie als Irrtum. Das ergibt zwar nicht *viel* Sinn, ermöglicht aber ein Festhalten am bisherigen kulturspezifischen Erklärungssystem, in diesem Fall am *Patriarchat*. Die Frage, welchen Beitrag Groß*väter* für die Gesellschaft leisten, wurde nicht gestellt. Wissenschaftler*innen, die gelernt haben, die Welt und unsere Relation dazu nur durch die patriarchalische Brille zu sehen und zu erklären, sehen tatsächlich keine andere Möglichkeit, mit dem Phänomen *Großmütter* umzugehen. Erst Anfang des 21. Jahrhunderts kam man auf die Idee, dieses Erklärungs- und Wertesystem in Frage zu stellen. Vielleicht besteht der Wert von Frauen nicht nur im Kinderkriegen? Könnte es sein, dass Großmütter doch etwas Wertvolles leisten? Könnte der Sinn ihrer Existenz zum Beispiel darin bestehen, ihr Wissen weiterzugeben? Jungen Eltern bei der Kindererziehung zu helfen? Den Zusammenhalt der Gruppe durch Solidaritätsgefühle und Empathie zu fördern? etc. So begannen Wissenschaftler*innen, von der sogenannten „Großmutter-Hypothese" zu sprechen. Wie viele sie für wahr halten, ist allerdings schwer zu sagen.

Kultur ordnet also, wie wir die Welt sehen, interpretieren und verstehen. Die kulturell konstruierte Realität organisiert und strukturiert, was wir von der Welt wissen und wie wir Menschen, Phänomene und Geschehnisse einordnen und bewerten.

Das kulturelle Verständnis wirkt auf unsere Wahrnehmung zurück.

Abb. 26: Zerrissene Jeans (Foto: pixabay)

Ist die Hose im obigen Bild ein Modestatement? Oder ein Zeichen dafür, dass die Person sich keine neue Hose leisten kann oder will? Es kommt darauf an, wie wir die Hose – und wohl auch den* die Hosenträger* in – kulturell bewerten. Unsere Interpretation wird auch durch das Fahrrad, die Schuhe und die restliche Kleidung beeinflusst. Wir sehen: Die Antwort ist nicht eindeutig.

Auch Naturphänomene werden kulturell geordnet. Der Regenbogen zum Beispiel hat seine Farben je nach Kultur und Zeitalter geändert. Als man Anfang des 17. Jahrhunderts in Europa begann, sich das Farbenspektrum des Regenbogens genauer anzusehen, erkannte man fünf bis sechs Farben. Ab ca. 1655 jedoch identifizierte der Physiker Isaac Newton sieben Farben: rot, orange, gelb, grün, blau, indigo und violett. Viele waren verwirrt, um nicht zu sagen, überfordert. Sie konnten die sieben Farben beim besten Willen nicht sehen.

Abb. 27: Regenbogen (Foto: pixabay)

Es stellte sich später heraus, dass Newton, der sich stark für Musik und Harmonie interessierte, den Regenbogen in sieben Farben einteilen *wollte*, um die Übereinstimmung mit den sieben Tönen der Tonleiter zu erreichen. Später, im 18. Jahrhundert, malte der englische Maler John Constable Regenbögen, die aus nur drei Farben bestanden: rot, weiß und blau. Die europäische Malerei des Mittelalters hingegen schilderte Regenbögen in zwei, vier oder manchmal mehr Farben.

Der Regenbogen des früheren Apple-Logos hat sechs Farben, allerdings nicht in der üblichen Reihenfolge.

Abb. 28: Die sechs Farben des ehemaligen Apple-Logos in der Reihenfolge, wie sie im Logo verwendet wurden (Grafik: ME)

Wie viele Farben hat denn der Regenbogen *wirklich*? Es kommt darauf an. Und zwar auf die kulturell konstruierte, interpretierte, selektierte, wahr-genommene Realität. Wie uns der Künstler David Batchelor erinnert:

> Der Regenbogen ist eine universell beobachtbare und vergleichbare Naturerscheinung. Dennoch sind seine sprachlichen und visuellen Darstellungen auffallend uneinheitlich. Regenbögen werden immer durch das Prisma einer Kultur gesehen. (Batchelor 2004:91).

Wie viele Farben sehen denn Sie?

Abb. 29: Doppelregenbogen (Foto: pixabay)

Wir sehen, was die uns prägende/n Kultur/en sieht/sehen: siebenfärbige Regenbögen, zerrissene Kleidung als Mode, „schwarze“ oder „weiße“ Menschen. Die kulturelle Selektion und Interpretation wirkt auf alles, was wir wahrnehmen: auf unsere Emotionen, auf unsere Gedanken, auf die Welt um uns.

Ja, Kultur definiert, was überhaupt als *Welt* gilt. Denn auch die Grenze zwischen Natur und Mensch oder zwischen Natur und Zivilisation wird kulturell gezogen. Der jetzt veraltete Begriff „Naturvolk“ bezeichnet(e) Menschen, die „abseits von der Zivilisation“ leben. Wer entscheidet, was „abseits“ ist? Und was „Zivilisation“ ist? Der Begriff ist heute deswegen weniger üblich, weil immer klarer wird, dass die Einteilung von Menschengruppen in

„zivilisiert“ und „nicht-zivilisiert“ mit Macht- und Überlegenheitsansprüchen zu tun hat und eine für viele unerwünschte Wertung zum Ausdruck bringt (zusätzlich zur Problematik des Begriffs „Volk“, auf die wir hier nicht näher eingehen).

Auf den Punkt gebracht

1. Alle Menschen „haben“ Kultur.
2. Kultur wird gelernt. Kultur ist nicht angeboren.
3. Kultur wirkt auf uns. Sie prägt unser Verhalten.
4. Kultur ist ein Selektions- und Erklärungsprozess.
5. Kultur konstruiert eine für uns relevante Realität.
6. Kultur ordnet und strukturiert unsere Erfahrung.
7. Wir nehmen wahr, was in unserer/n Kultur/en als wahr gilt.

Zum Weiterdenken und Vertiefen

1. Versuchen Sie, zwei oder drei „neue“ Sinne zu entdecken. Wie würden Sie diese benennen?
2. Beschreiben Sie in 4–5 Sätzen einen Baum, als ob er eine Göttin wäre. Was ändert sich an Ihrer Wahrnehmung? Was entdecken Sie Neues am Baum?

2 Kultur, Sprache, Diskurs

Kultur prägt also unsere Beziehung zur Welt, indem sie ein Interpretationsmuster für die Wahrnehmung liefert. Wie wir bereits in Teil I festgestellt haben, wird alles interpretiert. Dieser Grundsatz gilt nicht nur in Bezug auf Kommunikation, sondern auch auf die Wahrnehmung insgesamt. Es gibt keine objektive Wahrnehmung, weil alle Menschen in Kollektiven aufwachsen und leben, die nach einem vorhandenen Interpretationsmuster denken, fühlen und handeln. Die Tatsache, dass sich dieses Interpretationsmuster ändern kann, zeigt zwar, dass wir fähig sind, andere und neue Dinge wahrzunehmen, als wir es gewohnt sind; sie bedeutet aber nicht, dass die Interpretation aufgehoben oder verdrängt werden muss.

Wir haben im Laufe dieses Kapitels immer wieder festgestellt, dass die kulturspezifische Realität nicht nur durch Artefakte, wie zum Beispiel hohe Schuhe, Malerei oder Kleidung, ausgedrückt wird, sondern auch durch *Wörter* – genauer gesagt durch *Sprache.*

Was ist nun das Verhältnis von Sprache zu Kultur? Wir können zunächst feststellen, dass Sprache uns die Möglichkeit gibt, über die kulturspezifische Realität zu sprechen. Die Kommunikation dieser Realität erfolgt auch mittels anderer Kanäle, wie eben der oben genannten Artefakte, die uns wiederum zu einem bestimmten Verhalten (zum Beispiel in Stöckelschuhen gehen) lenken.

Sprache ist ein besonders differenziertes Kommunikationsmittel, das kulturelle Interpretationen vermittelt und auch perpetuiert, das heißt, sie fortsetzt und dadurch weiter verstärkt. Wenn mehrere Menschen über die gleiche Realität sprechen, zum Beispiel darüber, dass ein Regenbogen fünf Farben hat, gewinnt diese Realität an Stabilität und Überzeugungskraft, sodass schließlich nur diese Realität gesehen und besprochen wird.

Wenn dann noch dazu die kulturell konstruierte Realität schriftlich festgehalten wird, kann sie über längere Zeit – und Distanz – weitervermittelt und aufrechterhalten werden. Dies gilt allerdings nicht in allen sogenannten Schriftkulturen – also Kulturen, die auch das Schreiben als Verständigungsmittel verwenden. In manchen Kulturen hat das Gesprochene Vorrang über das Geschriebene, weil dem „lebendigen Wort" viel mehr Ausdruckskraft zugeschrieben wird als dem „unpersönlichen Geschriebenen". Im Sprechen hört man Ton, Emotionen, Müdigkeit oder Energie, Wahrheit oder Lüge, während das Geschriebene (vor allem das maschinell Geschriebene) losgelöst vom Körper und von der Spontaneität der Äußerung rezipiert wird. Der

„westliche“ Vorrang der Schrift ist ein Kulturmerkmal, das nicht überall auf der Welt anzutreffen ist.

In jedem Fall aber ist Sprache ein wichtiges und auch mächtiges Instrument zur Mitteilung kultureller Interpretationen. Sprache ist untrennbar mit Kultur verbunden.

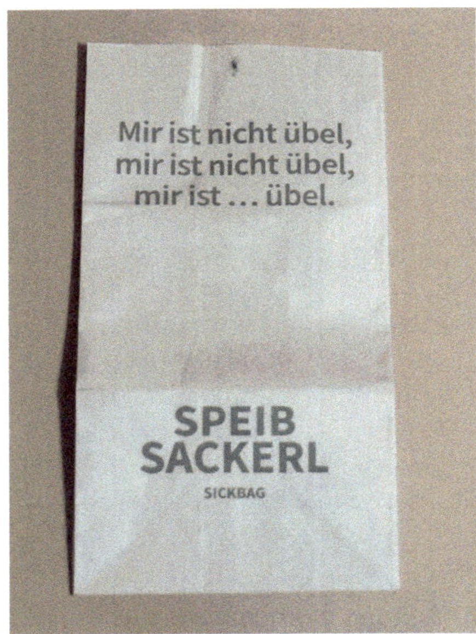

Abb. 30: Speibsackerl (Foto: ME)

Dieses Sackerl ist eindeutig ein österreichisches Sackerl. Die Wortauswahl – Speibsackerl – wurde auch deswegen bewusst getroffen – die Ausdrücke „Sackerl“ und „speiben“ sind in Österreich weit bekannter und verbreiteter als in anderen deutschsprachigen Ländern. Es handelt sich hier um die österreichische Fluglinie *Lauda Motion*, deren Unternehmensimage unter anderem darin besteht, die österreichische Gemütlichkeit zu unterstreichen. Dazu gehört zum Beispiel, dass Passagier*innen mit *Grüß Gott* beim Eintreten in das Flugzeug begrüßt werden. Und, wie wir am „Speibsackerl“ sehen, auch ein bisschen Humor. Somit wird nicht nur ein lockeres Image vermittelt, sondern ein eindeutig österreichisches Gefühl. Dies wird auch durch die Uniform der Flugbegleiter*innen, die Einrichtungsfarben im Flugzeug und andere Kommunikationsmittel unterstützt, was alles Teil eines durchdachten, unternehmensspezifischen Kommunikationskonzeptes (*corporate communication policy*) ist. Man spricht in diesem Zusammenhang auch von einer Unternehmenskultur (*corporate culture*).

Sprache bezeichnet Dinge – Speibsackerl, Baum, Kanarienvogel –, die Interpretationen darstellen. Wir können auch sagen, dass Sprache uns dabei hilft, Dinge zu gruppieren, damit wir sie besser ordnen und einordnen können. Zum Beispiel:

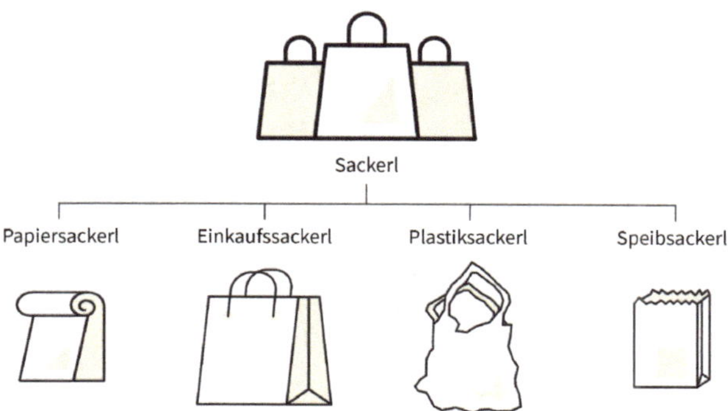

Abb. 31: Unterschiedliche Arten von „Sackerln“ (Grafik: CTL)

Jedes *Sackerl* ist *eine Art* von Sackerl. So lernen wir, die Dinge in Relation zueinander zu sehen und zu verstehen. Diese Relationierung oder Gruppierung von „Dingen“ nennen wir in der Wissenschaft auch *Kategorisierung*. Jede Kategorie steht in Relation zu anderen, wie auch zu den „Dingen“ innerhalb der Kategorie:

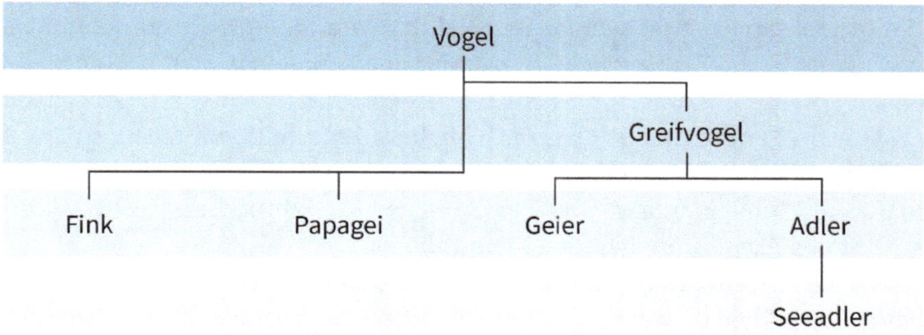

Abb. 32: Mögliche Verbindungen von Kategorien von „Vogel“ (Grafik: CTL)

oder

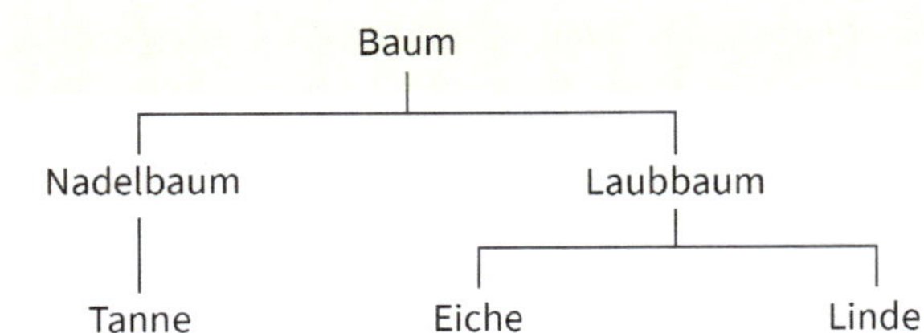

Abb. 33: Mögliche Verbindungen von Kategorien von „Baum" (Grafik: CTL)

Die Kategorien sind die jeweilige Interpretation dessen, was die Kultur wahrnehmen will und wie sie die Welt oder das Leben verstehen will.

Wie wir gesehen haben, sehen nicht alle Kulturen die gleichen Farben des Regenbogens. Und nicht alle Sprachen sprechen über Farben, wie es die deutsche Sprache tut. Im Italienischen gibt es zwei Bezeichnungen für blau: *blu* und *azzurro*. In anderen Sprachen spricht man nur über *schwarz* und *weiß*. Bedeutet das, dass wir auf Deutsch nur *ein* Blau sehen? Oder dass wir in einer „Schwarz-weiß-Sprache" keine anderen Farben wahrnehmen können? Ja. Und nein. Alle Menschen besitzen im Großen und Ganzen die gleiche Fähigkeit, die Welt in der vollen Farbenpracht zu sehen. Aber für manche Menschengruppen sind bestimmte Farbschattierungen wichtiger als andere und daher mehr thematisierungswürdig. Oder sie sind gar nicht wichtig und werden nicht besprochen.

Die Kategorisierung betrifft nicht nur materielle Dinge, sondern, wie wir alle wissen, auch „Immaterielles", wie Emotionen, die Zeit, Gedanken … Die Zeitformen einer Sprache zum Beispiel drücken die Relation zur Zeit aus, wie man sich die Zeit vorstellt, wie damit umgegangen wird etc. Eine Sprache, die keine Zukunftsform kennt, legt eine andere Zeitvorstellung nahe als eine, in der die Zukunft hauptsächlich im Konjunktivmodus (also irreal oder hypothetisch) ausgedrückt wird. Wir sehen also, dass auch die Grammatik, als fundamentaler Teil der Sprache, zur kulturellen Realitätskonstruktion beiträgt und diese auch mitteilt.

Wir können einander mittels Sprache verstehen, wenn alle Beteiligten davon ausgehen, dass sie mehr oder weniger die gleiche Realität wahrnehmen und auch meinen. Zum Beispiel, wenn die Gesprächspartner*innen wissen, was mit dem Begriff *Onkel* gemeint ist: ein männlicher Verwandter, der Bruder eines Elternteils, der männliche Partner einer Schwester oder eines Bruders der Mutter bzw. des Vaters. Auch wenn alle Kommunikationsteilnehmer*innen unterschiedliche Erfahrungen mit einem tatsächlichen (oder auch imaginären) Onkel gemacht haben, sind sie sich im Großen und Ganzen darüber einig, was unter *Onkel* zu verstehen ist.

Verständigung beruht also auf Konsens. Wir könnten auch sagen, man verfügt im Voraus über genügend Wissen zu einem Ausdruck, um zu wissen, was damit gemeint ist. Wir haben bereits festgestellt, dass Sprache die kulturspezifische Realität benennt. Auch das Vor-Wissen, das den Konsens über die Bedeutung eines Wortes oder eines Ausdrucks ermöglicht, ist klarerweise kulturell vorgegeben.

In vielen Ländern Asiens, zum Beispiel in Indien, wird der Ausdruck *Onkel* als Ehrenbezeichnung für *alle* Männer ab einem bestimmten Alter und unabhängig von Verwandtschaft verwendet, um respektvolle Distanz und doch eine gewisse emotionale Nähe auszudrücken. Eine ähnliche Funktion des Begriffs sehen wir auch in der Verwendung von *Tante* bzw. *Onkel* für Menschen ohne Verwandtschaftsverhältnis (zum Beispiel in Bezug auf Kindergartenbetreuer*innen) im deutschsprachigen Raum. In diesem Fall sieht man von der üblichen Verwendung aus praktischen Gründen ab und akzeptiert den Ausnahmefall.

Das mit der Bedeutung von sprachlichen Ausdrücken vorausgehende kulturspezifische Wissen nennen wir *Präsupposition.* (Erinnern Sie sich an den Begriff noch aus Teil I? Da haben wir uns im Zusammenhang mit Kommunikation auch bereits mit Präsuppositionen beschäftigt.) Eine Präsupposition ist also eine stillschweigende Annahme, von der man ausgehen kann, dass sie allen bekannt oder vertraut ist.

Bei der Frage „Wo feierst du Silvester?" zum Beispiel wäre die Präsupposition, dass man weiß, was Silvester ist, und dass man dieses feiert und nicht zum Beispiel das jüdische oder chinesische oder islamische Neujahr. Man könnte natürlich alle feiern! Oder gar nicht feiern. Eine weitere Präsupposition wäre, dass die Feier an einem speziellen Ort stattfindet.

Nun, es ist uns allen klar, dass nicht alle Menschen in einer Kultur einander sprachlich verstehen. Keine Kultur ist in sich einheitlich. Es gibt das Phänomen, das wir in Teil I „Kulturen in der Kultur" genannt haben. Also auch innerhalb einer Kultur gibt es unterschiedliche Auffassungen, Meinungen, Interpretationen unserer Beziehungen zueinander und zur Welt. Das bedeutet unter anderem, dass man vielleicht die „gleiche" Sprache spricht, aber von anderen Präsuppositionen ausgeht. Man „meint nicht das Gleiche". Das haben wir in Teil I mit dem Ausdruck *Obdachlose**r* illustriert.

Oder man kennt und erkennt die Sprache, die Wörter, die Grammatikregeln, ist aber mit keiner der Präsuppositionen vertraut:

> Es ist überall nichts in der Welt, ja überhaupt auch außer derselben zu denken, was ohne Einschränkung für gut könnte gehalten werden, als allein ein guter Wille.

Dass es sich hier um eine Aussage in deutscher Sprache handelt, ist klar. Wahrscheinlich kennen Sie auch jedes Wort, das darin verwendet wird. Jedoch ist der Sinn vermutlich für die meisten von uns nicht ganz klar. Uns fehlen die Präsuppositionen und auch der Kontext, der die Präsuppositionen präzisieren würde.

Der Text stammt aus den Schriften des deutschen Philosophen Immanuel Kant, der *Grundlegung zur Metaphysik der Sitten* (1870:10). Um diesen Text zu verstehen, um über die notwendigen Präsuppositionen zu verfügen, müssten wir uns eingehend mit der Philosophie Kants und womöglich auch mit den sozio-politischen Verhältnissen des damaligen „Deutschlands" (im 18. Jahrhundert gab es keinen Staat namens Deutschland) beschäftigen.

Die Sprache innerhalb einer Sprache, die wir in Teil I diskutiert haben, wird *Diskurs* genannt. Ein Diskurs ist eine Reihe von Aussagen, die zu einer bestimmten Zeit in einem spezifischen Kontext auf spezifischen Präsuppositionen beruht.

Der Diskurs sorgt für Konsens und Akzeptanz innerhalb einer Gruppe, die auf eine bestimmte Weise über eine ihr eigene Interpretation (eines Teils) der Welt sprechen oder schreiben will.

Die Fachsprachen der Medizin, der Biotechnik, der Wirtschaftswissenschaften, der Soziologie, der Sprachwissenschaft, der Kommunikationswissenschaft oder der Translationswissenschaft zum Beispiel stellen spezifische Diskurse dar. Alle können aber auch als Teil des allgemeinen Wissenschaftsdiskurses bezeichnet werden. Der Wissenschaftsdiskurs wiederum kann von deutschsprachigen, japanischen, arabischen etc. Konventionen geprägt werden. So überlappen einander die sprachlichen, die kulturellen und die diskursiven Grenzen.

Diskurse sind immer auch politisch bzw. ideologisch geprägt. Eine Schlagzeile wie zum Beispiel

Afghane sticht auf 16-jährige Nadine ein

Abb. 34: Schlagzeile (Grafik: CTL)

zeigt sehr deutlich die impliziten Annahmen, deren Gültigkeit als selbstverständlich suggeriert wird: Afghanen seien brutal, sie seien ohnehin alle gleich, daher genügt der Hinweis „Afghane". Es wird eine gesichtslose und dafür umso bedrohlichere Brutalität suggeriert. Das Opfer hingegen wird mit einem Vornamen versehen, damit sich die Leser* innen ein Bild von einer echten, individuellen jungen Frau machen können. Somit wird das Mitleid und gleichzeitig die Empörung gesteigert.

Solche Diskurse werden auch oft für Propagandazwecke eingesetzt, wie in Teil I besprochen.

Wir dürfen allerdings nicht vergessen, dass Diskurse – und sprachliche Mittel in diesen Diskursen – nicht immer bewusst eingesetzt werden. Gerade weil Diskurse auf stillschweigenden, impliziten Annahmen und Voraussetzungen beruhen, gelten die damit vertretenen Interpretationen und deren Ausdruck als evident (offensichtlich). Sie werden daher oft, wenn nicht fast immer, unbewusst und kritiklos übernommen. Kinder übernehmen zum Beispiel meist fraglos den Diskurs der Eltern (und anderer Bezugspersonen), weil sie am Anfang ihres Lebens nichts anderes kennen und noch nicht gelernt haben, die Eltern mit Distanz zu betrachten. Ähnlich geht es uns in der Schule, im Freund* innenkreis etc. Die Diskurse, die in unserem Leben allgegenwärtig sind, werden selten in Frage gestellt. Die hinter jedem Diskurs unausgesprochenen Realitätsinterpretationen werden umso leichter für selbstverständlich gehalten, weil sie nicht explizit thematisiert werden. Das Selbstverständliche muss eben nicht diskutiert werden.

Das Selbstverständliche, die impliziten, unbesprochenen Präsuppositionen werden aber dann relevant – und auch sichtbar – wenn sie nicht von allen Kommunikationspartner* innen vertreten werden. Erst wenn der interpretative Konsens zu bröckeln beginnt, wird das Selbstverständliche als nicht von selbst verständlich gesehen. Erst dann beginnen wir, Interpretationen und Annahmen in Frage zu stellen.

Zum Beispiel wenn politische Auseinandersetzungen von einem Staat als Freiheitskampf und von einem anderen als Terrorismus bezeichnet werden, wie es lange Zeit der Fall zwischen Irland und Großbritannien war. Es wird dann Aufgabe der Friedensverhandlungen, die Wahrnehmung und Realitätsinterpretationen beider Seiten sichtbar und auch gegenseitig verständlich zu machen. Verständlich ist nicht mit akzeptabel gleichzusetzen. Aber erst wenn die unausgesprochenen Prämissen (die Ausgangsbasis unseres Verständnisses) und Präsuppositionen klar werden, kann man damit beginnen, eine gemeinsame Realität zu suchen und zu konstruieren.

Wir sehen also, dass das Erkennen von Diskursen und die Analyse der damit verbundenen Präsuppositionen für die Verständigung über diskursive Grenzen hinweg eine fundamentale Rolle spielen. Nicht weniger wichtig ist es, die kulturelle Einbettung aller Interpretations- und Verständnisprozesse zu identifizieren und zu berücksichtigen.

Kultur ist überall, wo es Menschen gibt. Alle Menschen verhalten sich in einem kulturell spezifischen Rahmen. Daher ist auch jede Kommunikation kulturell verankert. Jede*r von uns kann die kulturelle Prägung in Frage stellen und bei Bedarf auch versuchen, sich davon zu lösen. Aber kulturneutral kann sich niemand verhalten; jede menschliche Äußerung findet in einem menschlichen Kontext statt. Und jedes menschliche Kollektiv interpretiert die eigene Beziehung zur Welt, zu anderen Kollektiven und auch zu Personen und Geschehnissen innerhalb des Kollektivs.

Dies ist weder gut noch schlecht. Wichtig ist, diese Tatsache zu erkennen, um so besser mit der Komplexität der menschlichen Kommunikation umgehen zu können.

Auf den Punkt gebracht

1. Sprache drückt eine kulturell konstruierte Realität aus. Es gibt keine objektive, kulturell neutrale Wahrnehmung.
2. Sprachliche Kategorien ordnen und strukturieren unsere Wahrnehmung.
3. Wir lernen, über die Welt mittels der Kategorien unserer Sprache/n zu kommunizieren.
4. Sprachliche Verständigung beruht auf Konsens; man geht von den gleichen Präsuppositionen aus.
5. Unterschiede in den Präsuppositionen erzeugen unterschiedliche Diskurse.
6. Diskurse werden leicht unreflektiert übernommen und selten in Frage gestellt.

7. In der professionellen Transkulturellen Kommunikation ist es wichtig, Diskurse und ihre Wirkung zu erkennen.

Zum Weiterdenken und Vertiefen

1. Erklären Sie für Menschen, die Schnee und Berge nicht kennen, was ein Skilift ist.
2. Schreiben Sie das folgende Lied so um, dass sein Diskurs eine feministische Perspektive oder die Perspektive einer Ihnen vertrauten Jugend-Kultur widergibt:

Hänschen klein
ging allein
in die weite Welt hinein.
Stock und Hut
steht ihm gut,
ist gar wohlgemut.
Aber Mama weinet sehr,
hat ja nun kein Hänschen mehr!
„Wünsch dir Glück!", sagt ihr Blick,
„kehr nur bald zurück!"

3 Kulturelle Schichten, Überlappungen, Konstruktionen

Wir haben gesehen, dass Kultur nicht einfach etwas Gegebenes ist, sondern von Menschen gemacht wird, in den Köpfen der Menschen entsteht. Einzelne und Gemeinschaften stehen dabei in einem Wechselverhältnis: Jede*r Einzelne konstruiert Kultur ein kleines Stück mit – und tut dies vor dem Hintergrund und im Kontext der Erfahrungen, die er*sie in der Gemeinschaft gemacht hat.

Wie zum Beispiel ein*e Maler*in einen Gegenstand malt, ist einerseits individuell, andererseits aber auch im Zusammenhang mit Traditionen zu sehen, in der Sichtweisen auf die Welt zum Ausdruck kommen. In den Bildern können diese Traditionen fortgeführt, weiterentwickelt oder gebrochen werden. In jedem dieser Fälle können wir die Bilder vor dem Hintergrund der entsprechenden Traditionen besser verstehen.

Sehen Sie sich zum Beispiel das Gemälde „Thronende Madonna mit Kind" aus dem 13. Jahrhundert an:

Abb. 35: Thronende Madonna mit Kind. Lucca, um 1250 (Wallraf-Richartz-Museum & Foundation Corboud, Foto: Rheinisches Bildarchiv)

Wahrscheinlich ist Ihnen aufgefallen, dass das „Kind" auf dem Gemälde wenig Ähnlichkeit mit einem Kind hat, sondern dass es vielmehr wirkt, als würde ein kleiner Erwachsener auf dem Schoß der Madonna sitzen. Dies ist relativ typisch für die Kindesdarstellungen aus dieser Zeit. Damit Kinder als Kinder gemalt werden können, muss das Kindliche an ihren Gesichtszügen zunächst einmal zu einer Kategorie werden, die wahrgenommen wird.

Gut 250 Jahre später malt der italienische Renaissancemaler Raffael, der nicht zuletzt für seine perspektivischen Bilder mit Tiefenwirkung bekannt wurde, sehr viel kindlichere Kinder:

Abb. 36: Maria mit dem Kinde, Johannes dem Täufer und einem heiligen Knaben. Raffael: Madonna Terranuova, ca. 1515; Gemäldegalerie, Berlin (Foto: Staatliche Museen zu Berlin / Wikipedia)

Raffael hat sich also offensichtlich mit der Frage auseinandergesetzt, wodurch Gesichter kindlich wirken, genauso, wie er sich mit Perspektive und räumlicher Tiefe auseinandergesetzt hat.

Auch hier zeigt sich wieder, was wir in den vorigen Abschnitten gesehen haben: Wie wir die Welt wahrnehmen, hängt auch davon ab, was uns dabei wichtig ist, worauf wir fokussieren, was wir sehen und wie wir es deuten.

Wenn wir ein Bild sehen, ordnen wir verschiedenfarbigen Flächen Bedeutungen zu, wenn wir durch eine Stadt gehen, verleihen wir dem, was wir sehen und hören, einen Sinn, bilden dabei auch Kategorien, um uns leichter zurechtzufinden oder unseren Interessen zu folgen.

Wie wir Bedeutungen zuordnen, von welchen Kategorien wir ausgehen, was wir wissen und was wir wissen wollen, steuert unsere Wahrnehmung von vornherein mit. Wer sich für Stadtplanung interessiert, achtet vielleicht besonders auf die Anlagen der Infrastruktur, auf das Zusammenspiel von Verkehrsmitteln, auf die Makrostruktur der Stadt. Wer dabei ist, ein altes Haus zu renovieren, ist vielleicht besonders interessiert an Details und achtet stärker auf Fassadenelemente, Fenstergestaltung und Türbeschläge. Wer eine Werbekampagne plant, interessiert sich für Elemente, die etwas über Lebensstandard, Trends oder etwaige Konkurrenzprodukte verraten. Wer eine Reisereportage schreiben möchte, achtet auf alltägliche Szenen, die die Reportage lebendig machen könnten. Und wer hungrig ist und einkehren möchte, hat vielleicht nur Augen für Anzeichen von Gastronomie.

Was wir wahrnehmen, was wir sehen, hängt oft davon ab, woran wir dabei denken. Sehen Sie auf dem folgenden Bild eine Vase oder zwei Gesichter? Oder können Sie bewusst „umschalten"? Versuchen Sie es!

Abb. 37: Umspringbild: Rubin'sche Vase (Grafik: pixabay)

Wie wir etwas sehen, hängt also vom Blickwinkel ab, unter dem wir es betrachten. Wenn wir uns mit „Kultur" auseinandersetzen, geht es aber nicht nur um individuelle Betrachtungsweisen, sondern – wie wir auch in den vorigen Abschnitten gesehen haben – um überindividuelle Gemeinsamkeiten in einer Gemeinschaft: Kultur ist ein *soziales* Phänomen. Aber was ist alles Kultur? Und wie verhalten sich Kultur und Gemeinschaft zueinander?

Inhaltliche Dimension: Was gehört dazu?

Der Begriff „Kultur" geht auf einen – recht mehrdeutigen – lateinischen Begriff zurück: „colere" kann „hegen" und „pflegen", „bewohnen", „anbeten" oder „beschützen" bedeuten. Die Bandbreite der Bedeutungen reicht also vom Urbarmachen der Natur („kultivieren": aus der Naturlandschaft wird eine Kulturlandschaft), über unterschiedliche Arten von Lebensformen bis hin zu religiösen Bezügen. Ähnlich mehrdeutig ist auch „Kultur". Der Kulturwissenschaftler Wolfgang Müller-Funk unterscheidet drei Ebenen von Kultur, die einander ergänzen:

> Kultur I: Kultur als umfassendes Ganzes (alles ist Kultur außer der Natur)
> Kultur II: Kultur als Insgesamt symbolischer Formen und habitueller Praktiken (Kultur ist überall, aber nicht alles)
> Kultur III: Kultur als geschlossenes System (Kultur ist ein beschränkter, mehr oder weniger genau definierter Bereich) (Müller-Funk 2006:8)

Kultur kann also unterschiedlich eng oder weit definiert werden. Wenn wir von „Kulturlandschaften" sprechen, verstehen wir Kultur zumeist in der ersten Bedeutung: Die Natur wurde *kultiviert*, durch den Menschen verändert. Das Gras ist gemäht, Felder werden angelegt und bearbeitet.

Abb. 38: Kulturlandschaft (Foto: pixabay)

In der zweiten Bedeutung geht es um Lebensformen im Alltag. Wenn wir zum Beispiel von einer „Jugendkultur" sprechen, geht es um diese zweite Bedeutung: Wir beobachten bestimmte Gewohnheiten (habituelle Praktiken) und bestimmte Symbole (zum Beispiel in der Mode) oder Verhaltensmuster (zum Beispiel bestimmte sprachliche Formen) in einer Gruppe. Die Praktiken, Symbole und Verhaltensmuster sind einem steten Wandel unterworfen. „Jugendkultur" – bzw. „Kultur" überhaupt – ist nicht gleichförmig (*homogen*) und nicht gleichbleibend (*statisch*), sondern vielfältig und veränderlich.

Abb. 39: Gruppe Jugendlicher in Barcelona (Foto: Lucie Delavay via Unsplash)

Die dritte Bedeutung von „Kultur“ ist wesentlich enger, bezieht sich vor allem auf künstlerisches Schaffen. Wenn von einer „Kulturredaktion“ oder einem „Kulturressort“ in einer Zeitung oder in einem anderen journalistischen Medium die Rede ist, geht es um diesen engeren Bereich in der dritten Bedeutung: Es wird über das Wirken von „Kulturschaffenden“ berichtet, über „Kulturgüter“ wie bildende Kunst, Theater, Film, Musik oder Literatur.

Abb. 40: Das Kulturressort einer Zeitung als Beispiel für „Kultur III“ (Schriftsatz: RD; Foto: SD)

Alle drei Bedeutungen von Kultur haben ihre Berechtigung – in verschiedenen Kontexten. Aber was ist dann gemeint, wenn jemand sagt: „Die haben ja eine ganz andere Kultur!“? Neben der Frage, was inhaltlich unter Kultur verstanden werden kann, ist offensichtlich noch ein anderer Aspekt wichtig: nämlich die Frage, welche Kollektive, also welche Gruppierungen von Menschen wir uns vorstellen, wenn wir über Kultur sprechen. Die Konstruktion von bestimmten Kollektiven kann dabei auch gesellschaftspolitisch brisant sein.

Kollektive Dimension: Wer sind die Kulturträger*innen?

Wenn wir feststellen, dass Kultur ein soziales Phänomen ist, gehen wir davon aus, dass bestimmte Gruppen von Menschen Kulturträger*innen sind, also kulturelle Kollektive bilden. Ähnlich wie die inhaltliche Dimension von Kultur, können auch Kollektive unterschiedlich eng oder weit definiert werden.

So können beispielsweise Firmen, Vereine, Volksgruppen, Nationen, internationale Verbände oder politische Parteien als Kollektive aufgefasst werden und als Kulturträger*innen fungieren. Kollektive können unterschiedlich groß oder klein, unterschiedlich offen oder geschlossen vorgestellt werden. Wenn wir von Jugendkultur sprechen, ist ein offeneres, weniger klar definiertes Kollektiv gemeint, als wenn wir von einer Institutskultur sprechen.

Wenn der Begriff Kultur im Plural gebraucht wird, wenn also von *Kulturen* die Rede ist, wird einerseits die Vielfalt betont, andererseits der Umstand, dass es Unterschiede zwischen einer „Kultur" und einer anderen gibt. Angesichts solcher Unterschiede ergeben sich Fragen der Zuordnung und der Zugehörigkeit.

Die Kehrseite davon ist die Nicht-Zugehörigkeit. Ein Kollektiv schafft Gemeinschaft, aber auch gleichzeitig die Möglichkeit der Abgrenzung. Die Fokussierung auf Zugehörigkeit und Nicht-Zugehörigkeit läuft darauf hinaus, dass wir ein „Wir" sehen – und „Andere".

Eine solche *Konstruktion* einer „Wir"-Gruppe und (oft mehrerer) „Die-Anderen"-Gruppen wird *Othering* genannt. Die *ing*-Form unterstreicht den Prozess dabei: „Andere" sind nicht unbedingt von vornherein anders, sondern sie werden zu anderen *gemacht*, indem ganz bestimmte Kriterien dafür konstruiert werden, wann jemand zu einer Gruppe gehört – und wann eben nicht.

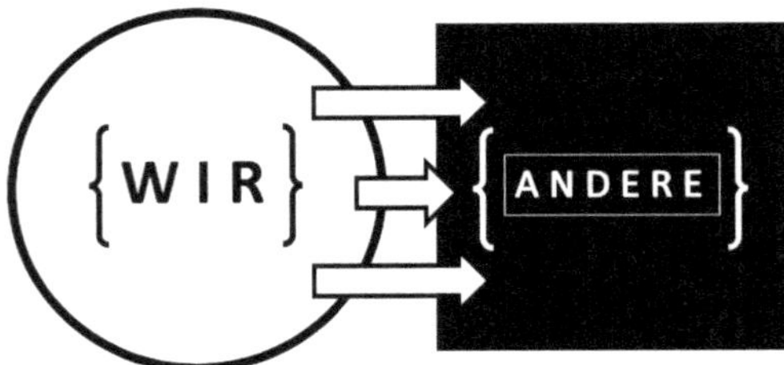

Abb. 41: Othering: Konstruktion einer klaren Trennung zwischen „Wir" und „Anderen" (Grafik: SD)

Wenn es heißt „Die haben ja eine ganz andere Kultur!", dann ist zumeist ein solcher Othering-Prozess im Gange. Besonders häufig ist Othering in Debatten rund um Migration zu beobachten. In diesem Kontext wird zumeist auf ethnische Kollektive Bezug genommen, das Kriterium für Zugehörigkeit oder Nicht-Zugehörigkeit zur Gruppe wird also als „Volks"zugehörigkeit verstanden. Darüber hinaus wird dabei oft die Zugehörigkeit oder Nicht-Zugehörigkeit zu einer bestimmten Religion herangezogen.

Wenn kulturelle Kollektive ethnisch interpretiert werden, hängt dies mit einer anderen Konstruktion zusammen: der Vorstellung, dass Kultur, „Volk" und Sprache eine Einheit bilden. Diese Vorstellung hat die europäischen Nationalstaaten im 19. Jahrhundert entscheidend beeinflusst und sich im Nationalismus des 20. und 21. Jahrhunderts fortgesetzt. In einer solchen Konzeption ist „Kultur" etwas relativ klar Abgegrenztes: Es gehört eine bestimmte Gruppe von Menschen zu einer „Kultur", ist in diese Kultur hineingeboren, und wird von ihr geprägt. Kultur wird dabei oft als relativ homogen und abgeschlossen imaginiert – gewissermaßen als stereotyp.

Kulturen sind aber komplizierter, verflochtener – und viel spannender. Menschen gehören ganz unterschiedlichen Gemeinschaften an, die jeweils unterschiedliche Wertvorstellungen, gemeinsame Ziele, Symbole oder Verhaltensmuster teilen – oder auch nur teilweise teilen.

Wenn ethnische Kollektive homogen verstanden werden, wenn die Vorstellung also darin besteht, es wären in einem ethnischen Kollektiv alle Menschen gleich und es gäbe keine individuellen Unterschiede und keine Überlappungen und Überschneidungen mit anderen Kollektiven, dann kommt es zu Pauschalisierung und oft auch zu Vorurteilen, die auch auf Einzelpersonen übertragen werden. Wenn Einzelpersonen auf die – vermeintlichen – Eigenschaften einer Gruppe reduziert werden, wird dies *Essentialisierung* genannt. Die Person wird dann nicht als solche gesehen, sondern darauf reduziert, Vertreter*in einer bestimmten Gruppe zu sein.

Eine Einzelperson kann aber nicht für ein kulturelles Kollektiv in seiner Gänze stehen. Kollektive sind in der Regel sehr heterogen und verwoben mit anderen Arten von Kollektiven, sie stehen untereinander in vielfältigen Wechselbeziehungen. Diese Zusammenhänge sind viel bunter – und auch viel unübersichtlicher als eine schwarz-weiße Darstellung von einem „Wir" und „Anderen". Es wird deutlich, dass es nicht um einfache Antworten geht, sondern vielmehr immer neue Fragen aufgeworfen werden.

Abb. 42: Jenseits von Homogenisierung und Essentialisierung: Verwobene, vernetzte Kollektive (Grafik: SD)

Kollektive überlappen einander, hängen zusammen, stehen in Kontakt miteinander. Es sind dynamische Systeme – komplex und unberechenbar. „Wir" und „Andere" sind keine klar abgrenzbaren Gruppen, sondern in einem bunten, vielfältigen Neben- und Miteinander verschiedener Kollektive verflochten.

Menschen gehören nicht nur einem Kollektiv an, sondern mehreren. So kann jemand Deutsche*r, Schweizer*in oder Österreicher*in sein, mehrere Sprachen sprechen – „Sprachgruppen" (?) angehören –, Mitglied in einem internationalen wissenschaftlichen Fachverband sein und in einer regionalen Künstler*innen-Gruppe, sich in einer politischen Partei engagieren – und darüber hinaus wahrscheinlich noch einer Reihe anderer „Gruppen" angehören, die gar nicht so deutlich als Gruppen definiert sind, zum Beispiel Architektur-Interessierten, Fans von Cajun-Musik oder Radfahrer*innen.

Manchen Kollektiven gehören Menschen an, weil sie das so wollen, bei anderen haben sie es sich nicht selbst ausgesucht. Wenn zum Beispiel jemand einem Fachverband oder einer demokratischen politischen Partei beitritt, dann ist dies ein bewusster Akt: Es wird damit auch eine bestimmte Position eingenommen und nach außen vertreten.

Wenn jemand hingegen in einem bestimmten Land geboren wird, in einer bestimmten Region, in einer Familie, in der bestimmte Sprachen gesprochen werden, dann ist dies noch keine bewusst gewählte Position. Es ist zunächst einmal nur eine bestimmte Umgebung vorgegeben – in der aber auch Einflüsse vorherrschen, aus denen wiederum Positionen *werden* können.

Menschen können auch neue Kulturen kennenlernen, ihre Sichtweisen und Wertvorstellungen ändern, erweitern und entwickeln. Die meisten Menschen, die sich gerne in unterschiedlichen Gemeinschaften oder Ländern aufhalten oder neue Sprachen gelernt haben, werden dadurch auch ihre kulturellen Horizonte erweitert haben. Jeder Mensch ist grundsätzlich zur transkulturellen Sichtweise fähig. Niemand kommt auf die Welt als kulturell geprägte* r Ungar* in, Argentinier* in, Engländer* in etc.

Wir sind alle mit dem kognitiven Apparat ausgestattet, eine Vielzahl von Perspektiven einnehmen zu können. Erst durch die *Sozialisierung* – also die Einflüsse der Gesellschaft, in der wir aufwachsen – wird diese anfängliche Offenheit eingeschränkt, damit wir uns auf das Erlernen einer Sprache und der Konventionen einer Kultur konzentrieren. Viele Kinder lernen aber von klein auf zwei, drei oder mehr Sprachen.

In vielen Ländern der Welt sind Mehrsprachigkeit und Multikulturalität die Norm und werden nicht nur akzeptiert, sondern begrüßt. Kulturen sind grundsätzlich miteinander kompatibel. Keine ist grundsätzlich „mehr wert“ als eine andere. Es sind ökonomische und politische Machtansprüche, die uns vormachen, Kulturen könnten keine gemeinsame Basis finden und einander nicht verstehen. Manchmal ist es auch die Angst, die eigene Realitätsinterpretation zugunsten einer fremden Realität aufgeben zu müssen.

Wie wir aber gesehen haben, muss man nicht auf die eigene Perspektive verzichten, um die Gültigkeit einer anderen zu akzeptieren. Ganz im Gegenteil: Verstehen ist nur dann möglich, wenn die eigene Sichtweise mit der „anderen“ verglichen wird und gemeinsame Anhaltspunkte identifiziert werden. Das Bild mit den zwei Gesichtern können wir als Vase wahrnehmen und gleichzeitig wissen, dass es im Bild *auch* zwei Gesichter gibt, und bereit sein, *beide* Interpretationen zu sehen.

Wir alle wurden und werden durch Erfahrungen geprägt, die wir in unserer Umgebung machen. Diese Erfahrungen sind allerdings so vielfältig und komplex, dass sich nicht vorhersagen lässt, was für Werte, Einstellungen und Gewohnheiten sich daraus entwickeln – und zu einem Teil prägen wir unsere Erfahrungen auch selbst mit, indem wir uns in bestimmten Gruppen bewegen und andere meiden, uns mit bestimmten Themen auseinandersetzen und andere ignorieren, bestimmte Bücher lesen und Filme sehen und andere nicht.

Zugehörigkeiten und Positionierungen tragen auch zum Selbstgefühl bei, zur Identität. Identität ist einerseits etwas Individuelles, trägt andererseits aber auch kollektive Züge, zum Beispiel wenn sich jemand als Student*in fühlt oder als Sportler*in oder als Künstler*in.

Viele der Zugehörigkeiten und Positionierungen verändern sich im Laufe eines individuellen Lebens, und auch die Gemeinschaften wandeln sich: Zum einen, indem sich die Individuen verändern, die die Gemeinschaft bilden, und zum anderen, indem sich die Zusammensetzung der Gemeinschaft ändert. Die Kulturen dieser Gemeinschaften verändern sich mit ihnen. Kultur wandelt sich permanent, verändert sich dynamisch, wird immer wieder neu konstruiert. Vorstellungen und Verhaltensmuster lösen einander ab, und es existieren auch mehrere parallel.

Kulturelle Veränderungen wirken auf unser Verhalten zurück, ändern unsere Wertvorstellungen, unsere Identität und Lebensziele. Sie haben auch einen starken Einfluss auf unsere Wahrnehmung.

Ein Beispiel dafür ist die Reaktion auf Rauchen in der Öffentlichkeit, besonders in der Gastronomie. Im 20. Jahrhundert wurden Zigaretten als Lifestyle-Produkt vermarktet. Verrauchte Lokale gehörten zum Alltag und wurden nicht als unüblich wahrgenommen, auch in vielen Universitäten waren in den Korridoren Aschenbecher angebracht. Durch Nichtraucher*innen-Schutz, Rauchverbot in öffentlichen Gebäuden und immer mehr rauchfreie Zonen in der Gastronomie hat sich die Wahrnehmung verschoben. Es ist nicht nur die Toleranzschwelle für verrauchte Gasträume in weiten Teilen der Bevölkerung gesunken, sondern Rauchen fällt jetzt auch auf – selbst unsere Nasen sind empfindlicher auf Rauch geworden. Auch unsere Sinne entwickeln sich also im Zuge der kulturellen Veränderung.

Mit dieser veränderten Wahrnehmung spielt zum Beispiel die zwischen 2007 und 2015 gedrehte US-amerikanische Serie *Mad Men*, die einen Einblick in die Werbebranche im New York der 1960er-Jahre gibt. In der fiktiven Agentur Sterling Cooper wird darüber diskutiert, wie sich Studien über die gesundheitsschädlichen Wirkungen des Rauchens auf die Werbestrategien für Zigaretten auswirken. Verkauft und beworben werden muss ein konstruiertes Lebensgefühl. Gezeigt wird nicht nur die Werbewelt, sondern auch das Privatleben der Figuren. In der Serie wird ständig geraucht: Im Büro, im Bett, während der Schwangerschaft – für die Seher*innen der Serie im fortschreitenden 21. Jahrhundert ein höchst ungewohnter Anblick. Unsere Sehgewohnheiten werden wie jede andere Form der Wahrnehmung von unserem kulturellen Umfeld beeinflusst. Und dieses Umfeld ändert sich ständig.

Kultur hat mit gesellschaftlichen Aushandlungsprozessen zu tun, mit Themen, die diskutiert werden, und mit der Art und Weise, wie sie diskutiert werden. So sind Kultur und Kommunikation eng verbunden. Darauf werden wir im nächsten Abschnitt noch genauer eingehen.

Auf den Punkt gebracht

1. Der Begriff „Kultur" wird in unterschiedlich weiter oder enger Bedeutung gebraucht.
2. Alle diese Bedeutungen haben ihre Berechtigung, aber wenn wir den Begriff „Kultur" verwenden, sollten wir wissen, was wir meinen.
3. Kulturelle Kollektive können ebenfalls kleiner oder größer gefasst werden, sie überlappen einander und sind miteinander vernetzt.
4. Wenn ethnische Kollektive als homogene Kulturen verstanden werden, kommt es zu Othering und Essentialisierung.
5. Menschen gehören verschiedenen Arten von Kollektiven an, manchen davon bewusst und freiwillig, in andere sind sie „hineingeboren".
6. Kultur hat mit gesellschaftlichen Aushandlungsprozessen zu tun.

Zum Weiterdenken und Vertiefen

1. Suchen Sie Zeitungstexte, in denen der Begriff „Kultur" verwendet wird. In welcher Bedeutung wird der Begriff jeweils gebraucht? Worauf bezieht er sich inhaltlich? Und auf welche Arten von Kollektiven?
2. Welchen Kollektiven gehören Sie selbst an? Welche davon haben Sie sich selbst ausgesucht, welche nicht? Welche dieser Kollektive sind für Ihr Selbstgefühl wichtiger, welche weniger?

4 Bedeutung von Kultur in der Kommunikation

Wir haben in Teil I gesehen, dass die Kommunikationssituation durch mehrere Dimensionen bestimmt wird, und dass Professionalität in der Kommunikation nicht zuletzt darin besteht, diese Dimensionen zu berücksichtigen. Wir haben auch gesehen, dass Kommunikationssituationen dabei in einem bestimmten Kontext zu sehen sind – und dieser Kontext wird wiederum auch durch kulturelle Aspekte bestimmt.

Dabei spielt vor allem jener Kulturbegriff eine wichtige Rolle, bei dem es um die habituellen Praktiken und symbolischen Formen geht („Kultur II“ im oben besprochenen Modell von Müller-Funk). Sinn- und Verständnisbildung in der Kommunikation findet vor diesem Hintergrund statt. Wie wir etwas verstehen, wie wir Dingen eine Bedeutung verleihen, hängt auch mit bisherigen Erfahrungen in Kommunikationsräumen zusammen.

Wenn wir die Erfahrung gemacht haben, dass zu Silvester Schokolade- oder Marzipanschweinchen als Glücksbringer für das neue Jahr verschenkt werden, dann freuen wir uns über so ein Geschenk. Wenn wir diesen Brauch nicht kennen, mutet er vielleicht seltsam an und wir können nicht einordnen, warum uns jemand ein Schwein schenkt. Haben wir uns vielleicht danebenbenommen? Oder wie ist die Geste zu interpretieren?

Kommunikation ist ein wichtiger Teil von Kultur, Kultur ist ohne Kommunikation nicht denkbar. Kultur wird durch die Art und Weise, in der kommuniziert wird, entscheidend mitgeprägt – und Kommunikation findet immer verwoben mit einem kulturellen Kontext statt. Dies gilt für sprachliches Handeln genauso wie für andere Formen der Kommunikation bzw. des Verhaltens. Der „Inhalt“ der Kommunikation ist nur eine Ebene der Kommunikation. Darüber hinaus sind auch andere Ebenen sehr wichtig. Der gesamte Ablauf der Kommunikation, alle verwendeten Zeichen sind in ihrem kulturellen Kontext zu sehen und werden aus diesem kulturellen Kontext heraus interpretiert.

Denken Sie etwa an eine Ampel. Das Verstehen der Lichtsignale in Rot, Grün und Orange basiert auf kultureller Übereinkunft. Wir wissen, was die Signale bedeuten, weil wir gelernt haben, sie zu deuten. Wenn wir unser Handeln im Verkehr auf diese Lichtsignale ausrichten, bedeutet das jedoch nicht, dass wir sie immer unbedingt befolgen. Wir interpretieren neben diesen Signalen die gesamte Situation und beziehen sie in unser Handeln ein.

Kennen Sie den Filmklassiker *Rain Man* (USA 1988)? Dustin Hoffman spielt in diesem Film den Autisten Raymond, der seinen Bruder auf einer Rundreise durch einige amerikanische Bundesstaaten begleitet. Bei einer Fußgänger*innen-Ampel beginnt Raymond zu gehen, als „Walk“ erscheint, und als die Ampel auf „Dont Walk“ umschaltet, bleibt er abrupt stehen – mitten auf der Straße. Die Filmfigur führt vor, was es bedeuten würde, Ampelsignale *unbedingt* zu befolgen, also ohne andere Bedingungen zu berücksichtigen. Raymond kann das Kommunikationssignal der Ampel nicht in der gesamten Kommunikationssituation interpretieren – und die Ampelschaltung ist automatisiert und kann sich nicht auf einzelne Fußgänger*innen einstellen, wie dies etwa menschliche Polizist*innen könnten, die den Verkehr regeln.

Ampeln regeln aber nicht nur den Verkehr, sie haben manchmal noch eine weitere kulturelle Funktion. Denken Sie etwa an das berühmte ostdeutsche „Ampelmännchen“. Es stellt nicht nur einen Fußgänger dar, sondern symbolisiert ihn auf eine Weise, die viele Bürger*innen liebgewonnen haben: Als die „Ost-Ampelmännchen“ nach der Wende durch „West-Ampelmännchen“ ersetzt werden sollten, kam es zu Protesten.

Eine Ampel ist also mehr als ein Verkehrssignal, sie kann auch ein kulturelles Symbol sein. Oder ein gesellschaftliches Statement. So sind mittlerweile in einigen deutschen Städten „Ampelweibchen“ zu sehen und in Wien „Ampelpärchen“, in drei verschiedenen Geschlechtskombinationen: Mann und Frau, Frau und Frau, Mann und Mann.

Abb. 43: Ampelmännchen in Leipzig, Ampelweibchen in Halle, Ampelpärchen in Wien (Fotos: SD)

Die Gestaltung der Icons auf diesen Ampeln ist also im Kontext gesellschaftlicher Diskurse zu sehen. Auf die Aushandlungsprozesse in Diskursen werden wir später noch genauer eingehen.

Das Zusammenspiel mit dem kulturellen Kontext gilt natürlich für Texte insgesamt. Wenn wir Texte interpretieren, dann tun wir das in einem bestimmten Kontext. Und wenn wir Texte für eine bestimmte Zielgruppe gestalten, dann verorten wir diese Zielgruppe in einem kulturellen Kontext.

Wir haben gesehen, dass der kulturelle Kontext mitbestimmt, wie Bedeutung in einer Kommunikationssituation verstanden wird. Was können wir an Vorwissen voraussetzen? Wie werden bestimmte Symbole oder Begriffe wahrscheinlich verstanden?

Natürlich können wir nie ganz genau wissen, was eine Einzelperson weiß, die einen Text in einer bestimmten Situation hört oder liest oder anderswie wahrnimmt. Aber wir können uns überlegen, was die meisten unserer Adressat*innen *wahrscheinlich* wissen können und was sie *wahrscheinlich* unter bestimmten Begriffen verstehen, die wir verwenden, oder wie sie bestimmte Gesten interpretieren.

Wenn wir in einem Gasthaus in Wien gut gegessen haben und zufrieden sind, dann werden wir wahrscheinlich Trinkgeld geben, und die Kellner*innen bzw. Wirtsleute werden wahrscheinlich von uns erwarten, dass wir schon beim Zahlen um ca. 10 Prozent aufrunden. Wenn wir in einer Trattoria auf Sizilien das Gleiche machen, werden wir wahrscheinlich auf eine irritierte Reaktion stoßen, weil eher erwartet worden wäre, dass wir die „Trinkgeldfrage“ gar nicht berühren, sondern nur ein paar kleine Münzen am Tisch liegen lassen. Was in einer Situation als höflich und wertschätzend interpretiert wird, und wie ein und dieselbe Verhaltensweise interpretiert wird, kann also stark variieren.

Auch im deutschsprachigen Raum wird die „Trinkgeldfrage“ nicht einheitlich gehandhabt. In der Schweiz ist Trinkgeld zwar offiziell schon seit den 1970er-Jahren abgeschafft – das bedeutet aber nicht, dass Servierer*innen sich nicht über Trinkgeld freuen. Und in Deutschland gilt die Faustregel, dass 5 bis 10 Prozent Trinkgeld in Ordnung sind. Solche Durchschnittswerte und Konventionen geben den Hintergrund für das Verhalten in einer konkreten Situation ab – nicht mehr und nicht weniger. Neben diesem Hintergrund spielen aber auch andere Aspekte der Kommunikationssituation eine Rolle. Das haben wir bereits am Beispiel der Ampel gesehen.

In der Kommunikation ist es deshalb wichtig, die Situation zu erfassen – und auch die Rolle von Kultur in dieser Situation mit zu erfassen. Was in einer Situation funktioniert oder erwartet wird, ist aber nicht immer so einfach und nicht immer von vornherein klar. Oft müssen noch viel mehr Aspekte berücksichtigt werden als in der „Trinkgeldfrage" oder bei einer Ampel. Genau dafür braucht es professionelle Kommunikation.

Stellen Sie sich eine internationale wissenschaftliche Konferenz zum Thema Klimawandel vor, an der Forscher*innen aus aller Welt teilnehmen und sich in der Lingua franca Englisch darüber austauschen, welche politischen Maßnahmen auf regionaler Ebene dazu beitragen könnten, die Erderwärmung aufzuhalten. Diese Forscher*innen gehören unterschiedlichsten Nationen an und sprechen neben Englisch auch verschiedenste andere Sprachen. Und sie teilen viel gemeinsames Wissen über die Prozesse, die zum Klimawandel beitragen, und die Rolle, die wir Menschen in diesen Prozessen spielen. Sie gehen von einem ähnlichen Verständnis über die naturwissenschaftlichen Grundlagen dieser Themen aus und bilden daher eine Diskursgemeinschaft, unabhängig von ihrem sprachlichen und kulturellen Hintergrund.

Wenn diese Forscher*innen nach der Konferenz wieder nach Hause fahren (zum Beispiel in die USA, nach Frankreich, nach Deutschland, nach China, nach Rumänien etc.) und dort versuchen, die heimischen Politiker*innen dazu zu bringen, Maßnahmen zum Klimaschutz zu ergreifen, dann müssen sie oft viel mehr erklären und ganz anders argumentieren: Bevor über konkrete Maßnahmen gesprochen werden könnte, müssten vielleicht manche der Politiker*innen zuerst davon überzeugt werden, dass ein Klimawandel überhaupt stattfindet oder dass es tatsächlich menschliche Lebensweisen sind, die dazu beitragen.

Die Forscher*innen begeben sich aus der internationalen Diskursgemeinschaft der Wissenschaftler*innen eines Fachs in andere Arten von Diskursgemeinschaften und in einen anderen Diskurs. Mit ihren Kolleg*innen haben sie eine Form von „gemeinsamer Sprache" – jenseits unterschiedlicher Einzelsprachen – gefunden, im öffentlichen bzw. politischen Diskurs zu Hause brauchen sie eine andere Form von „gemeinsamer Sprache" – innerhalb ihres Heimatlandes –, um verständlich zu machen, worum es ihnen geht. Dies erfordert Transkulturelle Kommunikation.

Vielleicht geht es darum, Informationskampagnen zum Thema Klimaschutz zu starten. Dafür werden wahrscheinlich Kommunikationsexpert*innen zu Rate gezogen, die dabei helfen, die entsprechenden Inhalte für die

Öffentlichkeit aufzubereiten und die Kommunikation so zu gestalten, dass das Wesentliche auch außerhalb der wissenschaftlichen Diskursgemeinschaft nachvollziehbar wird.

Hier zeigt sich erneut, was wir schon in Teil I gesehen haben: dass es in professioneller Kommunikation wichtig ist, Adressat*innen/Zielgruppen und Kontexte zu berücksichtigen. Dabei sind auch kulturelle Kontexte und bestimmte Kommunikationskulturen ein wichtiger Aspekt – neben den anderen Dimensionen der Kommunikationssituation, die wir in Teil I diskutiert haben.

Professionalität besteht in diesem Zusammenhang nicht zuletzt darin, dass wir Pauschalisierungen und Vereinfachungen überwinden und genauer hinschauen: dass wir Zielgruppen, Kontexte und Kommunikationssituationen differenziert analysieren, damit wir in der Textgestaltung informierte Entscheidungen treffen können.

Auf den Punkt gebracht

1. Kultur und Kommunikation hängen eng zusammen.
2. Kommunikationssituationen sind in kulturellen Kontexten zu sehen.
3. In professioneller Kommunikation werden kulturelle Gegebenheiten mitberücksichtigt.
4. Kulturelle Aspekte erklären aber immer nur einen Teil der Kommunikationssituation.
5. Daneben müssen auch andere Aspekte berücksichtigt werden.

Zum Weiterdenken und Vertiefen

1. Kennen Sie den folgenden Witz? Ein Öl-Magnat aus Kuweit sammelt Autos. Er erfährt, dass es in der DDR ein Auto gibt, auf das man nach einer Bestellung besonders lange warten muss: den Trabant. Daraus schließt der Millionär, das Auto müsse etwas Besonderes sein – er möchte auch eines haben und lässt es bestellen. Bei der Trabant-Auslieferung in der DDR fühlt man sich geehrt und liefert den Wagen ausnahmsweise sofort. Der Öl-Magnat betrachtet den Trabant von allen Seiten und ist beeindruckt: „Das muss ja wirklich ein unglaubliches Luxusauto sein – wenn man sogar vorab ein Plastikmodell davon bekommt!"
   a. Was muss man wissen, um den Witz zu verstehen?

   b. Welche Arten von Kultur haben hier eine Rolle in der Kommunikation zwischen dem Millionär und der Trabant-Auslieferung gespielt?

2. Erfinden Sie einen Witz, der nur in einem sehr engen kulturellen Kontext „funktioniert“ oder auf ein ganz bestimmtes Ereignis anspielt.

5 Transkulturelle Kommunikation

Abb. 44: Trabant – heute bereits ein Museumsstück (Foto: pixabay)

Der Trabant-Witz in der Reflexionsaufgabe am Ende des vorigen Abschnitts basiert auf Missverständnissen. Eines dieser Missverständnisse beruht darauf, dass der Öl-Magnat in dem Witz offensichtlich wenig über die kommunistischen Produktionsweisen weiß und darüber, dass im Kommunismus „der Kunde" – normalerweise – keineswegs „König" ist. Ein weiteres Missverständnis beruht darauf, dass der Öl-Magnat offenbar keine Ahnung hat, was für ein Auto ein Trabant ist, und dass er ihn, als er ihn erhält, für ein Kunststoffmodell des eigentlichen „Luxuswagens" hält.

Dem Öl-Magnaten fehlt also einschlägiges kulturelles Wissen rund um den Trabant und die Art und Weise, wie dieser produziert und bezogen wurde. Dabei macht sich der Witz aber eigentlich gar nicht über den Öl-Magnaten an sich lustig – dieser ist eine austauschbare Figur, die nur einige Kriterien erfüllen muss, damit der Witz funktioniert: Die Person muss viel Geld haben und damit etwas „abgehoben" von „normalen" Leuten sein, und außerdem weit weg von DDR-Kontexten (mit einem Millionär aus der BRD hätte der Witz schon weniger gut funktioniert).

Was hat dies nun mit Transkultureller Kommunikation zu tun?

In dem Trabant-Witz sehen wir insofern ein Beispiel für Transkulturelle Kommunikation, als die Kommunikation über kulturelle Differenzen hinweg stattfindet. Es ist allerdings ein Beispiel für eine wenig geglückte Transkulturelle Kommunikation, eine Form von Kommunikation, die auf Missverständnissen beruht.

Offensichtlich waren hier keine Kommunikationsexpert*innen am Werk, um zwischen dem Öl-Magnaten und der DDR-Auslieferung zu vermitteln (sonst wäre es aber auch kein Witz). Wir sehen, dass kulturelle Aspekte hier in der Kommunikation eine wichtige Rolle spielen – nämlich in Form von Präsuppositionen, also Vorannahmen über bestimmte Sachverhalte (zum Beispiel „Trabant als Luxusauto").

Was wäre die Aufgabe von Expert*innen für Transkulturelle Kommunikation in so einer Situation gewesen?

Professionelle Transkulturelle Kommunikation dient dazu, solche Missverständnisse zu vermeiden und Verständigung über kulturelle Differenzen hinweg zu ermöglichen. Das heißt, die Kommunikationsexpert*innen hätten einerseits selbst wissen oder recherchieren müssen, was für ein Auto ein Trabant ist und wie die Auslieferungsbedingungen dafür sind, und andererseits hätten sie realistisch einschätzen müssen, was der Öl-Magnat darüber weiß und welche Informationen ihm fehlen. Geglückte Transkulturelle Kommunikation hätte nun darin bestanden, den Öl-Magnaten mit diesen fehlenden Informationen zu versorgen.

In professioneller Transkultureller Kommunikation werden also kulturelle Aspekte *bewusst* berücksichtigt, die Kommunikationsexpert*innen müssen sich in die Kommunikationspartner*innen hineinversetzen und die Situation einschätzen können.

In diesem Sinne bedeutet Transkulturelle Kommunikation zunächst, dass Kommunikation zwischen verschiedenen Kulturen ermöglicht werden soll. Das Präfix *trans-* bedeutet so viel wie „über", „hinüber", „hindurch", „jenseits", es kann etwas seinen Zustand verändern oder von einem Kontext in einen anderen übertragen (transferiert) werden. Es können Grenzen überschritten werden – oder auch durchscheinend werden, sich auflösen.

Bei Transkultureller Kommunikation ist „Kultur" in ihrer ganzen Vielschichtigkeit zu sehen.

Das Konzept der Transkulturalität wurde Ende des 20. Jahrhunderts von dem deutschen Philosophen Wolfgang Welsch entwickelt. Welsch betont die Vielfalt *innerhalb* kultureller Kollektive und die Verflochtenheit *zwischen* kulturellen Kollektiven, die wir auch schon in den vorigen Abschnitten beschrieben haben. Welsch wendet sich explizit gegen homogen verstandene ethnische Kollektive (wie zum Beispiel „*die* Deutschen" oder „*die* Franzosen") und skizziert ein differenziertes Bild, bei dem „Kulturgrenzen" mehr oder weniger aufgelöst werden.

Der Begriff „transkulturell" ist als Antwort auf die Begriffe „interkulturell" und „multikulturell" entstanden. „Interkulturell" bezeichnet das Verhältnis zwischen zwei Kulturen, bei „multikulturell" sind es mehrere. Wir sprechen etwa von „interkulturellen Beziehungen", wenn es um sogenannte bilaterale, also *zwei*seitige Beziehungen geht und zum Beispiel von einer „multikulturellen Gesellschaft", wenn wir ausdrücken möchten, dass viele unterschiedliche Kulturen zusammenleben. Auch in interkulturellen und multikulturellen Beziehungen geht es darum, kulturelle „Grenzen" zu überschreiten und zu überwinden und somit Verstehen und Verständigung zu ermöglichen und zu unterstützen. Im Konzept der Transkulturalität kommt dazu, dass die Grenzen zwischen Kulturen auch explizit in Frage gestellt und aufgelöst werden.

Natürlich gab es in Diskursen, die sich mit interkulturellen und multikulturellen Beziehungen auseinandergesetzt haben, auch schon vor der „Erfindung" des Begriffs „Transkulturalität" immer wieder kritische Auseinandersetzungen mit den Kategorien, die wir konstruieren, wenn wir uns mit kulturellen Kollektiven beschäftigen. Ein witziges Beispiel dafür ist etwa der Film *Das Fest des Huhnes* (A 1992). Es handelt sich dabei um eine Parodie auf einen Dokumentarfilm, eine sogenannte Mockumentary. Parodiert wird eine ethnografische, also völkerkundliche Reportage, die versucht, den Zuschauer*innen „das Fremde" zu erklären und näherzubringen. In diesem Fall erforschen afrikanische Ethnograf*innen das rätselhafte und unbekannte Oberösterreich und interpretieren ein Zeltfest mit Grillhuhn, Bier und Vogeltanz als Hinweis auf einen Paradigmenwechsel in der christlichen Religion: Das Totemtier Lamm wird vom Totemtier Huhn abgelöst.

Das Fest des Huhnes hält einer spezifischen ethnografischen Herangehensweise ironisch den Spiegel vor: Der Film macht sich darüber lustig, wie mit „Fremdheit" umgegangen wird, wie auf Basis von sehr wenig Information über ein bestimmtes Kollektiv Aussagen getroffen, „Sitten und Bräuche" beschrieben und interpretiert werden und dadurch ein vereinfachtes Bild von einer „Kultur" gezeichnet wird. Die vorgeführte „afrikanische" Perspektive sagt dabei nichts über afrikanische Ethnologie oder afrikanische Dokumentationen aus. Es werden vielmehr *europäisch-koloniale* Perspektiven auf Afrika parodiert, der vereinfachte, verzerrte Blick von europäischen Reportagen über „afrikanische Kulturen" wird vorgeführt und demontiert. Es wird satirisch gezeigt, was passiert, wenn von „weit weg" auf eine Region oder ein Kollektiv geschaut wird, wenn Einzelbeobachtungen verallgemeinert und daraus weitreichende Schlüsse gezogen werden. *Das Fest des Huhnes* ist ein deutschsprachiger Film für ein deutschsprachiges Publikum. Es wird vorausgesetzt, dass die Zuschauer*innen mit der Szenerie „Zeltfest" eine gewisse Vorstellung verbinden und dadurch nachvollziehen können, wie absurd die Interpretationen im Film sind – und dadurch auch begreifen können, dass die Interpretationen, die ihnen zu „Afrika“ bekannt sind, ebenfalls nur eine ganz bestimmte, oft absurde Perspektive darstellen.

Der Film zeigt eine Reihe von Interpretationshandlungen, die wir ausführen, wenn wir Kultur beobachten, interpretieren und kategorisieren: Wir gehen zunächst von Einzelbeobachtungen aus und versuchen, ihren Zweck zu verstehen und ihnen Sinn zu geben. Dies tun wir auf Basis dessen, was uns bekannt ist. Wir ordnen das Neue also in vertraute Wissensstrukturen ein. Ein nächster Schritt ist der der Verallgemeinerung: Wir haben einige Einzelbeobachtungen angestellt, haben ihnen Sinn zugeschrieben und konstruieren dann daraus größere Sinnzusammenhänge mit, wie wir annehmen, weiter reichendem Gültigkeitsbereich. Wir schließen von der Einzelbeobachtung also auf das große Ganze. Dies hilft uns einerseits, uns in einer komplexen Welt zurechtzufinden, andererseits birgt es auch die Gefahr von Fehlschlüssen. In *Das Fest des Huhnes* wird ein solcher Fehlschluss parodistisch inszeniert, indem von einem Zeltfest auf einen Paradigmenwechsel im Christentum geschlossen wird.

Weitere Fehlschlüsse werden gezogen, wenn Kulturen als homogen und statisch verstanden werden, also als einheitlich und unveränderlich. Kulturen sind getragen von Aushandlungsprozessen, in denen vielfältige Wahrnehmungen, Sichtweisen, Interpretationen und Interessen zum Tragen kommen. Diese Erkenntnis ist älter als das Konzept der Transkulturalität und wurde vielfach auch rund um die Konzepte Interkulturalität und Multikulturalität diskutiert.

Wenn ein neuer Begriff geprägt wird, führt dies allerdings häufig dazu, dass alte Begriffe umgedeutet werden und sich Bedeutungen verschieben. Deshalb sind Begriffe und Konzepte immer auch in ihrer *Historizität* zu sehen, also in ihrer geschichtlichen Einordnung. Die Prägung des Begriffs der Transkulturalität hat nun Einfluss darauf, wie die Begriffe Interkulturalität und Multikulturalität verstanden werden: So werden diese Begriffe mittlerweile häufig auf abgegrenzte Kollektive bezogen, während es bei der Transkulturalität um die Auflösung der Grenzen geht.

Mit den Konzepten hinter den Begriffen verhält es sich jedoch ähnlich wie mit den Kulturen: Es herrscht Vielfalt der Diskurse und es verlaufen komplexe Aushandlungsprozesse, in denen unterschiedliche Vorschläge dazu gemacht werden, wie was zu verstehen ist. Einheitliche Definitionen laufen Gefahr, wichtige Aspekte auszublenden.

Wir können aber festhalten, dass wir unter Transkultureller Kommunikation Kommunikation in und zwischen komplexen kulturellen Kollektiven verstehen – und Kommunikation in einem transkulturellen Raum, in dem kulturelle Vielfalt und Heterogenität herrscht. Durch ein solches Verständnis können wir einfache Schablonen-Antworten vermeiden und gewinnen einen differenzierteren Blick auf kulturelle Zusammenhänge. Dies ist wesentlich für die Auseinandersetzung mit professioneller Transkultureller Kommunikation.

Dass unterschiedlichste Arten von kulturellen Kollektiven eine Rolle spielen und dass die „Grenzen" zwischen Kulturen verschwimmen und verschwinden können, bedeutet nämlich nicht, dass dies die Verständigung immer erleichtert – oder dass kulturelle Unterschiede in der Kommunikation vernachlässigt werden könnten. Keineswegs. Es bedeutet auch nicht, dass in allen Diskursgemeinschaften und Kollektiven gleich oder ähnlich kommuniziert würde und Kulturen zu einem Einheitsbrei verschmelzen.

Ein differenzierter Blick bedeutet in diesem Zusammenhang vielmehr, dass Kommunikationspartner*innen nicht vorschnell einem (ethnischen) Kollektiv zugeordnet werden und damit alle Probleme „gelöst" erscheinen, sondern dass wir überlegen, welche kulturellen Aspekte in einer Kommunikationssituation wichtig sind und welche weiteren Aspekte dabei außerdem noch eine Rolle spielen.

Dies ist einer der wichtigsten Unterschiede der *Trans*kulturellen Kommunikation im Vergleich zu einem bestimmten, weit verbreiteten Verständnis von *Inter*kultureller Kommunikation, wie es häufig in „interkulturellen Trainings" oder Guides zur internationalen Geschäftsabwicklung präsent ist. Wenn uns zum Beispiel gesagt wird, dass wir bei einem Geschäftsessen mit „*den* Chinesen" dieses oder jenes tun bzw. auf keinen Fall tun sollen, kann es schnell passieren, dass unsere Aufmerksamkeit weg von der Wechselwirkung zwischen den einzelnen Menschen in der Kommunikationssituation und deren Komplexität gelenkt wird und wir ein sehr reduziertes Bild von „zwei Seiten" bekommen, die, wie oben besprochen, zu einem Vorurteil essentialisiert werden. Die Beschreibung von „Kulturstandards" kann der inneren Vielfalt und Verflochtenheit von Kulturen nicht gerecht werden. Wenn wir solche Kulturstandards absolut setzen, kann es passieren, dass wir reagieren wie „Rain Man" Raymond an der Ampel: Wir achten nur auf einen Aspekt und blenden den Rest aus.

Für professionelle Transkulturelle Kommunikation brauchen wir also einen differenzierten Blick auf „Kultur" und „Kulturen". Wir müssen uns differenziert mit Kommunikation in verschiedenen kulturellen Kontexten auseinandersetzen.

Aber wie sollen wir kulturelle Bezüge berücksichtigen, wenn Kulturen so vielfältig miteinander zusammenhängen und wir nicht sagen können, wo eine Kultur anfängt und wo eine andere aufhört?

Gerade dann, wenn wir die Vielschichtigkeit von „Kultur“ begreifen und berücksichtigen, können wir professioneller mit Kommunikationssituationen umgehen. Wir wissen, dass zum Beispiel in vielen Fällen eine Reduktion auf „Nationalkultur“ oder „Volkskultur“ zu kurz greifen und zu Verzerrungen oder unprofessionellen Pauschalisierungen führen würde – und beziehen dementsprechend auch andere kulturelle Aspekte mit ein.

Professionelle Transkulturelle Kommunikation bedeutet, dass genauer hingeschaut wird, dass die Überlappungen von Kollektiven berücksichtigt werden – und dass Zielgruppen differenzierter definiert werden. Handelt es sich um Kinder oder um Erwachsene? Um bestimmte Berufsgruppen oder eine breite Öffentlichkeit? Worum geht es in der Kommunikation, was soll erreicht werden, und in welcher Beziehung stehen die Kommunikationspartner*innen zueinander?

Stellen Sie sich vor, die Eltern von Schulkindern sollen in einem Brief von der Schulleitung davon überzeugt werden, dass sie ihre Kinder gegen eine bestimmte Krankheit impfen lassen. Der Brief müsste sicherlich erklären, warum die Impfung wichtig ist und welche Risiken bestehen, wenn sich jemand nicht impfen lässt. Der Text müsste aber auch wertschätzend sein und berücksichtigen, dass der Brief sowohl von Befürworter*innen der Impfung als auch von Impfgegner*innen gelesen werden könnte. Der Brief wird also im Hinblick auf eine ganz bestimmte (in sich heterogene) Zielgruppe gestaltet – und es wird überlegt, mit welchen Voraussetzungen Vertreter*innen dieser Zielgruppe den Brief lesen werden.

Es findet hier also ein Perspektivenwechsel statt: Von der Perspektive der Schulleitung hin zur Perspektive der Eltern. Solche Perspektivenwechsel sind essentiell für professionelle Transkulturelle Kommunikation. Die Beziehung zwischen den Kommunikationspartner*innen und ihre jeweiligen Rollen in der Kommunikationssituation sind dabei wichtige Aspekte.

Wie wir bereits in Teil I gesehen haben, ist die Translation eine besondere Form der Transkulturellen Kommunikation. Perspektivenwechsel sind ein wesentlicher Bestandteil von Translation. Sowohl Translation als auch Transkulturelle Kommunikation sind vor dem Hintergrund vielfältiger kultureller Bezüge zu sehen, sie haben viel gemeinsam.

Transkulturelle Kommunikation kann als ein wichtiger *Aspekt* von Translation, internationaler Öffentlichkeitsarbeit und anderen Formen professioneller mehrsprachiger Kommunikation verstanden werden – Translation, internationale Marketing- und Öffentlichkeitsarbeit und andere Formen professioneller mehrsprachiger Kommunikation können aber auch als *Formen* von professioneller Transkultureller Kommunikation verstanden werden.

Wie geht das nun?

Was für eine Art von Zusammenhang liegt hier vor?

Wir haben „Transkulturelle Kommunikation" bereits als mehrdeutigen Begriff kennengelernt. Wenn Transkulturelle Kommunikation als Überbegriff verstanden wird, der alle Formen menschlicher Kommunikation im transkulturellen Raum mit seinen vielfältigen kulturellen Bezügen einschließt, können Translation, internationale Marketing- und Öffentlichkeitsarbeit und andere Formen professioneller mehrsprachiger Kommunikation aus dieser Perspektive als spezielle Formen professioneller Transkultureller Kommunikation betrachtet werden.

Wenn wir dann aber weiter hineinzoomen in die Prozesse und Überlegungen bei der Translation, dann können wir Transkulturelle Kommunikation auch als einen Teilbereich von Translation verstehen, nämlich als den Teilbereich, der sich mit den kulturellen Bezügen von Sprache und Kommunikation in einer ganz spezifischen Situation auseinandersetzt.

Abb. 45: Zum Verhältnis von Transkultureller Kommunikation und spezifischen Formen mehrsprachiger professioneller Kommunikation (Grafik: SD)

Transkulturelle Kommunikation ist also gleichzeitig Überbegriff und Teilaspekt und in einer doppelten Wechselbeziehung zu unterschiedlichen professionellen Kommunikationsfeldern zu sehen.

Transkulturelle Kommunikation ist als Begriff offen: Es ist damit zunächst nicht nur professionelle Kommunikation gemeint, sondern verschiedenste Arten der Kommunikation über verschiedene Diskursgemeinschaften hinweg – von der Verständigung mit Händen und Füßen im Urlaub bis hin zu professionell gestalteten internationalen Werbekampagnen.

In diesem Sinne sind Translation, internationale Marketing- und Öffentlichkeitsarbeit, internationaler Journalismus und viele andere Formen professioneller internationaler bzw. mehrsprachiger Kommunikation als spezielle Formen von professioneller Transkultureller Kommunikation zu sehen. Wir haben in Teil I gesehen, dass es in professioneller Transkultureller Kommunikation um das Verständlichmachen von „Gemeintem“ für verschiedene Zielgruppen geht – und dass dabei auch Kultur eine wichtige Rolle spielt.

Wenn wir uns mit Transkultureller Kommunikation beschäftigen, dann greifen wir die kulturellen Aspekte von unterschiedlichen Formen professioneller Kommunikation heraus und betrachten sie genauer: Wir setzen uns damit auseinander, in welchem Verhältnis die Kollektive stehen, zwischen denen kommuniziert wird, analysieren Gemeinsamkeiten und Unterschiede, beschäftigen uns mit den Aspekten der Kommunikation, die mit dem kulturellen Umfeld zu tun haben.

In diesem Sinne ist Transkulturelle Kommunikation also als ein Teilaspekt von vielen Formen professioneller Kommunikation zu sehen: als jener Teilaspekt, der sich mit den kulturellen Bezügen in einer spezifischen Kommunikationssituation auseinandersetzt.

Wenn Hollywood- oder Bollywood-Filme in Europa gezeigt werden, ist dies eine Form Transkultureller Kommunikation auf gesellschaftlicher Ebene. Wenn für diese Filme Untertitel oder Synchronfassungen in anderen Sprachen erstellt werden, findet interlinguale Translation statt. Wenn professionelle Translator*innen die Filmdialoge übersetzen, berücksichtigen sie ganz konkret kulturelle Bezüge, die in den jeweiligen Kommunikationssituationen wichtig sind. Wenn wir diesen Teilaspekt herausgreifen, beschäftigen wir uns mit Transkultureller Kommunikation im Kontext von Translation.

Translation und Transkulturelle Kommunikation können auch so eng miteinander verflochten sein, dass die Grenzen verschwimmen.

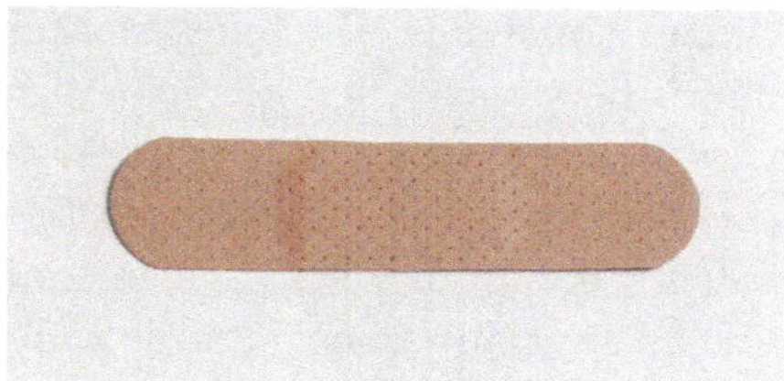

Abb. 46: Ein Pflaster

Dieses Produkt wird in Europa immer wieder als „hautfarben“ vermarktet. Welche Faktoren müssen berücksichtigt werden, wenn das gleiche Produkt in Ländern verkauft werden soll, in denen die meisten Menschen so –

Abb. 47: Zwei Menschen

– oder so –

Abb. 48: Drei Menschen (Foto: „Oja's First Shoot“, Harsha K R, flickr.com, CC-BY-SA 2.0)

aussehen?

Um die Zielgruppe anzusprechen, wäre es notwendig, ein neues Marketingkonzept zu entwickeln, das nicht „nur" die sprachlichen Elemente der Werbekampagne übersetzt, sondern ganz andere Präsuppositionen integriert. Außerdem könnte man das Unternehmen auf die Problematik des Begriffs „hautfarben" aufmerksam machen (auch in Europa gibt es, wie überall auf der Welt, Menschen mit unterschiedlichsten „Hautfarben") und so auch dazu beitragen, dass die Produktbeschreibung grundsätzlich inklusiver wird.

Ähnliches gilt auch für die sogenannte Lokalisierung, also die Anpassung von hauptsächlich Computerprogrammen und ihrer Benutzer*innenoberflächen für spezifische sprachliche und/oder kulturelle Gegebenheiten. Als Teil eines internationalen Marketingplans wird Wert auf *lokale* Markterfordernisse gelegt. Dabei wird nicht nur die Sprache übersetzt, sondern auch das Datum sowie Zeit-, Währungs- und Temperaturangaben. Es wird auch die Aussagekraft von Farben und anderen Symbolen, zum Beispiel im Hinblick auf religiöse Sensibilitäten, angepasst. Grafiken können dabei ein besonders heikles Thema sein und leicht Missverständnisse oder Ablehnung auslösen. Es ist zum Beispiel auf die Platzierung und die Hinweise auf Bilder bei einer Änderung der Schreibrichtung zu achten, etwa von links–rechts auf rechts–links oder von oben–unten auf unten–oben.

Die Überlappung der Dimensionen Translation und Transkulturelle Kommunikation zeigt die Verschmelzung von Kultur, Sprache und Kommunikation. Sie zeigt auch sehr deutlich, dass der Bedarf nach Expertise in diesen Bereichen im Wachsen begriffen ist.

Wenn wir auf die gesellschaftliche Relevanz von Transkultureller Kommunikation fokussieren, betrachten wir Transkulturelle Kommunikation losgelöst von Begriffen wie Zieltext und Ausgangstext und stärker auf der Ebene des Umgangs mit geopolitischen Machtverhältnissen und den damit zusammenhängenden Diskursen und Kommunikationsformen. Dabei werden zum Beispiel Auswirkungen kultureller Statusunterschiede auf mündliche und schriftliche Kommunikation identifiziert sowie deren Relevanz für die Berufspraxis und die Erschließung neuer Berufsprofile. Darauf wird in Teil IV und V näher eingegangen.

Auf den Punkt gebracht

1. Transkulturelle Kommunikation ist Kommunikation über „Kulturgrenzen" hinweg – und Kommunikation in einem transkulturellen Raum.
2. Das Konzept der Transkulturalität betont sowohl die Vielfalt innerhalb einer Kultur als auch die vielfältigen Zusammenhänge zwischen Kulturen. „Kulturgrenzen" werden dabei auch in Frage gestellt und/oder aufgelöst.
3. In professioneller Transkultureller Kommunikation sind Kommunikationsabläufe vor einem komplexen kulturellen Hintergrund zu verstehen und zu analysieren.
4. Dabei spielt – neben der Mehrdimensionalität von Kommunikationssituationen – auch die Vielschichtigkeit von „Kultur" eine wichtige Rolle.
5. Spezifische Formen internationaler/mehrsprachiger professioneller Kommunikation (wie zum Beispiel Translation, internationale Marketing- oder Öffentlichkeitsarbeit) und Transkulturelle Kommunikation stehen in einem Wechselverhältnis: Sie können als besondere Formen professioneller Transkultureller Kommunikation gesehen werden, Transkulturelle Kommunikation ist aber auch ein wichtiger Aspekt dieser Formen professioneller Kommunikation.

Zum Weiterdenken und Vertiefen

1. Sehen Sie sich Dialogszenen in einem Film in englischer Originalfassung an, in denen sich Kommunikationspartner*innen direkt ansprechen: „You ..." Überlegen Sie, ob die Kommunikationspartner*innen sich in derselben Situation auf Deutsch mit „Du" oder mit „Sie" ansprechen würden. Was müssen Sie über die Situation wissen, um diese Frage entscheiden zu können? Welche kulturellen Bezüge spielen dabei eine Rolle – und welche anderen Dimensionen der Kommunikationssituation müssen Sie berücksichtigen?
2. Wie könnten Sie Schmalzbrot, Königsberger Klopse oder Currywurst für Tourist*innen so erklären, dass es schmackhaft klingt?

6 Kultur – Politische Verhältnisse – Macht

Wir haben in den vorigen Abschnitten gesehen, dass Kultur nichts von vornherein Gegebenes ist, sondern von Menschen konstruiert wird. Die Art und Weise, wie dies geschieht und welche kulturellen Kollektive dabei vorgestellt werden, hat viel mit Machtverhältnissen zu tun.

Es geht dabei grundsätzlich darum, wer über die ökonomischen und politischen Mittel verfügt, die eigene kulturelle Perspektive (die Interpretation und Konstruktion einer für selbstverständlich gehaltenen Realität) zu verbreiten und unter Umständen zu forcieren.

Dazu gehört eine offene oder versteckte *Wertung*. Diese kann sich sehr unterschiedlich auswirken. Sie kann sich in mehr oder weniger offener Unterdrückung zeigen – oder auch darin, dass manche Stimmen stärker wahrgenommen werden als andere, dass nicht alle gleichermaßen *ermächtigt* sind, sich zu Wort zu melden und/oder eine Gemeinschaft aktiv mitzugestalten. Darin, dass manche Kollektive (global oder regional) nur am Rande wahrgenommen werden, also *marginalisiert* werden (lat. *margo* bedeutet „Rand"). Diese zweite Wirkung ist sehr viel weniger offensichtlich als die erste.

Eine der Wurzeln für beide Arten der Machtausübung ist das bereits beschriebene Othering, also die Konstruktion eines Gegensatzes von „Wir" und den „Anderen". Der Gegensatz kann sich in Gesellschaftsschichten spiegeln – zum Beispiel, wenn es heißt, dass „die" eben nichts anderes können als schlecht bezahlte Jobs zu erfüllen. Oder es können ethnische Trennlinien gezogen werden, entlang derer dann ein „Wir" eine bestimmte Kultur vorgibt, an die die „Anderen" sich anpassen sollen.

Häufig wirken mehrere Kategorien und Zuschreibungen dabei zusammen, dass manche Gruppen systematisch diskriminiert werden. Diese Kategorien sind unter anderem Geschlecht, Hautfarbe, „Herkunft", Religion, sexuelle Orientierung und andere kulturelle Zuschreibungen. Ein solches Zusammenwirken verschiedener Kategorien und ihre Auswirkungen auf soziale Ungleichheit werden im Konzept der *Intersektionalität* beschrieben. Die Metapher der Straßenkreuzung (Englisch: *intersection*) geht auf die US-amerikanische Juristin Kimberlé Crenshaw zurück, die sich mit institutionalisiertem Rassismus beschäftigt hat. Das Konzept der Intersektionalität knüpft an die Arbeit unter anderem von „schwarzen" feministischen und anderen Aktivist*innen sowohl in den USA als auch zum Beispiel in Deutschland oder Großbritannien an und wurde in den letzten Jahrzehnten sowohl in wissenschaftlichen als auch in aktivistischen Kontexten weiterentwickelt. Es stellt ein wichtiges Analyseinstrument dar, um die „Verstrickungen“ sozialer Ungleichheit zu analysieren und dabei aufzuzeigen, dass unterschiedliche Diskriminierungsachsen nicht einfach eine „Summe“ ergeben (zum Beispiel sich addierender Diskriminierungserfahrungen), sondern eine jeweils spezifische soziale Position, in der jeder Aspekt die jeweils anderen beeinflusst. So erleben in einer patriarchalen Gesellschaft alle Frauen Sexismus, dieser wirkt aber intersektionell spezifisch – eine „schwarze“ Frau, die in New York als Richterin arbeitet, ist anderen Diskriminierungsmechanismen ausgesetzt und hat tendenziell andere Lebenserfahrungen als eine „schwarze“ Taxifahrerin in derselben Stadt, und wiederum andere als eine „weiße“ Studentin in München etc. Ein Bewusstsein für diese Verstrickungen und die zugrundeliegenden Zuschreibungen ist wesentlich für professionelle Kommunikation.

In der Kommunikation wird Diskriminierung verstärkt, wenn Vorurteile und Stereotype machtpolitisch genützt werden: Es wird dann der Glaube geschürt, zu wissen, wie die „Anderen“ sind. Das „Fremde“ wird betont, es wird zu etwas „Anderem“ gemacht, auf das man sich nicht einlassen, mit dem man sich nicht genauer beschäftigen will. Man glaubt, zu wissen, wie *die* sind (zum Beispiel *die* Asylwerber*innen, *die* Afrikaner*innen). Und sie sind alle gleich.

Dies bereitet den Boden für die Konstruktion kultureller Überlegenheit, die dann als Argument und als Rechtfertigung dafür verwendet wird, andere zu beherrschen. In Imperialismus, Kolonialismus und Rassismus, ja selbst bei Völkermorden wie im Holocaust wurde auf solche „Rechtfertigungen“ zurückgegriffen.

„Kultur“ ist also keineswegs „unschuldig“. *Kulturalismus*, verstanden als die Überbetonung kultureller Differenzen zwischen ethnischen Gruppen, wird oft auch als der „neue Rassismus“ bezeichnet.

Kulturelle Machtverhältnisse äußern sich aber meistens viel subtiler, haben auch damit zu tun, welche Ideen, Gedanken, Ideologien, Strömungen etc. sich in einer Gesellschaft „durchsetzen“, wer gehört wird und wer nicht gehört wird. Und welche Verhaltensweisen, welche Arten der Kommunikation, welche Formen der Sprachverwendung als legitim oder als nicht legitim eingestuft werden. Es geht also auch um „Marktmechanismen“ in der Kommunikation, auf der gesellschaftlichen Ebene Transkultureller Kommunikation. Auch hier sind die Verschränkungen wirksam, die im Konzept der Intersektionalität beschrieben und analysiert werden.

Die „Marktmechanismen“ wirken dabei nicht nur direkt auf Menschen und ihre Rollen in der Gesellschaft, sondern auch darauf, wie Ideen oder Sprachen, aber auch Mode, kulturelle Werte, bestimmte Kunstrichtungen oder „Lifestyle“, wahrgenommen und verbreitet werden – oder auch kaum wahrgenommen und nicht verbreitet werden. Diese Mechanismen sind aber nicht losgelöst von den Gruppen zu sehen, die an ihnen beteiligt sind, sondern spiegeln die Macht- und Herrschaftsverhältnisse wider, die dahinter stehen. Wenn wir Kultur als Aushandlungsprozess verstehen, sehen wir, dass es in diesem Aushandlungsprozess sehr unterschiedliche – und unterschiedlich starke – Verhandlungspositionen gibt.

Ein Beispiel für die Auswirkung kultureller Machtverhältnisse ist die Ausbreitung einer Sprache, die als globales Verständigungsmedium verwendet wird. Im Mittelalter und während vieler Jahrhunderte danach fungierte Latein (zumindest in Europa) als Sprache der interkulturellen Verständigung. Damals war die Kirche diejenige Instanz, die eine übergreifende Realität definierte. Wissen, Wahrheit und Ethik entsprachen einer theologischen Sicht der Welt, die sehr wenige Personen in Frage zu stellen wagten. Macht wurde unter anderem dadurch ausgeübt, dass das „gemeine Volk“, das die theologischen Schriften nicht lesen konnte und ohnehin nicht Latein verstand, sprachlich ausgeschlossen wurde. Wer keinen Zugang zur Quelle des Wissens hat, muss zwangsläufig die Interpretation derjenigen akzeptieren, die diese Quellen verwalten und für sich behalten.

Im Laufe der Zeit wurde Latein aufgrund machtpolitischer Veränderungen in Europa durch Französisch und zum Teil auch Deutsch abgelöst. In anderen Teilen der Welt dienten zu unterschiedlichen Zeiten andere Sprachen, wie zum Beispiel Sanskrit, Arabisch, Hindi oder Hochchinesisch (Mandarin) der inter- und transkulturellen Verständigung.

Heute gilt Englisch als die globale *Lingua franca*, also jene Sprache, die als gemeinsame Verkehrssprache von Sprecher*innen unterschiedlicher Sprachgemeinschaften verwendet wird. Wie damals Latein ist Englisch aufgrund soziopolitischer Entwicklungen zur Lingua franca geworden – und nicht wegen irgendwelcher sprachlichen Merkmale. Englisch ist weder „einfacher“ als andere Sprachen noch ist es die meist verbreitete „Muttersprache“ der Welt (zurzeit sprechen mehr Menschen Mandarin als „Muttersprache“). Die Verbreitung des Englischen geht auf die Kolonialmacht Englands und später Großbritanniens zurück, die eine Zeit lang ein Fünftel der Welt beherrschte. Später, vor allem ab dem Zweiten Weltkrieg, mit ihrer wachsenden Vormachtstellung in militärischen und ökonomischen Angelegenheiten, stieg die Macht der USA, Weltgeschehnisse zu beeinflussen.

Ökonomische Stärke ermöglicht zum Beispiel den Ausbau von Forschungseinrichtungen, was wiederum die Verbreitung von Wissen und der damit zusammenhängenden Realitätsdefinition fördert. Wenn wir zum Beispiel im Internet etwas auf Englisch suchen, erhalten wir vorwiegend USA-orientierte Ergebnisse.

Die Vormachtstellung der USA am globalen Markt fördert die Disseminierung (Verbreitung) und die Akzeptanz der englischen Sprache als Lingua franca. Englisch ist eine der offiziellen Sprachen der Vereinten Nationen (UNO) sowie der Europäischen Union. „Inoffiziell" ist es aber *die* Geschäftssprache der internationalen Organisationen, also die Sprache, in der die Alltagsgeschäfte erledigt werden, die bei informellen Workshops und Meetings gesprochen wird etc. Mindestens so wichtig ist die Feststellung, dass Englisch die Sprache des sozialen Umgangs ist. Also die Sprache, die gesprochen wird, um Menschen kennenzulernen, Networking und Small-Talk zu betreiben und allgemein die Zusammenarbeit „hinter den Kulissen" zu fördern.

Englisch ist also, wie jede Lingua franca, das Ausdrucksmittel vieler unterschiedlicher Sprach- und Kulturgemeinschaften. Diese kommunizieren vor allem die eigenen Interessen und Anliegen, sprechen über Dinge von lokaler Bedeutung, die Relevanz für das eigene Kollektiv besitzen. In dem Sinne dient also eine Lingua franca in der Transkulturellen Kommunikation dem Interesse *lokaler* Bedürfnisse.

Mehr noch: Menschen, die Englisch als Lingua franca sprechen, sind in ihrem Gesamtverhalten vorwiegend durch ihre Hauptkultur/en geprägt. Sie verhalten sich demnach nicht „englisch" oder „US-amerikanisch" oder „australisch", wenn sie Englisch sprechen. Transkulturelles Englisch ist nicht „englisch". Man spricht in der Tat heute von *World Englishes*, also den unterschiedlichen auf der Welt verbreiteten lokalen Formen der englischen Sprache, die nicht als minderwertige Formen des „eigentlichen" Englisch gelten (sollen); ihnen steht genauso Anspruch auf Anerkennung als „richtiges Englisch" zu wie den Englisch-Varietäten der vorwiegend „englischsprachigen" Länder.

Auch im Kontext des Englischen als Lingua franca spielen Machtverhältnisse, kultureller Status und Othering eine bedeutende Rolle in der Kommunikation. Darauf wird in den nächsten Kapiteln näher eingegangen.

Zunächst stellen wir fest, dass Expertise im Bereich Transkultureller Kommunikation auch von uns verlangt, dass wir bisherige Auffassungen von „korrektem" Englisch oder „Native-Speaker*innen-Englisch" überwinden und die Transkulturalität der Lingua franca akzeptieren. Wer heute Englisch als globales Verständigungsmittel verwendet, ob „Native Speaker*in" oder nicht, betreibt zwangsläufig Transkulturelle Kommunikation.

Machtverhältnisse und Marktmechanismen mitzureflektieren gehört zur Expertise in professioneller Transkultureller Kommunikation.

Dabei spielen sowohl globale Verhältnisse eine Rolle (welche Regionen werden als „zentral" wahrgenommen und welche nicht?), als auch Verhältnisse innerhalb eines Landes (wodurch werden „Üblichkeiten" geschaffen?) oder einer Institution oder eines Unternehmens (wodurch entstehen Instituts- oder Unternehmenskulturen?).

Konventionen, also „übliche" Formen von Kommunikation, sind ebenfalls vor diesem Hintergrund der Macht- und Marktverhältnisse zu sehen. Welche Gruppen sind in einer starken Verhandlungsposition im kulturellen Aushandlungsprozess? Wer bestimmt, was „üblich" ist? Durch welche Einflüsse entwickelt es sich weiter? Das Anpassen an Konventionen – und ihr bewusstes Brechen – ist ein Mosaikstein in diesem Machtgefüge.

Die Verantwortung von Expert*innen für Transkulturelle Kommunikation erstreckt sich auch auf diesen Bereich. Wir haben bereits mehrfach gesehen, dass Professionalität unter anderem darin besteht, genauer hinzuschauen: auf die Verwendung von Sprache (und von Framing), auf Kommunikationssituationen und auf kulturelle Kollektive – und eben auch auf Formen von Kommunikation vor dem Hintergrund von Macht- und Marktverhältnissen.

Dabei geht es nicht darum, diese Zusammenhänge bis ins letzte Detail zu verstehen oder zu analysieren. Dies würde darauf hinauslaufen, „die Welt zu erklären" – und ist gar nicht möglich. Wir haben immer nur Einblick in einen kleinen Teil davon.

Zur Expertise in Transkultureller Kommunikation gehört vielmehr, sich Einblick in einen solchen Teil davon zu verschaffen, der für die Kommunikation in einer konkreten Kommunikationssituation wichtig ist – und auf Basis dieser Einblicke informierte Entscheidungen für die Gestaltung der Kommunikationsangebote bzw. für die Gestaltung von Texten zu treffen.

Sie werden bereits festgestellt haben, dass wir sehr oft Fragen der Ungleichheit, der Machtverhältnisse, Ausgrenzung und Anerkennung thematisieren.

Dies tun wir sowohl aus ethischen als auch als praktischen Gründen. Wir gehen grundsätzlich davon aus, dass alle Sprachen und alle Kulturen „gleich viel wert" sind.

Keine ist „an sich" besser als eine andere. Wir haben Kultur als die Lebensweise eines Kollektivs definiert. Als solche haben wir sie zu respektieren, auch wenn wir nicht mit allen einzelnen Aspekten dieser Lebensweisen einverstanden sind. Machtansprüche, wie sogenannte „Kulturkämpfe", entstehen dann, wenn die einen behaupten, besser oder wertvoller zu sein als die anderen. Dafür gibt es weder wissenschaftlich noch philosophisch noch moralisch haltbare Argumente.

Dies hat praktische Konsequenzen, in der Berufspraxis ebenso wie in verschiedenen Studienrichtungen. Transkulturelle Kommunikation ist in vielen Studienrichtungen und Berufen wichtig. Einen zentralen Bestandteil bildet sie im Kontext der Translation, der Kommunikationswissenschaft oder der Wirtschaftswissenschaften und den damit zusammenhängenden Berufen, aber auch im Bildungssystem. Sie ist eine wesentliche Dimension des Übersetzens und Dolmetschens. Transkulturelle Kommunikation ist auch nicht wegzudenken aus Öffentlichkeitsarbeit, Journalismus, Marketing, Unterrichtskontexten und vielen anderen Bereichen. Berufsbilder wandeln sich schnell, und dies erfordert von Expert*innen in diesen Berufen Flexibilität und Anpassung – und oft auch die Bereitschaft zu selbstständiger Gestaltung und Weiterentwicklung.

Transkulturelle Kommunikation findet in verschiedenen Berufen also aus unterschiedlichen Perspektiven und mit unterschiedlichen Zielsetzungen statt. Dabei ist Folgendes aber zentral: Wenn wir uns mit Transkultureller Kommunikation auseinandersetzen, lernen wir in erster Linie, Kommunikation zwischen unterschiedlichen Kulturen zu ermöglichen und zu fördern. Erfolgreiche Kommunikation beruht auf gegenseitigem Respekt. Also auf der Bereitschaft, die Perspektive und die Werte der Kommunikationspartner*innen ernstzunehmen. Niemand hat es gern, von oben herab behandelt zu werden oder sich ausgegrenzt zu fühlen. Und wenn das doch eintritt, stockt die Kommunikation. Emotionale und kognitive Barrieren werden errichtet, um sich selbst zu schützen und den*die andere*n herabzusetzen. Es entsteht ein kommunikativer Feedback-Effekt: Jede*r liest im Verhalten (Stimme, Mimik, Körpersprache, sprachliche Knappheit etc.) der*des anderen die eigene Ablehnung, bis alle beleidigt sind bzw. die Kommunikation fehlschlägt. Das kennen wir alle aus der Alltagserfahrung.

Vor allem in der beruflichen Praxis wollen wir natürlich solche negativen Feedbackschleifen vermeiden. Die Bereitschaft, die Vielfalt von Kulturen und Lebenseinstellungen zu respektieren und deren Gültigkeit sehen zu wollen, ist eine der wichtigsten Voraussetzungen für eine vertieftes Verständnis von Transkultureller Kommunikation – sowohl im Studium als auch im Beruf und im Leben allgemein.

Auf den Punkt gebracht

1. Die Konstruktion eines Gegensatzes zwischen „Wir" und „Anderen" geht häufig mit einer Wertung einher.
2. Fremdheit ist ein soziales Konstrukt.
3. Die Konstruktion einer „kulturellen Überlegenheit" wurde oft als „Rechtfertigung" für die Beherrschung anderer oder für Verbrechen an der Menschheit herangezogen.
4. Kulturelle Machtverhältnisse können sich aber auch viel subtiler äußern.
5. Soziale Ungleichheit hängt mit kulturellen Machtverhältnissen zusammen.
6. Dabei spielen oft verschiedene Faktoren zusammen, die alle einander beeinflussen (Intersektionalität).
7. Auch kommunikative Konventionen sind vor dem Hintergrund von Macht- und Marktverhältnissen zu sehen.
8. Kulturelle Machtverhältnisse drücken sich auch in der Lingua franca „Englisch" aus.
9. In professioneller Transkultureller Kommunikation versuchen wir, uns Einblick in diese Verhältnisse zu verschaffen und informierte Entscheidungen bei der Gestaltung von Kommunikationsangeboten zu treffen.

Zum Weiterdenken und Vertiefen

1. Stellen Sie sich vor, Sie gestalten eine Bewerbung für einen Sommerjob bei einem Unternehmen:
   a. Wen stellen Sie sich als Leser* in Ihrer Bewerbung vor?
   b. Wer wird entscheiden, ob Ihre Bewerbung gut ist?

c. Was meinen Sie, woher diese Personen wiederum die Kriterien für diese Entscheidung hernehmen und auf welcher Basis sie entscheiden, wann eine Bewerbung „gut" ist?
d. Welche Machtverhältnisse sind Ihnen dabei klar, und wo fehlt Ihnen der Einblick?
e. Welche zusätzlichen Einblicke könnten Sie durch Recherche gewinnen und welche Fragen werden offen bleiben müssen?

2. Erklären Sie auf Englisch das Fest von Nikolaus und Krampus für Menschen, die diese Tradition nicht kennen.
3. Denken Sie an eine Situation, in der Sie das Gefühl hatten, unfair behandelt zu werden. Wie waren die Machtverhältnisse in dieser Situation gelagert? Wie haben Sie sich gefühlt? Und wie haben Sie reagiert? Warum? Wie zufrieden sind Sie mit Ihrer Reaktion? Würden Sie heute anders reagieren? Wenn ja, wie?

Quellen

ANTWEILER, Christoph (2008). Universalien. Muster im Meer kultureller Vielfalt. *polylog. Zeitschrift für Interkulturelles Philosophieren*, 20, 19–30.

BAATZ, Ursula (1998). Im Sitzen Kultur verkörpern. *polylog. Zeitschrift für Interkulturelles Philosophieren*, 1, 85–87.

BACHMANN-MEDICK, Doris (2006). *Cultural Turns. Neuorientierungen in den Kulturwissenschaften.* Reinbek bei Hamburg: Rowohlt.

BARBALET, Jack M. (2001). *Emotion, social theory and social structure.* Cambridge: Cambridge University Press.

BATCHELOR, David (2004). *Chromophobie. Angst vor der Farbe.* Wien: Facultas.

BAUMANN, Zygmunt (1999). *Culture as Praxis.* London: Sage.

BEAUGRANDE, Robert de (1994). Cognition, communication, translation, instruction: The geopolitics of discourse. In: Beaugrande, Robert de, Shunnaq, Abdullah, Heliel, Mohamed H. (Hrsg.), *Language, discourse, and translation in the West and Middle East.* Amsterdam: Benjamins Publishing, 1–22.

BEHRENS, Roger (2011): Unterhaltung als Unterdrückung. Kulturindustrie, Intersektionalität und Herrschaft. In: Knüttel, Katharina, Seelinger, Martin (Hrsg.): *Intersektionalität und Kulturindustrie. Zum Verhältnis sozialer Kategorien und kultureller Repräsentation.* Bielefeld: transcript, 53–82.

BERGER, Peter L., Luckmann, Thomas (1991 [1966]). *The Social Construction of Reality. A Treatise in the Sociology of Knowledge.* Reprint. London: Penguin Books.

BHABHA, Homi K. (1994). *The Location of Culture.* London: Routledge.

BOURDIEU, Pierre (1990). *Was heißt sprechen? Zur Ökonomie des sprachlichen Tausches.* [Übersetzung: Hella Beister]. Wien: Braumüller.

BRONNER, Kerstin, Paulus, Stefan (2017): *Intersektionalität: Geschichte, Theorie und Praxis.* Opladen und Toronto: Verlag Barbara Budrich. UTB.

BUSCH, Brigitta (2011). Biographisches Erzählen und Visualisieren in der sprachwissenschaftlichen Forschung. *ÖDaF-Mitteilungen*, 2011/2, 50–60.

CASTRO VARELA, Marìa do Mar (2010). Interkulturelle Trainings? Eine Problematisierung. In: Darowska, Lucyna, Lüttenberg, Thomas, Machold, Claudia (Hrsg.): *Hochschule als transkultureller Raum? Kultur, Bildung und Differenz in der Universität.* Bielefeld: Transcript-Verlag, 117–129.

CESANA, Andreas (1996). Kulturelle Identität, Inkommensurabilität und Kommunikation. In: Mall, Ram Adhar, Schneider, Notker (Hrsg.), *Ethik und Politik aus interkultureller Sicht.* Amsterdam: Rodopi, 119–130.

COMBAHEE RIVER COLLECTIVE (1978). *The Combahee River Collective Statement.* In: Smith, Barbara (Hrsg.) (2000[1983]), New Brunswick / New Jersey / London: Rutgers University Press. Auch verfügbar online unter: http://circuitcus.org/scraps/combahee.html [9.12.2019]

CRYSTAL, David (2003). *English as a Global Language.* 2. Auflage. Cambridge: Cambridge University Press.

DENGSCHERZ, Sabine (2018). Kampf der Kulturbegriffe? Eine Fallstudie zum Schreiben über „Kultur" im BA-Studium „Transkulturelle Kommunikation". *Hermes*, 58, 231–256. Online verfügbar unter: https://tidsskrift.dk/her/article/view/111688/160685 [12.04.2020]

DEUTSCHER, Guy (2010). *Through the Language Glass. How words colour your world.* London: William Heinemann.

DIZDAR, Dilek (2006). *Translation. Um- und Irrwege.* Berlin: Frank & Timme. Düttmann, Alexander García (2000). *Between Cultures. Tensions in the Struggle for Recognition.* [Übersetzung: Kenneth B. Woodgate]. New York, NY / London: Verso.

EAGLETON, Terry (2001). *Was ist Kultur?* München: C. H. Beck.

EISENBERGER, Naomi (2012). The pain of social disconnection: Examining the shared neural underpinnings of physical and social pain. *Nature Reviews Neuroscience*, 13(6), 421–434.

ESSELINK, Bert (2000). *A practical guide to localization.* Amsterdam: Benjamins.

Fairclough, Norman (2001). The Discourse of New Labour: Critical Discourse Analysis. In: Wetherell, Margaret, Taylor, Stephanie, Yates, Simeon J. (Hrsg.), *Discourse as Data.* London: Sage, 229–266.

Fairclough, Norman, Wodak, Ruth (1997). Critical Discourse Analysis. In: Seale, Clive (Hrsg.) (2004), *Social Research Methods: A Reader.* New York, NY: Routledge, 357–365.

Fairclough, Norman (1989). *Language and Power.* New York, NY: Longman.

Garcia, Tristan (2018). *Wir.* [Übersetzung: Ulrich Kunzmann]. Berlin: Suhrkamp.

Hall, Stuart (1994). *Rassismus und kulturelle Identität.* Hamburg: Argument.

Hansen, Klaus P. (2009). *Kultur, Kollektiv, Nation.* Passau: Verlag Karl Stutz.

Harris, Marvin (1999). *Theories of Culture in Postmodern Times.* Walnut Creek, CA: Rowman Altamira.

Hawkes, Kristen (2004). Human longevity. The grandmother effect. *Nature,* 428, 128–129.

Hormel, Ulrike, Jording, Judith (2016). Kultur/Nation. In: Mecheril, Paul (Hrsg.), *Handbuch Migrationspädagogik.* Weinheim/Basel: Beltz-Verlag, 211–225.

Horowitz, Alexandra (2014). *On Looking. A Walker's Guide to the Art of Observation.* London / New York / Toronto / New Delhi: Simon & Schuster.

Kadrić, Mira, Kaindl, Klaus, Cooke, Michèle (2012). *Translatorische Methodik.* 5. Auflage. Wien: Facultas.

Kaiser-Cooke, Michèle (2004). *The Missing Link. Evolution, Reality and the Translation Paradigm.* Frankfurt am Main: Peter Lang.

Kant, Immanuel (1870). *Grundlegung zur Metaphysik der Sitten.* Berlin: Verlag von L. Heimann.

Kress, Günther (1989). *Linguistic Processes in Sociocultural Practice.* Oxford: Oxford University Press.

Lamar, Adolfo, Zoboli, Fabio, García Bordas, Miguel Angel (2009). Körper, Mimesis und Interkulturalität. *polylog. Zeitschrift für Interkulturelles Philosophieren,* 22, 3–14.

Mall, Ram Adhar (2000). *Intercultural Philosophy.* Oxford: Rowman and Littlefield.

Maturana, Humberto R. (1978). Biology of Language. The Epistemology of Reality. In: Miller, George A., Lenneberg, Elizabeth (Hrsg.), *Psychology and Biology of Language and Thought: Essays in Honor of Eric Lenneberg.* New York, NY: Academic Press, 27–63.

Phillipson, Robert (1992). *Linguistic Imperialism.* Oxford: Oxford University Press.

Phillipson, Robert (2009). *Linguistic Imperialism Continued.* New York / London: Routledge.

PÖCHHACKER, Franz (1994). *Simultandolmetschen als komplexes Handeln.* Tübingen: Narr.

SAAL, Britta (2014). Kultur in Bewegung. In: Mae, Michiko, Saal, Britta (Hrsg.), *Transkulturelle Genderforschung. Ein Studienbuch zum Verhältnis von Kultur und Geschlecht.* 2. Auflage. Wiesbaden: Springer, 21–47.

SCHIRILLA, Nausikaa (2001). Können wir uns nun alle verstehen? Kulturelle Hybridität, Interkulturalität und Differenz. *polylog. Zeitschrift für Interkulturelles Philosophieren*, 8, 36–47.

SEIDLHOFER, Barbara (2011). *Understanding English as a Lingua Franca.* Oxford: Oxford University Press.

SINHA, Chris (2009). Language as a bio-cultural niche and social institution. *New Directions in Cognitive Linguistics*, 24, 289–309.

SURANA, Vibha (2009). Indische Sinnesfelder in Alltag, Kunst und Philosophie. *polylog. Zeitschrift für Interkulturelles Philosophieren*, 22, 15–24.

TURNER, Jonathan H. (2007). *Human Emotions.* London / New York, NY: Routledge.

VYGOTSKIJ, Lev Semenovich (1977 [1934]). *Denken und Sprechen.* [Übersetzung: Gerhard Sewekow]. Frankfurt am Main: Fischer.

WELSCH, Wolfgang (1997). Transkulturalität. Zur veränderten Verfassung heutiger Kulturen. In: Schneider, Irmela, Thomsen, Christian W. (Hrsg.), *Hybridkultur. Medien, Netze, Künste.* Köln: Wienand-Verlag, 67–90.

WILLIAMS, Simon S. (2001). *Emotion and social theory. Corporeal reflections on the (ir)rational.* London: Sage.

WINKER, Gabriele, Degele, Nina (2009): *Intersektionalität. Zur Analyse sozialer Ungleichheit.* Bielefeld: transcript.

WITTE, Heidrun (2000). *Die Kulturkompetenz des Translators. Begriffliche Grundlegung und Didaktisierung.* Tübingen: Stauffenburg.

WOLF, Michaela (1997). Übersetzen als textuelle Repräsentation. Dialogischer Diskurs und Polyphonie im Übersetzen zwischen den Kulturen. In: Grbić, Nadja, Wolf, Michaela (Hrsg.), *Text – Kultur – Kommunikation. Translation als Forschungsaufgabe.* Tübingen: Stauffenburg, 137–151.

III Text und Kommunikation

1 Texte, Muster, Wirkungen

Was ist ein Text? Simple Frage? Oder nur *scheinbar* simpel? Sicherlich haben Sie eine Vorstellung davon, was ein Text ist. Schließlich haben Sie auch bereits Erfahrungen mit Texten und Textsorten gesammelt. Aber könnten Sie auch jemandem, der* die wenig Ahnung von Texten hat, erklären, was ein Text ist? Welche Eigenschaften etwas haben und welche Kriterien etwas erfüllen muss, damit es ein Text ist und nicht etwas anderes?

Bis heute gibt es – wie für die meisten Phänomene und Konzepte, die wissenschaftlich untersucht werden – keine *allgemeingültige* wissenschaftliche Definition von „Text“. Dies bedeutet natürlich nicht, dass es noch niemand geschafft hat, zu analysieren und zu beschreiben, was einen Text zu einem Text macht. Im Gegenteil. Es gibt eine ganze Menge solcher Merkmalsbeschreibungen. Sie zeigen Texte aus jeweils unterschiedlichen Perspektiven. Je nachdem, welche Aspekte an Texten uns interessieren, betrachten wir Texte aus einem anderen Blickwinkel.

Wenn wir uns mit grammatischer Textarbeit, zum Beispiel mit Satzverbindungen oder mit Zeitenfolge in Texten auseinandersetzen möchten, dann geht es uns vor allem darum, die „Satzgrenze zu überschreiten“: Das heißt, wir arbeiten an und mit Grammatik im textuellen Kontext. Wenn wir uns mit literarischen Texten auseinandersetzen, dann kommen künstlerische Traditionen ins Spiel. Und wenn wir Texte als Kommunikationsmittel analysieren möchten, dann verschiebt sich der Fokus etwas, und wir setzen uns mit dem Text im Kontext der Kommunikationssituation und des kulturellen Umfelds auseinander.

Im Alltag wird unter Texten oft ein längeres, zusammenhängendes Gebilde aus mehreren Sätzen verstanden, das vielleicht auch noch aus Einleitung, Hauptteil und Schluss bestehen sollte und schriftlich fixiert ist. Es gibt aber viele Texte, die diese „Kriterien“ nicht erfüllen – und trotzdem Texte sind.

Sehen Sie sich zum Beispiel die Figurengedichte (Kalligramme) des französischen Schriftstellers Guillaume Apollinaire an:

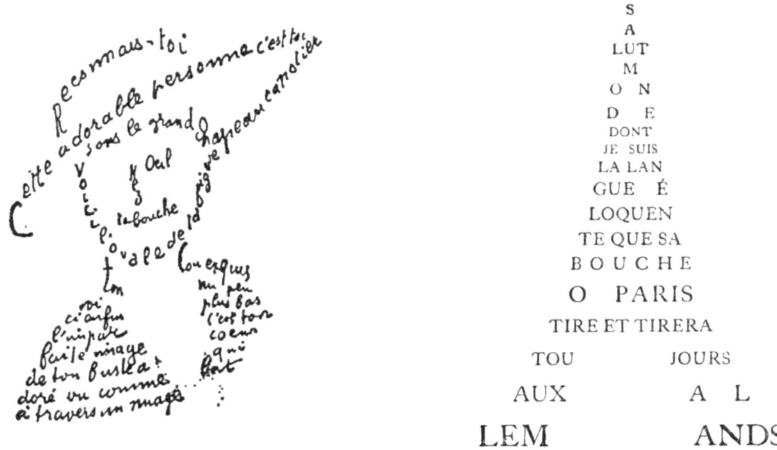

Abb. 49: Zwei Kalligramme von Guillaume Apollinaire (1925, 1969; Scans: ME)

Sie bestehen nicht erkennbar aus einer Aneinanderreihung von mehreren Sätzen – und Einleitung, Hauptteil und Schluss sind schon gar nicht zu erkennen. Stattdessen wird mit Schrift „gezeichnet", Bild und Text sind ineinander verschmolzen.

Texte müssen aber auch nicht schriftlich fixiert sein. Reden, Radiobeiträge oder Vorträge sind auch Texte. Und ein Dialog in der Face-to-Face-Kommunikation im Alltag – oder auf der Theaterbühne – ist auch ein Text.

Texte haben also sehr unterschiedliche Erscheinungsformen.

Was macht nun einen Text zu einem Text? Wann ist zum Beispiel ein Satz wie „Magic is something you make" ein Text – und wann nur ein Teil von einem Text? Diese Fragen können wir dann besser beantworten, wenn wir Texte in ihrem Kontext und in ihrer *Funktion* betrachten.

Abb. 50: Was ist ein Text? (Foto: pixabay)

Das lateinische Verb *texere* bedeutet „weben“, „flechten“. Daraus lässt sich ableiten, dass Texte etwas mit Gewebe und Geflecht zu tun haben. Dies sehen wir auf zweierlei Weise: Einerseits sind Texte *in sich* verwoben und verflochten, sie hängen grammatikalisch und inhaltlich zusammen. Andererseits sind sie *mit ihrem Kontext* verwoben und verflochten, in einem bestimmten kommunikativen Umfeld zu sehen.

Eine wissenschaftliche Definition von Text, die diese beiden Ebenen berücksichtigt und deshalb für unsere Zwecke gut brauchbar ist, stammt von Klaus Brinker:

> Der Terminus „Text“ bezeichnet eine begrenzte Folge von sprachlichen Zeichen, die in sich kohärent ist und die als Ganzes eine erkennbare kommunikative Funktion signalisiert. (Brinker 1985:17).

Brinker nennt in dieser Definition einige Merkmale, die hilfreich sind für die Arbeit mit Texten in Transkultureller Kommunikation – und die auch ermöglichen, Texte von anderen Kategorien abzugrenzen: Erstens bestehen Texte aus *sprachlichen* Zeichen, sie sind damit sprachliche Gebilde. Zweitens sind diese Zeichen aneinandergereiht, sie bilden eine Folge, also eine *Zeichenkette*. Diese Folge ist drittens *begrenzt*, es gibt also einen Anfang und ein Ende der Zeichenkette. Viertens ist diese Folge an sprachlichen Zeichen in sich *kohärent*, es gibt also einen inhaltlichen Zusammenhang, die Zeichen stehen in einer Beziehung zueinander, bilden gemeinsam ein Ganzes. Und dieses Ganze erfüllt auch einen bestimmten Sinn in der Kommunikation, hat eine kommunikative *Funktion.*

Was in Brinkers Definition nicht explizit gesagt wird, ist, dass es sowohl schriftliche als auch mündliche Texte gibt – und dass Texte neben sprachlichen Zeichen auch nicht-sprachliche Elemente enthalten können. Wie wirkt geschriebener oder gesprochener Text mit Bild, Ton, Musik, grafischen Elementen oder einer bestimmten Gestik? In manchen Definitionen von Text sind diese Elemente ebenfalls als „Text" mitgedacht.

Brinkers Definition betont, dass Texte eine kommunikative Funktion erfüllen. Diese kommunikative Funktion ist es, die uns in der Transkulturellen Kommunikation besonders beschäftigt.

Wenn wir von dieser kommunikativen Funktion ausgehen, können wir den Textbegriff noch sehr viel weiter fassen, als Brinker das tut, und auch Sprecher*innen selbst (ihr Verhalten, ihre Kleidung, ihre Stimme ...), sowie Situationen (eine Geburtstagsparty, ein Begräbnis, eine Vorlesung, ...), Zustände (Kranksein, Freude, Verliebtheit ...), Gegenstände (eine Teekanne, eine Regenbogenfahne, einen Hörsaal, ...) und anderes (DNA, Soziologie als wissenschaftliche Disziplin, ...) als Texte betrachten. Aus dieser Perspektive wäre dann *alles* Text, weil alles zur Bedeutungsschaffung beitragen kann, und wir könnten darüber nachdenken, wie *die Welt als Text* auf uns wirkt. Wir könnten dann zum Beispiel überlegen, wie wir die Farbe pink diskursiv wahrnehmen, oder was es bedeutet, ein Gebäude zu „lesen", oder auch, warum es uns stört, wenn beim Schauen unserer Lieblingsfernsehserie aus unserer Kindheit auf Netflix das Intro übersprungen – und damit der uns bekannte Text geändert – wird. Wenn wir uns mit diesen Aspekten beschäftigen möchten, ist Brinkers Definition von „Text" zu eng.

In anderen Kontexten kann sie wiederum sehr nützlich sein. Wenn wir zum Beispiel entscheiden möchten, ob ein Gedicht von Apollinaire oder ein Satz wie „Magic is something you make" ein eigenständiger Text ist (oder nur ein Teil eines Texts), dann hilft uns Brinkers Definition gut weiter. Die Kalligramme von Apollinaire erfüllen alle Kriterien, um Texte in Brinkers Sinne zu sein: Es handelt es sich um eine Folge von sprachlichen Zeichen, und es ist klar ein Anfang und ein Ende zu erkennen. Sie haben in sich einen inhaltlichen Zusammenhang und erfüllen eine kommunikative Funktion. Auch der Satz „Magic is something you make" erfüllt – für sich alleine stehend – eine kommunikative Funktion – und ist damit ein eigenständiger Text. In einer anderen Umgebung könnte der Satz aber auch ein Teil eines

Texts sein, zum Beispiel ein Teil eines Fantasy-Romans, in dem es um Hexen und um Zauberei geht.

Dadurch, dass wir Apollinaires Kalligramme und die Texte auf den Klemmbrettern hier in unser Buch eingebaut haben, sind sie genau genommen aber wiederum zu Teilen eines Texts (dieses Buchs) geworden. Sie erfüllen hier, im Buch, zusätzlich eine andere, neue Funktion als ursprünglich: Sie sind zwar immer noch in ihrer ursprünglichen Funktion (als künstlerisches Werk oder als Sinnspruch) erkennbar, dienen jetzt aber auch dafür, zu demonstrieren, wie unterschiedlich Texte gestaltet sein können. Sie sind also einerseits nach wie vor eigenständige Texte, andererseits aber auch in einen anderen Text eingebettet und dadurch ein Teil davon geworden. Wir haben die Texte aus einer Kommunikationssituation herausgeholt und in eine andere hereingenommen, in der wir sie kommentieren.

Textsorten

Wir haben bereits mehrfach gesehen, dass die Kommunikationssituation und ihre Dimensionen in der Transkulturellen Kommunikation eine wichtige Rolle spielen. Und auch die Arbeit mit Texten ist im Rahmen von Kommunikationssituationen zu sehen.

Für wiederkehrende Kommunikationssituationen haben sich mit der Zeit gewisse Muster der Textgestaltung entwickelt: nämlich *Textsorten.* In einer Textsorte wird eine Form der Textgestaltung immer wieder in ähnlicher Weise wiederholt – weil sie sich in einer bestimmten Art von Kommunikationssituation bewährt hat.

Textsorten und Kommunikationssituationen hängen also eng zusammen. Dies lässt sich zum Beispiel bei journalistischen Textsorten gut erkennen. In einer Nachricht geht es zum Beispiel darum, über ein bestimmtes, aktuelles Geschehen zu informieren. Dies wirkt sich auch auf die Textgestaltung aus: Informationen sollen möglichst schnell und klar zur Verfügung stehen.

Es wird sachlich informiert, ohne Ausschmückungen oder allzu viele Details. Das Wichtigste steht schon am Anfang, es wird auf wenig Raum gesagt, *wer was wann* und *wo* getan hat, es werden die sogenannten W-Fragen beantwortet, möglichst viele davon schon im ersten Satz. Ungefähr so:

Attentat verhindert, Täter gefasst

Vergangenen Sonntag haben die Sicherheitskräfte von Syrakus in den Gemächern des Monarchen Dionys einen bewaffneten Eindringling aufgegriffen. Der 20-Jährige hatte unter seinen Gewändern einen Dolch versteckt und erklärte, er habe den Herrscher erstechen wollen, um „die Stadt vom Tyrannen zu befreien“.
Der geständige Attentäter wurde auf der Stelle verhaftet. Im Falle einer Verurteilung droht ihm die Todesstrafe durch Kreuzigung. Dionys blieb unverletzt und wird dem Prozess beiwohnen.

Kommt Ihnen an dieser „Nachricht“ etwas seltsam vor? Vielleicht auch seltsam bekannt, nur aus einem anderen Kontext? Möglicherweise kennen Sie die Szene eher aus der ersten Strophe von Friedrich von Schillers Ballade „Die Bürgschaft“.

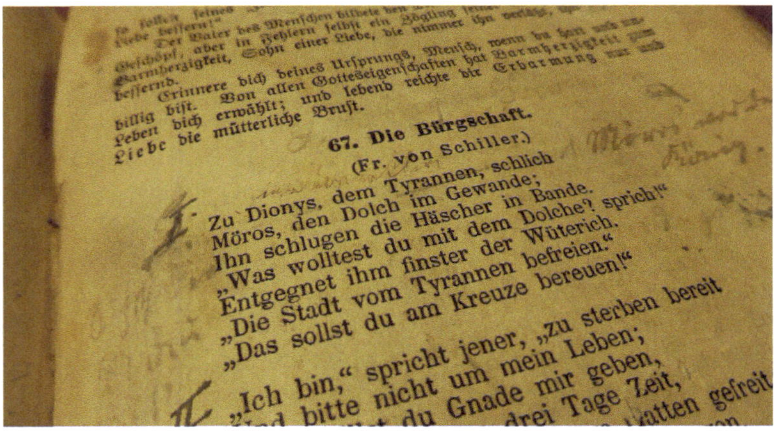

67. Die Bürgschaft.
(Fr. von Schiller.)

Zu Dionys, dem Tyrannen, schlich
Möros, den Dolch im Gewande;
Ihn schlugen die Häscher in Bande.
„Was wolltest du mit dem Dolche? sprich!“
Entgegnet ihm finster der Wüterich.
„Die Stadt vom Tyrannen befreien!“
„Das sollst du am Kreuze bereuen!“

„Ich bin,“ spricht jener, „zu sterben bereit
bitte nicht um mein Leben;
du Gnade mir geben,
drei Tage Zeit,

Abb. 51: Friedrich von Schiller: „Die Bürgschaft“ (Foto: pixabay); Anm.: Hier heißt der verhinderte Attentäter „Möros“, in späterer Überlieferung ist er eher unter dem Namen „Damon“ bekannt.

Das Geschehen, das Schiller hier schildert, lässt sich also offensichtlich – spielerisch – auch einigermaßen als Nachricht darstellen, selbst wenn manches an diesem Geschehen etwas „aus der Zeit“ und damit auch nicht sehr aktuell wirkt.

Mit deutlich mehr Details – und noch viel Recherche und Zusatzinformation – könnte das Geschehen auch Ausgangspunkt für eine Reportage sein. Dann würden szenische Passagen (zum Beispiel ein Gespräch mit dem Attentäter, in dem er berichtet, was er getan hat und warum) und Passagen mit Hintergrundinformationen (zum Beispiel über die Herrschaftsform in Syrakus) einander abwechseln. Dieser wiederholte Fokuswechsel zwischen Szenen und Hintergrundinformationen ist typisch für Reportagen.

Es könnte aber auch das Interview mit dem Attentäter im Mittelpunkt stehen und als solches in einer Zeitung erscheinen. Abseits der journalistischen Textsorten ließe sich die Geschichte vielleicht in eine Kurzgeschichte umwandeln. Oder in ein Märchen. Zum Beispiel ungefähr so:

Der Jüngling und der König

Es war einmal ein grausamer König, der verbreitete Angst und Schrecken über die Stadt. Niemand wagte ihm auch nur in die Augen zu sehen, und die Menschen machten einen großen Bogen um den Palast. Zur gleichen Zeit wuchs in derselben Stadt ein schöner, mutiger Jüngling heran. Der fasste sich eines Nachts ein Herz, verbarg einen Dolch unter seinem Wams und schlich in die königlichen Gemächer, den bösen König zu töten. Doch oh weh! Die Häscher des Königs fassten ihn und warfen ihn in den finstersten Kerker. Und wenn er nicht gekreuzigt wurde, schmachtet er dort noch heute.

In Textsorten geht es also einerseits um unterschiedliche Formen der Darstellung, andererseits um unterschiedliche Kommunikationsziele. Dies betrifft schon die Auswahl der Informationen, und auch im Aufbau und in der sprachlichen Gestaltung unterscheiden sich die Texte stark voneinander. Je nach Gestaltung ändert sich die Wirkung der Texte.

Bei schriftlichen Texten spielt die sprachliche Gestaltung zusammen mit ihrer optischen Wirkung: mit der Typografie, also der Wahl von Schriftschnitten, mit dem Zeilenumbruch, der Anordnung der Elemente auf einer Seite und mit anderen Elementen der grafischen Umsetzung. Die (typo)grafische Gestaltung von Texten hat starke Auswirkungen auf Lesbarkeit, Verständlichkeit und die Interpretation von Texten. So werden Inhalte als schwieriger oder komplizierter wahrgenommen, wenn sie in schwer lesbarer Schrift gesetzt sind oder Elemente auf einer Seite unübersichtlich angeordnet sind. Auch die optische Gestaltung beeinflusst also, wie Texte verstanden werden.

Bei mündlichen Texten gilt Ähnliches für die akustische Umsetzung, also für die Art und Weise, wie der Text klingt und wie er vorgetragen wird. Auch hier spielt, wie wir später noch genauer ausführen werden, unsere Sozialisierung eine Rolle. Texte sind in ihrer (typo)grafischen oder akustischen Gestaltung nicht *an sich* schwer oder leicht verständlich, sondern werden von uns schwerer oder leichter verstanden, je nachdem, was wir gewohnt sind (zum Beispiel welche Akzente uns vertraut sind) und was für uns neu und ungewohnt ist.

Welche Formen der Textgestaltung jeweils *funktionieren*, welche die Kommunikation unterstützen (und welche sie eher behindern würden), hängt auch davon ab, welche Funktion ein Text in einer bestimmten Kommunikationssituation erfüllen soll.

Wenn ein Text auf eine bestimmte Weise gestaltet ist, dann weckt das auch Erwartungen bei der *Rezeption*, also zum Beispiel beim Hören oder Lesen. Diese Erwartungshaltung kann durch bestimmte sprachliche Marker ausgelöst werden: Wenn ein Text mit „Es war einmal ..." beginnt, dann erinnert uns das zum Beispiel an Märchen. Märchen können zwar auch ganz anders beginnen, etwa „In einer fernen Stadt ..." oder „Ein Mann hatte drei Töchter ..." – aber der Textbeginn mit „Es war einmal ..." hat sich als *typisch* eingeprägt für die Textsorte Märchen, ebenso wie wir als typischen Abschlusssatz wahrscheinlich diesen im Kopf haben: „Und wenn sie nicht gestorben sind, dann leben sie noch heute."

Wenn ein Text mit „Es war einmal ..." beginnt und uns das an Märchen erinnert, dann erwarten wir, dass in dem Text eine erfundene Geschichte erzählt wird. Wir erwarten bestimmte Figuren wie Hexen, Feen, Zwerge, Könige und Prinzessinnen, aber eher keine Management-Berater*innen, Fließbandarbeiter*innen oder Sportminister*innen.

Genau dadurch, dass die Textgestaltung solche Erwartungen weckt, steuert sie auch die Rezeption mit. Die Erwartungen basieren darauf, dass wir frühere Erfahrungen mit ähnlichen Texten gemacht haben und dass wir dann beim Lesen oder Hören auf diesen Erfahrungen aufbauen und die neue Erfahrung *einordnen*. Wir suchen also etwas Bekanntes im Unbekannten, Neuen. Und das Bekannte kann ein solches Textmuster sein.

Wenn im ersten Satz eines Texts recht sachlich und knapp gesagt wird, wer was wann wo gemacht hat, dann erinnert uns das an ähnliche Texte, in denen das auch so gewesen ist und wir erkennen einen solchen Anfang als typisch für eine Nachricht.

Der Umgang mit Texten, das Verstehen von Texten, das Erkennen von Textmustern hat also auch mit Sozialisierung zu tun: Wenn wir Erfahrungen in Kommunikationsräumen und Diskursgemeinschaften, also in Kulturen sammeln, sammeln wir gleichzeitig auch Erfahrungen mit Texten, Textsorten und Stilmitteln. Wir erkennen Wetterberichte, Gebrauchsanweisungen, Nachrichten, Balladen oder Romane, wenn wir sie sehen.

Wir haben gesehen, dass die Texte, die einer Textsorte angehören, gewisse Gemeinsamkeiten haben (die mehr oder weniger offensichtlich sein können). Die Art und Weise, wie Texte gestaltet sind, gibt Hinweise darauf, wie sie zu verstehen sind. Diese Hinweise verstehen wir, wenn wir bereits mit ähnlichen Texten zu tun gehabt haben.

Wir erkennen einen Text als „Nachricht“, wenn wir bereits andere Nachrichten kennen – und wir erwarten dabei seriöse, ernst gemeinte Berichterstattung. Damit spielen zum Beispiel Satiremagazine wie die österreichische „Tagespresse“: Da werden „Nachrichten“ gebracht, die sehr „echt“ aussehen und reale und erfundene Inhalte geschickt kombinieren. Genau dadurch entsteht die witzige Wirkung – die wir aber nur dann verstehen, wenn wir nicht auf die Satire „hereinfallen“ (indem wir die Nachricht irrtümlich für wirklich „echt“ halten). Auch das deutsche Satiremagazin *Titanic* arbeitet zuweilen mit „gefakten“ Texten, um Leichtgläubigkeit aufzuzeigen oder komische Wirkungen zu erzielen.

Wir sehen, Textsorten sind nicht einfach „Schubladen“, in die wir Texte sortieren können, sondern hängen vielschichtig zusammen, ähnlich wie wir das schon bei Kulturen diskutiert haben. Texte können in andere Texte eingebettet sein, es kann in einem Textmuster auf ein anderes angespielt werden. In der Werbung ist das zum Beispiel sehr beliebt. Ein Werbespruch wie „Man nehme Dr. Oetker“ spielt etwa an auf Kochrezepte, die mit „Man nehme ...“ beginnen und dann die Zutaten aufzählen. Dabei spielt es keine Rolle, dass das eigentlich eine ganz veraltete Form für Kochrezepte ist, die in aktuellen Rezepten gar nicht mehr vorkommt. Es geht nur darum, dass wir bei einer Form wie „man nehme“ an ein Kochrezept *denken*. Und das funktioniert nach wie vor.

Umgang mit Konventionen

Wenn wir professionell mit Texten in der Transkulturellen Kommunikation arbeiten möchten, ist noch ein anderer Aspekt wichtig: Es reicht nicht, dass wir Textsortenhinweise intuitiv erkennen und Texte aus ihrer Kommunikationssituation heraus verstehen, sondern wir müssen Texte *auch selbst* so gestalten können, dass *andere* diese Hinweise erkennen und die Texte so verstehen, wie sie gemeint sind.

Wenn wir aber selbst einen solchen Text verfassen möchten, dann müssen wir genauer verstehen, *wie* Texte funktionieren: Wie bestimmte Textmuster aufgebaut sind, wie sie wirken, welche sprachlichen Mittel üblicherweise verwendet werden. Damit wir professionell mit Texten umgehen können, müssen wir also mehr über Texte wissen.

Wenn wir selbst eine Nachricht schreiben wollen, müssen wir uns erst darüber klar werden, was eine Nachricht überhaupt zu einer Nachricht macht. Dafür müssen wir wissen, wie Nachrichten typischerweise aufgebaut sind, und welche sprachlichen Mittel eingesetzt werden, zum Beispiel welche Zeitformen an welchen Stellen verwendet werden.

Ist Ihnen beim Lesen aufgefallen, dass der erste Satz der „Syrakus-Nachricht" im Perfekt steht und nicht im Präteritum? Dies ist typisch für Nachrichten, weil das Perfekt zwar abgeschlossen, aber recht unmittelbar und dadurch „aktuell" wirkt. Normalerweise achten wir auf so etwas beim Lesen oder Hören aber gar nicht. Es würde uns erst auffallen, wenn wir es als *ungewöhnlich* empfinden – oder wenn wir einen Text analysieren, weil wir selbst einen ähnlichen Text verfassen sollen, zum Beispiel in einem Praktikum bei einer Zeitung im Rahmen des Publizistikstudiums.

Wenn die Aufgabe darin besteht, Nachrichten für die Zeitung zu verfassen, dann müssen wir nicht nur inhaltlich recherchieren, was geschehen ist und was berichtet werden soll, sondern uns auch damit auseinandersetzen, was eine Nachricht zu einer Nachricht macht. Oder wie man eine Ausstellungskritik, eine Filmkritik oder eine Buchrezension verfasst. Welche Informationen im Fließtext stehen sollen und welche wahrscheinlich in einem eigenen Kasten oder Absatz am Ende des Texts zusammengestellt werden (zum Beispiel die Adresse und die Öffnungszeiten der Galerie, in der die Ausstellung stattfindet, die Film-Credits oder die vollständigen Angaben zu Autor*innen, Buchtitel, Ort, Verlag, Seitenzahl und eventuell auch ISBN-Nummer und Preis des Buchs).

Wenn wir uns aus einer solchen Perspektive mit Textsorten auseinandersetzen, geht es nicht um das Ungewöhnliche, sondern vielmehr um das Gewöhnliche, das Übliche, das Typische, das *Konventionelle* also. In diesem Sinne sprechen wir auch von *Textsortenkonventionen* und meinen damit die Art und Weise, wie Texte einer bestimmten Textsorte *normalerweise* gestaltet sind.

Das bedeutet aber nicht, dass Textsortenkonventionen bei jedem einzelnen Exemplar einer Textsorte immer gleichermaßen eingehalten werden. (Ein Beispiel für einen *unkonventionell* gestalteten Text hatten wir in der Todesanzeige „Pfiati, Franzl" in Teil I.)

Es kann unterschiedliche Gründe geben, Texte bewusst unkonventionell zu gestalten. Denn Textsorten sind nicht die einzige Kategorie, die uns interessiert, wenn wir uns mit Texten auseinandersetzen. Es geht auch um andere Aspekte der Kommunikationssituation. Manche dieser Aspekte haben mit *individuellen* Besonderheiten der Kommunikationssituation zu tun: Zum Beispiel spielt bei „Pfiati, Franzl" wahrscheinlich eine Rolle, was „Franzl" für ein Mensch war, was ihm gefiel und wie er selbst zu Konventionen gestanden ist.

Andere Aspekte betreffen *überindividuell* sehr viele Kommunikationssituationen. Wir haben bereits angesprochen, dass Texte in Kommunikationssituationen bestimmte *Funktionen* erfüllen: Soll mit einem Text informiert werden (wie in einer Nachricht), soll jemand einen Eindruck davon bekommen, was uns in der Ausstellung, im Kino oder beim Lesen erwartet (wie bei Kritiken und Rezensionen) oder von etwas überzeugt werden (wie in einer politischen Rede)? Oder geht es um Unterhaltung und/oder Kunstgenuss (wie in einem Roman)?

Domänen

Ein weiterer Aspekt, der bei der Textgestaltung wichtig ist, ist der Verwendungsbereich eines Texts. Solche Verwendungsbereiche werden auch *Domänen* genannt. Wissenschaft, Journalismus, Recht oder Wirtschaft sind Beispiele für solche Domänen. Diese Verwendungsbereiche sind dabei als recht offene Kategorien zu denken: Es gibt keine von vornherein fixierte Menge oder bestimmte Anzahl von Domänen, denen Texte zugeordnet werden, sondern es können – ausgehend von konkreten Texten – verschiedene Perspektiven auf Domänen eingenommen werden.

Sehen wir uns zum Beispiel die Texte an, die auf Gebots- oder Verbotsschildern zu lesen sind, dann fällt uns auf, dass es um bestimmte Situationen geht, die in einer Domäne öfter vorkommen als in einer anderen. „Betreten der Baustelle verboten. Eltern haften für ihre Kinder." ergibt nur Sinn, wenn es auch eine Baustelle gibt; das sind typische Formulierungen von Verbotsschildern in der Bauwirtschaft.

Wenn wir uns wiederum Gebots- oder Verbotsschilder auf einem Ausflugsschiff oder einer Fähre ansehen, stellen wir fest, dass sie oft Fahrgäste darüber informieren, was sie zu ihrer eigenen Sicherheit tun oder unterlassen sollen. Je nachdem, welche Perspektive wir auf diese Texte einnehmen, können wir sie der Domäne Schifffahrt zuordnen oder der Domäne Kund*innen-Kommunikation oder auch noch viel allgemeiner der Domäne Wirtschaft.

Domänen sind also nicht von vornherein festgelegt. Sie sind aber auch nicht beliebig. Wir werden wahrscheinlich einig sein, dass wir die Gebots- und Verbotsschilder auf dem Schiff nicht der Domäne Wissenschaft oder Journalismus oder Privates zuordnen würden.

Domänen sind grob gefasste Verwendungsbereiche von Texten, die uns dabei helfen, Kommunikationssituationen einzuordnen. Sie sind flexible Orientierungshilfen und keine starren Kategorien.

Medien

Natürlich spielen bei Texten auch mediale Aspekte eine Rolle. Für die Textgestaltung ist es wichtig, zu wissen, über welches *Medium* der Text übertragen wird: Ob er zum Beispiel gedruckt werden, im Radio gesendet oder am Smartphone gelesen werden soll.

Abb. 52: Texte online und offline (Foto: pixabay)

Abb. 53: Text und Medium (Foto: pixabay)

Texte müssen dabei nicht auf nur ein Medium beschränkt sein, sondern können auch multimedial (zum Beispiel über Bild und Ton) oder multimodal (zum Beispiel in Text-Bild-Raum-Ton-Kombinationen) präsentiert werden. Komplexere Computerspiele sind zum Beispiel auf diese Weise multimodal. Es müssen Textelemente, Symbole, Bildelemente, räumliche „Architektur“ und Interaktionsmöglichkeiten aufeinander abgestimmt werden.

Im Journalismus bezieht sich die Frage nach dem Medium wiederum häufig sehr viel spezifischer auf eine bestimmte Zeitung, einen bestimmten Fernseh- oder Radiosender oder ein bestimmtes Online-Magazin. So haben Zeitungen etwa bestimmte „Blattlinien" im Sinne einer Corporate Identity, die bestimmt, wofür die Zeitung steht und welche Zielgruppe sie ansprechen möchte. Eine Zeitung kann sich dabei nicht nur als Qualitätszeitung oder als Boulevardzeitung positionieren, sondern auch eine gewisse politische Einordnung oder Weltanschauung kommunizieren.

Dies steuert auch die Erwartungshaltung der Leser*innen mit: In einem Artikel der *Zeit*, der *FAZ*, der *Neuen Zürcher Zeitung* oder dem *Falter* wird jeweils eine spezifische Perspektive und Tiefe der Recherche erwartet, die sich sicherlich von jener unterscheidet, die von Zeitungen wie der *Bild*, der *Krone* oder einer Gratiszeitung in der U-Bahn erwartet wird.

Textwirkung

Wie ein Text auf uns wirkt, wie ernst wir ihn nehmen, aber auch wie verständlich er ist, hängt also nicht nur vom Text selbst, sondern von einer ganzen Reihe von Faktoren ab: von seiner Rolle in einer Kommunikationssituation, von der medialen Präsentation, der Verwendung in der Domäne, der Beziehung zwischen den Kommunikationspartner*innen.

Texte sind in der Regel für bestimmte Situationen und Zielgruppen verfasst worden – und dann in anderen Situationen und für andere Zielgruppen möglicherweise weniger gut verständlich. Um eine Gesetzesauslegung und seine Anwendung auf einen bestimmten Fall verstehen zu können, müssen wir die Gesetze kennen, auf die sich die Auslegung bezieht, und etwas über den Fall wissen, der behandelt wird. Wir müssen also sowohl juristisch vorgebildet als auch über einen bestimmten Sachverhalt informiert sein.

Wenn wir ein politisches Kabarett verstehen möchten, dann müssen wir die Personen und Ereignisse kennen, um die es geht – sonst werden wir es wahrscheinlich nicht witzig finden. Und auch bei den „Nachrichten" in der „Tagespresse" oder der „Titanic" müssen wir über das aktuelle politische Geschehen (im deutschsprachigen Raum) Bescheid wissen, damit wir verstehen können, worüber sich das Satiremagazin lustig macht.

Wie Texte auf uns wirken und wie wir sie verstehen, hängt also auch davon ab, ob wir zu der Zielgruppe gehören, für die die Texte verfasst worden sind (oder inwiefern wir uns in diese Zielgruppe hineinversetzen können) – und wie viel wir über die Kommunikationssituationen und die kulturellen Kontexte der Texte wissen, in denen sie verankert sind. Textwirkung und Verständlichkeit sind also immer aus einer bestimmten Kommunikationssituation heraus zu beurteilen.

Wenn sich die Kommunikationssituation ändert, wenn sich die Zielgruppe ändert, dann muss sich auch der Text ändern, damit er weiterhin funktioniert und verständlich bleibt. Darauf werden wir in den nächsten Kapiteln noch genauer eingehen.

Auf den Punkt gebracht

1. Es gibt keine einheitliche Definition von „Text".
2. Texte erfüllen eine kommunikative Funktion, sie sind in Kommunikationssituationen verankert.
3. Es gibt schriftliche und mündliche Texte.
4. In Texten spielen nicht nur sprachliche, sondern auch nicht-sprachliche Elemente eine Rolle.
5. Textsorten sind Gruppen von Texten, die gemeinsame Merkmale teilen.
6. Die Gestaltung von Texten in Textsorten gibt Hinweise darauf, wie ein Text zu verstehen ist.
7. Die professionelle Gestaltung von Texten ist auf bestimmte Kommunikationssituationen, Domänen, Medien, Textsorten und Zielgruppen hin ausgerichtet.

Zum Weiterdenken und Vertiefen

1. Stellen Sie sich vor, Sie möchten eine Party geben und die Einladung in Form eines Beipackzettels für ein Medikament gestalten. Überlegen Sie:
   a. Wie heißt das „Medikament" ihrer Party? Gegen welche „Krankheit" soll es helfen? Wie wirkt es – und welche möglichen Nebenwirkungen sind zu beachten?
   b. Verfassen Sie nun die Einladung und nehmen Sie einen echten Beipackzettel als Hilfestellung dafür.
2. Ein Beispiel aus der Domäne Schifffahrt – und Kund*innenkommunikation: Wie wirkt die folgende Anweisung auf dem „Fähri" in Basel auf Sie?
   a. Versuchen Sie die Wirkung in der Kommunikationssituation zu beschreiben: Wer wird wie angesprochen? Was sagt dies über das

Verhältnis der Kommunikationspartner* innen aus? Und über den Ton, in dem die Kommunikation stattfindet?

b. Suchen Sie Bilder von Verbotsschildern auf anderen Fähren im Internet: Wie unterscheiden sie sich von dem Schild auf dem „Fähri" in Basel?

Liebe Fahrgascht so due doch warte
bevor Du ussezue duesch starte.
Denn zerscht hebt dir mit feschten Griff
dr Fährimaa das wacklig Schiff.
(Und d Fährifrau, die macht das au.)

Abb. 54:„Fähri" über den Rhein in Basel (Foto: SD)

3. Welche Zeitungen lesen Sie?
   a. Blättern Sie eine Zeitung durch und sehen Sie sich an, welche journalistischen Textsorten sie enthält.
   b. Welche Texte können Sie gut einer bestimmten Textsorte zuordnen, bei welchen ist es schwieriger? Und warum?

2 Text und Interpretation

Texte, ob geschrieben oder gesprochen, sind grundsätzlich als Teil des Kontinuums der menschlichen Kommunikation zu sehen. Ein Plakat, ein Tweet, eine Erinnerung von Siri – alle diese Texte werden produziert, um irgendwie, irgendwann, von Menschen wahrgenommen zu werden. Sogar ein Nachrichtenaustausch von einem Computerprogramm zu einem anderen hängt schließlich mit menschlicher Wahrnehmung zusammen und ist im Kontext der zwischenmenschlichen Kommunikation zu verorten. Die Analyse und Auswertung unseres Suchverhaltens bei Google zum Beispiel wird unterschiedlichen Unternehmen und Organisationen zugänglich gemacht, damit diese sich mit uns mittels auf uns zugeschnittener Werbung und anderer „Informationen" in Verbindung setzen können. Außerdem sind auch Computerprogramme von Menschen entwickelt worden, um spezifische Kommunikationsabläufe zu ermöglichen bzw. zu lenken. Ein Computerprogramm, geschrieben in einer Programmiersprache, ist also auch ein Text. Und wie jede Äußerung wird ein Text, der von Computern verstanden wird, auch interpretiert. In diesem Fall ist die Interpretationsbasis insofern „ausgelagert", als sie von Menschen vorgegeben ist.

Texte als Elemente der Kommunikation, die immer in einer Kommunikationssituation wahrgenommen werden, wirken nicht immer gleich. Die Wirkung ändert sich mit der Situation. Texte besitzen keine fixe Bedeutung. Auch beim Kommunikationsakt, den wir *Text* nennen, gilt also die Frage: Was bedeutet der Text für *dich*, für *mich*, für *andere* …? Wie bei anderen Kommunikationsprozessen gilt in Bezug auf jeden Text die Feststellung: Die Bedeutung kommt von uns. In der Sprach- und Translationswissenschaft sprechen wir im Kontext der Generierung einer situationsspezifischen Bedeutung vom *Sinn* einer Äußerung, eines Textes. Was wir verstehen, ist also der Sinn eines Textes. Wie entsteht nun dieser Sinn? Und was gehört alles dazu?

Ser geerte Frau C.,
Ich werde ncsten Dienstag eine Studieren robieren Veranstaltun leiten und würde im Rahmen dieser gerne anschließend in Ihre Vorlesung kommen. Ich würde die Schüler etwa ab MItte der LV in den Höhrsaal bringen.
Ich wollte mir dazu Ihr Einverständnis holen und fragen, ob eh kein Test oder dergleichen stattfindet.
Mit freundlichen Grüßen V.K.

Wie reagieren Sie auf den obigen Text? Vermutlichen stellen Sie zuerst einmal fest, dass er nicht an Sie adressiert ist. Sie lesen den Text als Außenstehende* r.

Wenn wir einen Text lesen, fragen wir uns als Erstes: Hat das etwas mit mir zu tun? Jede* r ist für sich der Mittelpunkt der Kommunikation. Dies hat nichts mit Egoismus zu tun, sondern entspringt dem Grundbedürfnis aller Lebewesen, das wir bereits in Teil I diskutiert haben: Wir alle wollen uns in der Welt auskennen, wollen wissen, woran wir sind. Deswegen stellen wir ganz spontan (und daher meist unbewusst) die Frage: Was hat das mit mir zu tun? Ist es für mich relevant, wichtig, amüsant ...? Und je nachdem, wie oder *ob* der Text für uns wichtig erscheint, reagieren wir anders. Wir *beziehen* uns anders auf ihn. Und verstehen ihn daher auch anders. Die oben besprochene Textrezeption können wir also als eine *Beziehung* bezeichnen.

Kehren wir zum obigen Text zurück. Sie stellen fest, dass nicht Sie „gemeint" sind. Sie leiten keine Vorlesung und sind auch nicht dazu verpflichtet, die E-Mail zu beantworten. Sie haben einen ganz anderen Bezug zur E-Mail als die Professorin, die sie bekommen hat.

Womöglich fällt Ihnen auf, dass die Rechtschreibung fehlerhaft ist. Oder dass der umgangssprachliche Stil „ob eh kein Test stattfindet" nicht ganz angebracht ist. Denn „eh" gehört eher zur informellen, gesprochenen Kommunikation als zur formellen, schriftlichen. Welche Relevanz hat nun die Feststellung der fehlerhaften Orthografie oder des saloppen Stils? Die Relevanz liegt in der Beziehung.

Die Beziehung wird von den Faktoren konstituiert, die wir schon oben kennengelernt haben: Wer schreibt (spricht) wie, wann, wozu, (mit) wem?

Der Text ist als E-Mail an eine Professorin adressiert, die an einer österreichischen Universität eine Vorlesung hält. Die Textproduzentin (Frau V. K.) ist der Professorin (Frau C.) unbekannt. Frau V.K. will etwas von der Professorin. Die Textfunktion ist also eine Bitte um einen Gefallen. Für solche gelten gewisse Konventionen, die für ein Gelingen der Kommunikation – die Genehmigung, die Vorlesung mit einer Gruppe zu besuchen – zu berücksichtigen wären.

In diesem Kontext wäre die wichtigste Konvention die der *Höflichkeit.* Die im Deutschen vorherrschende Konvention bezüglich des Bittens um einen Gefallen schreibt einen respektvollen und eher bescheidenen Ton vor.

Auch bezüglich der Beziehung der beiden Akteur* innen in der Kommunikationssituation gelten die Konventionen der Höflichkeit. Zwei einander unbekannte Personen pflegen, vor allem schriftlich, einen viel formelleren

Stil als Personen, die einander (gut) kennen. Fügt man den Status dazu – Universitätsprofessorin –, der sich auch auf die Erwartungshaltung und die Beziehung auswirkt, gewinnt das Erfordernis der Höflichkeit und deren textueller Ausdruck hochgradige Relevanz für die Gestaltung der Beziehung zwischen Frau V.K. und Frau C.

Aufgrund dieser Konventionen und der entsprechenden Erwartungen seitens der Textrezipientin erreicht der Text nicht ganz die erwünschte Wirkung. Die orthografischen Unregelmäßigkeiten werden als Flüchtigkeitsfehler interpretiert. Dies wiederum wird als mangelnde Bereitschaft der Textproduzentin interpretiert, Zeit in die adäquate Gestaltung der E-Mail zu investieren. Weiter hat es die Textproduzentin verabsäumt, sich vorzustellen, was, gekoppelt mit der informellen Lexik („eh“) dem Text einen informellen Ton verleiht, der angesichts des realen Verhältnisses der beiden Kommunikationspartner*innen fehl am Platz ist. Auch die Annahme, eine unbekannte Gruppe könnte die Vorlesung „ab etwa Mitte der Lehrveranstaltung“ stören, stellt eine angesichts der tatsächlichen Beziehung ungerechtfertigte Annahme dar.

Insgesamt wirkt der Text aus der Perspektive der Professorin anmaßend und daher auch irritierend. Die Textproduktion wirkt auf die Textrezeption. Beide sind wiederum in eine gesellschaftliche Hierarchie eingebettet, die weitgehend die wahrgenommene Beziehung prägt.

Wir können uns jetzt auch überlegen, wessen Perspektive Sie als Leser* in dieser Textanalyse einnehmen. Verstehen Sie die Reaktion der Professorin? Denken Sie, Sie wären auch irritiert, an ihrer Stelle eine solche E-Mail zu bekommen?

Oder sind Sie eher der Meinung, die Textproduzentin hätte es „nicht so gemeint“? Es ist ja nicht so wichtig, die Höflichkeitskonventionen zu berücksichtigen – wir wissen ja, was gemeint ist; man sollte es nicht gegen Frau V. K. halten, dass sie sich bei solchen Dingen nicht auskennt, es ist eigentlich ziemlich erfrischend, wenn die Leute eher informell schreiben ... etc.

Es ist auch möglich, dass Sie beide „Seiten“ verstehen, beide Perspektiven anerkennen und rechtfertigen können. Es wäre sogar denkbar, dass Frau C. und Frau V.K. die jeweils „andere“ Seite verstehen könnten, wenn sie sich Zeit dafür nehmen würden.

Wir sehen an diesem Beispiel nicht nur, wie ein Text auf unterschiedliche Weise interpretiert wird. Wir sehen auch, wie die Interpretation von der Beziehung der Kommunikationspartner*innen sowohl zueinander als auch zum sozio-kulturellen Kontext abhängt.

Schließen wir aus der bisherigen Analyse, dass die Kommunikation fehlgeschlagen ist? Hat die Professorin die Mitteilung missverstanden? (Wir nehmen ja an, dass Frau V.K. die Lehrende nicht absichtlich ärgern wollte.) Um diese Frage zu beantworten, wird es notwendig sein, auch die zeitliche Bedingtheit der Kommunikationssituation zu betrachten. Frau C. hat die E-Mail zwei Tage vor der angesprochenen Vorlesung erhalten. Sie hatte viel zu tun, unzählige E-Mails zu lesen und zu beantworten und, wie so oft, zu wenig Zeit, um zu viel zu erledigen. In diesem Kontext und in der dadurch bedingten emotionalen Verfassung wirkt der Mangel an Höflichkeit besonders irritierend. Auf der anderen Seite ist Frau C. auch Lehrende, die verstehen kann, dass Kommunikation nicht immer so ankommt, wie man „es meint". Es wäre außerdem gut, wenn Schüler*innen sich für das Studium interessieren könnten etc. Die Irritation bleibt; die intendierte Botschaft kommt aber dennoch an und Frau V.K. wird mitgeteilt, ein Besuch der Vorlesung (von Beginn an) wäre möglich.

Hat Frau V.K. ihre Botschaft *adäquat* vermittelt? Hat Frau C. die Botschaft *richtig* verstanden? Ist die Kommunikation *gelungen*?

Wenn wir die Wirkung eines Textes daran messen, was er be-*wirkt*, stellen wir fest, dass *Wirkung* kein absoluter Wert ist, sondern differenziert betrachtet werden muss. Ein Text kann eine Handlung bewirken, eine Emotion (oder mehrere) hervorrufen, eine Einstellung ändern oder initiieren ... oder alle diese Wirkungen gleichzeitig aktivieren.

Mit einer Nachricht wird, wie wir bereits gesehen haben, meist Information vermittelt. Nachrichten sind aber nicht frei von ideologischen Positionen, die damit zusammenhängende Emotionen implizit aktivieren:

**Afghane sticht auf
16-jährige Nadine ein**

Abb. 55: Implizit emotionalisierende Schlagzeile (Grafik: CTL)

Ein anderes Beispiel: Mit einer Geburtsanzeige wird sowohl Information als auch Emotion vermittelt. Die gewünschte Wirkung, Freude zu teilen oder mitzuteilen, wird dabei explizit gemacht.

Isabel

Mit großer Freude geben wir die Geburt
unserer Tochter Isabel bekannt.

Abb. 56: Geburtsanzeige: expliziter Ausdruck von Emotionen (Grafik: CTL)

Im folgenden Text wird an Emotionen appelliert, um eine Handlung zu bewirken. Es handelt sich um die Aufforderung, Geld für ein Kinderheim zu spenden. Der zweisprachige Text erscheint auf einer Spendenbox, die nach der Sicherheitskontrolle am Flughafen von Bratislava aufgestellt ist.

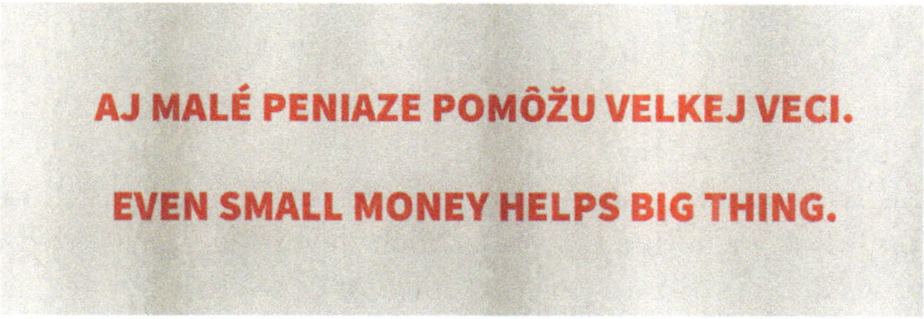

AJ MALÉ PENIAZE POMÔŽU VELKEJ VECI.

EVEN SMALL MONEY HELPS BIG THING.

Abb. 57: Nachstellung einer Spendenbox in Bratislava (Grafik: CTL)

An diesem Text sehen wir, dass die Wirkung nicht vorrangig von sprachlicher Korrektheit abhängt. Man könnte sogar argumentieren, dass die sprachliche Unbeholfenheit des englischen Texts den emotionalen Effekt steigert, weil sie etwas kindlich wirkt und so unbewusst an die Hilfsbedürftigkeit der Kinder in den Kinderheimen erinnert.

Auch bei einer ganz anderen Art von Text, wie zum Beispiel bei einem Bewerbungsschreiben, kann es um die Vermittlung von Informationen gekoppelt mit emotionaler Motivation zu einer spezifischen Handlung gehen: Qualifikationen und Eignung für die jeweilige Arbeit sollen die Leser*innen davon überzeugen, dass der*die Bewerber*in die am besten geeignete Person für die Stelle ist. Die gewünschte Handlung wäre dann eine Einladung zu einem Bewerbungsgespräch bzw. die Vergabe des Auftrags oder der Stelle.

Im Falle der Kommunikation zwischen Frau V.K. und Frau C. hatte der Text sowohl eine erwünschte als auch eine unerwünschte Wirkung. Der

Besuch der Vorlesung wurde genehmigt; somit wurde das Hauptkommunikationsziel erreicht. Allerdings empfand die Textrezipientin beim Lesen des Textes auch Irritation und es blieb ein Eindruck der Unhöflichkeit und Schlampigkeit. Da wir davon ausgehen können, dass dies nicht beabsichtigt, also nicht Teil des Kommunikationsziels war, wäre der Text in dieser Hinsicht als misslungen zu bezeichnen. Sofern Frau V.K. keine weitere Kommunikation mit Frau C. pflegen will, ist diese Dimension der Textwirkung nicht sehr wichtig. Wenn aber die Textproduzentin mehr oder näheren Kontakt zu Frau C. wünscht, könnte die „unerwünschte Nebenwirkung" zu einer Hauptwirkung werden und nach mehrmaligem Auftreten allmählich zu einer Kommunikationspanne führen. Sogenannte „Kleinigkeiten" können somit im Laufe eines längeren Kommunikationsprozesses eine kumulativ negative (oder positive) Dynamik gewinnen.

Kommunikation ist ein bilateraler Prozess. Die Textproduktion prägt weitgehend – aber nicht ausschließlich – die Textrezeption. Diese hängt ja auch von der sozio-kulturellen Hierarchie der kommunizierenden Personen sowie von deren individueller persönlicher Beziehung ab.

Ein Text *ist* nicht, sondern *wird* zu dem, was der*die Textrezipient*in daraus macht. Und dies wiederum ist maßgeblich davon geprägt, welche Identität ihm*ihr verliehen wird. So gesehen entsteht der Sinn eines Textes aus Produktion und Rezeption.

Wenn wir Texte lesen oder hören, stiften wir Sinn auf Basis unserer Erfahrung mit anderen Menschen, mit anderen Texten (Konventionen, Textsorten) und mit uns selbst (zum Beispiel: Was erwarte ich? Was will ich erreichen?).

Die Analyse der E-Mail an die Professorin zeigt unter anderem die Rolle der empfundenen oder zugewiesenen Identität in der Textproduktion und -rezeption. Die Identität bestimmt weitgehend die wahrgenommene Hierarchie und dadurch auch die Erwartungen der Kommunikationspartner*innen in Bezug aufeinander. Was erwartet wird, ist wiederum in kulturell vorgegebene Interaktionsmuster eingebettet, die die mit der Textrezeption aktivierten Reaktionen und Handlungen steuern.

Die Identitätsfrage (Wer bin ich? Wer sind „die anderen"?) ist also ausschlaggebend für die (meist unbewusste) Positionierung zum textlichen Geschehen. Wenn ich mich zum Beispiel im Kontext der Universität als Student*in sehe und definiere, werde ich in meiner E-Mail-Korrespondenz mit der Studienvertretung (also mit anderen Studierenden) andere Ausdrücke wählen, einen anderen Ton (eher informell) anschlagen und mich grundsätzlich im Text anders positionieren, als wenn ich zum Beispiel dem Rektorat der Universität schreibe.

Ich werde andere Erwartungen haben in Bezug darauf, wie meine E-Mail ankommt, wie schnell ich eine Antwort erhalte, und wie man mich ansprechen wird (zum Beispiel duzen). Einige Tage auf eine Antwort vom Rektorat zu warten, würde wahrscheinlich angemessen erscheinen und eine raschere Rückmeldung würde mich überraschen und freuen. Von der Studienvertretung würden wir aber wahrscheinlich erwarten, dass sie sich etwas schneller meldet, und die „gleiche" Wartezeit wie beim Rektorat würde uns „lang" vorkommen. Die gefühlsmäßige Reaktion, die ja weitere Handlungen, Erwartungen und auch Textgestaltungsentscheidungen lenken wird, hängt also stark von der eigenen Positionierung ab.

Auch ein Gespräch würde entsprechend anders verlaufen. Und ob das Gespräch face-to-face (persönlich) stattfindet oder per Telefon, würde einen starken Einfluss auf die Auswahl der Textelemente haben, die (bewusst oder unbewusst) eingesetzt werden. (Wir werden auf die Spezifik der Face-to-Face-Kommunikation im nächsten Teil unseres Buchs näher eingehen.)

Wie wir uns im Kommunikationsgeschehen positionieren, beeinflusst also unsere Wahl der Textelemente, die unsere schriftliche oder mündliche Kommunikation gestalten. Wir können auch sagen: Die Beziehung bestimmt die Selektion im Prozess der Textgestaltung. Dabei werden nicht nur Wörter, grammatische Konstrukte (zum Beispiel: Wie oft verwenden Sie den Konjunktiv I im Gespräch mit Freund*innen auf Deutsch?) oder Tonfall gewählt. Auch Bilder, Farben, Emojis, Schriftgröße etc. tragen zur Beziehungswahrnehmung bei und werden wiederum von dieser beeinflusst.

Wenn wir zum Beispiel nach einem Einkauf im Supermarkt aufgefordert werden, durch das Drücken eines Smiley-Gesichts die Effizienz und Freundlichkeit des*der Kassierer*in zu bewerten, positionieren wir uns in Bezug auf die zu bewertende Person und auch in Bezug auf das Unternehmen, das von uns Feedback will.

Abb. 58: Beispiel für Feedback-Smileys (Grafik: ME)

Wenn wir uns mit den Mitarbeiter*innen identifizieren und Mitgefühl empfinden für Menschen, deren Arbeit ständig bewertet und kontrolliert wird, tätigen wir 🙂. Wenn wir einen schlechten Tag haben, so schnell wie möglich unsere Einkäufe erledigen wollen und ein paar Minuten an der Kassa warten mussten, drücken wir wahrscheinlich eher 🙁. Oder wenn es uns darum geht, dem Unternehmen „objektive" Information über die Mitarbeiter*innen zu vermitteln, werden wir ihr Verhalten etwas anders beurteilen. Auf jeden Fall drückt sich die Positionierung zur „Textfunktion" (Bewertung) und zu den Textrezipient*innen direkt in der Selektion der Textelemente aus. 🙂 ist ein Textelement, das eine ganz klare Bewertung zum Ausdruck bringt. Wir sagen dem Unternehmen damit: Deine Mitarbeiter*innen sind effizient, freundlich etc. Und diese Textgestaltung hat eine reale Wirkung: Die Mitarbeiter*innen werden gelobt oder nicht entlassen oder angehalten, so weiterzumachen. Ein*e Kassierer*in, der*die während seiner*ihrer Schicht hauptsächlich 🙁 registriert, wird sich auch zu diesem Text positionieren. Er*sie könnte zum Beispiel die Bewertung akzeptieren, eine in der Hierarchie unterordnende Position einnehmen und sich vornehmen, in Zukunft freundlicher zu sein. Er*sie könnte sich aber (auch) anders positionieren und die Bewertung in Frage stellen, sein*ihr Verhalten im Kontext des eigenen Lebens situieren und nicht nur in Bezug auf die Käufer*innen werten. Der Text hätte für ihn*sie eine andere Aussage. Er*sie hätte aufgrund der Positionierung einen anderen Sinn gestiftet und andere damit zusammenhängende Handlungen, Emotionen etc. abgeleitet.

Texte sind nicht „nur" Wörter oder Grammatik oder Bilder. Sie sind das Produkt sozio-politischer und kultureller Zusammenhänge. Was sie „bedeuten", ist das Ergebnis dieser Zusammenhänge und der Beziehungen, die daraus entstehen. Sowohl die Textproduktion als auch die Textrezeption sind Ergebnisse eines Selektionsprozesses, der von sozio-politischen, kulturellen und individuellen Beziehungen geprägt wird. Texte werden auf der Basis dieser Beziehungen interpretiert.

Als professionelle Textgestalter*innen im Kontext der Transkulturellen Kommunikation tragen wir wesentlich zur Sinnstiftung bei. Wir brauchen dafür nicht nur Kenntnisse darüber, in welcher Situation die Botschaft gelesen, gehört oder gesehen werden könnte. Auch die Lebenserfahrung aller Kommunikationsteilnehmer*innen und die gesellschaftlichen Bedingungen, die diese Lebenserfahrung geprägt haben, könnten und sollten bei der Textgestaltung berücksichtigt werden. Dazu gehört auch die eigene

Lebenserfahrung, denn auch wir Kommunikationsexpert*innen nehmen eine Position ein, die mit unseren Werten und unserer Lebenserfahrung zusammenhängt. Bei allem Bemühen darum, die Perspektive anderer einzunehmen, können – und wollen – wir nicht die eigene ausschalten. Wir haben bereits in Teil I festgestellt, dass ein Perspektivenwechsel nur dann möglich ist, wenn man sich der eigenen Sichtweise bewusst ist.

Diese ganzheitliche Betrachtungsweise des Verstehensprozesses geht aus einem wissenschaftlichen Ansatz hervor, der kognitive Prozesse (wie auch die Kommunikation) nicht losgelöst vom Lebenskontext der Menschen analysiert. Wir sprechen in diesem Fall von der *Situiertheit* (*situatedness*) der Kognitions- und Wahrnehmungsprozesse und gehen davon aus, dass menschliches Wissen, das unseren Entscheidungen und Handlungen zugrunde liegt, immer als *situiertes Wissen* (*situated knowledges*) fungiert.

Diese *Situated Knowledges* (es wird oft auch im Deutschen der englische Ausdruck verwendet) sind selbst auch das Ergebnis der Interaktion eines Körpers mit der Umwelt, die zum Beispiel durch die Sinne wahrgenommen wird. Man spricht daher auch von *verkörpertem Wissen* (*embodied knowledges*), um den Stellenwert des Körpers an der Produktion von Wissen und an der Gestaltung von Kommunikation zu thematisieren. Schließlich können wir ohne Körper weder denken noch empfinden, weder lesen noch sprechen noch schreiben.

Als professionelle Kommunikationsexpert*innen wollen wir also sowohl die *Situated* als auch die *Embodied Knowledges* der Kommunikationspartner*innen so weit wie möglich für den jeweiligen Kommunikationszweck abschätzen können.

Wie wir das tun können, wird in den nächsten Kapiteln illustriert.

Auf den Punkt gebracht

1. Texte wirken immer *auf jemanden.*
2. Textrezeption ist eine Beziehung.
3. Textproduktion ist eine Beziehung.
4. Texte haben keine Bedeutung an sich.
5. Textproduzent*innen stiften einen Sinn.
6. Textrezipient*innen stiften einen Sinn.
7. Diese Sinne sind selten ident.
8. Sie können einander aber so weit überlappen, dass die Kommunikation „gelingt" und beide das „Gleiche" meinen und verstehen.
9. Das vorrangige Kommunikationsziel kann trotz der Unterschiede erreicht werden.

Zum Weiterdenken und Vertiefen

1. Wie würden Sie reagieren, wenn Sie von einem*r guten Freund*in folgende WhatsApp-Nachricht bekämen? Versuchen Sie, Ihre Reaktion zu erklären.

Das Treffen muss heute krankheitsbedingt entfallen.

3 Texten als Transkulturelle Kommunikation

Wir haben bereits mehrfach gesehen, dass die Orientierung an Zielgruppen eine wichtige Rolle bei der Textgestaltung spielt. Einen Text professionell zu gestalten, bedeutet, einen Text in einer bestimmten *Kommunikationssituation* und *für jemanden* zu gestalten, für bestimmte Leser*innen oder Hörer*innen, für eine Zielgruppe, für einen bestimmten Kontext. Auf Basis dessen, was wir über die Zielgruppen und Kontexte wissen, auf die der Text ausgerichtet sein soll, gestalten wir einen Text so, dass er für die Zielgruppe verständlich ist und in dem entsprechenden Kontext seine Funktion erfüllt.

Wenn nun ein bereits vorliegender Text (ein *Ausgangstext*) für einen neuen Kontext, eine neue Zielgruppe aufbereitet wird, dann müssen wir überlegen, worin sich der neue Kontext vom alten unterscheidet, worin sich die Zielgruppe des Ausgangstexts von unserer neuen Zielgruppe (jener des *Zieltexts*) unterscheidet. Diese Überlegungen sind wichtig für die Textgestaltung.

Nehmen wir ein Beispiel: Ein großes Unternehmen unterhält eine Abteilung für Öffentlichkeitsarbeit (Public Relations: PR). Die Aufgabe dieser Abteilung ist es, Texte zu verfassen, die das, was das Unternehmen mitteilen möchte, für verschiedene Kontexte und Zielgruppen aufbereitet. Die Kommunikation findet also zwischen dem Unternehmen und einer breiteren Öffentlichkeit statt.

Innerhalb dieser breiteren Öffentlichkeit lassen sich wiederum unterschiedliche Zielgruppen ausmachen: verschiedene politische Parteien, wissenschaftliche Diskursgemeinschaften, Presse – oder auch das Publikum auf spezifischen Veranstaltungen, zum Beispiel einer Informationsveranstaltung für Schüler*innen oder für bestimmte Vereine, mit denen das Unternehmen gerne zusammenarbeiten möchte.

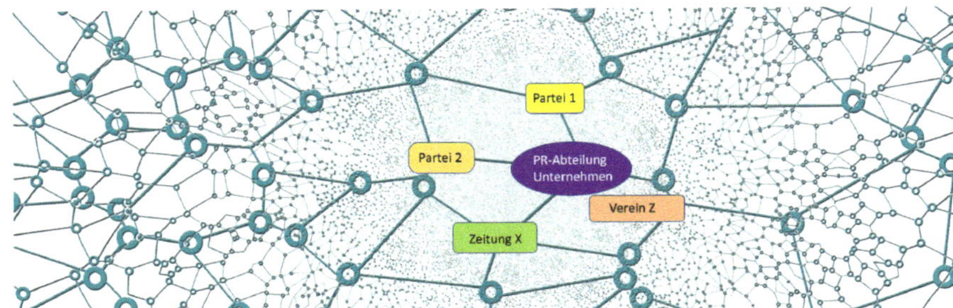

Abb. 59: Transkulturelles PR-Netzwerk (Basisgrafik: pixabay; Adaption: SD)

Das Unternehmen agiert also in einem Netzwerk unterschiedlicher Beziehungen mit Gruppierungen, die ihrerseits ebenfalls in einem Netzwerk von Beziehungen zu sehen sind. Wir haben damit ein Beispiel für Transkulturelle Kommunikation. Das kommunikative Netzwerk lässt sich regional oder überregional denken, innerhalb eines Landes oder auch international, innerhalb einer Sprache oder in mehreren Sprachen.

Wenn wir mit Ausgangstexten und Zieltexten in Transkultureller Kommunikation arbeiten, dann versuchen wir bei der Textanalyse, sie in ihrer Funktion und ihrer Position in einem vielschichtigen, vernetzten kulturellen Umfeld zu verorten.

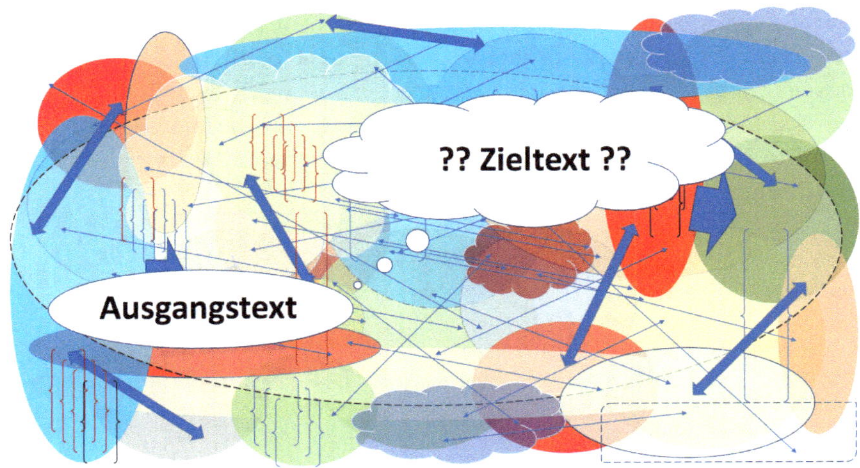

Abb. 60: Ausgangstexte und Zieltexte vor einem komplexen, verflochtenen kulturellen Hintergrund (Grafik: SD)

Das bedeutet, wir müssen uns zunächst darüber klar werden, welche kulturellen Aspekte für den Ausgangstext wichtig sind, was gesagt wird und wie das Gesagte gemeint ist. Wir müssen also zunächst den Ausgangstext in seinem vielschichtigen kulturellen Kontext verstehen, uns darüber klar werden, welche kulturellen Präsuppositionen er enthält – und welche transkulturellen Einflüsse er vielleicht schon von vornherein mitbringt.

Wenn es nun darum geht, das Gemeinte für ein anderes kulturelles Umfeld verständlich zu machen, müssen wir uns darüber klar werden, welche Unterschiede es zwischen dem Umfeld des Ausgangstexts und jenem Umfeld gibt, in dem der Zieltext funktionieren soll, aber auch welche Gemeinsamkeiten. Auf dieser Basis können wir informierte Entscheidungen darüber treffen, wie wir die Textgestaltung anlegen, welche Informationen wir auswählen und wie wir sie darstellen.

Dabei müssen wir überlegen, welche kulturellen bzw. transkulturellen Aspekte auch im neuen Kontext funktionieren und welche möglicherweise nicht.

In der transkulturellen Textproduktion geht es wie bei jeder Textproduktion um die Selektion von Textelementen, die an die *Situated* und *Embodied Knowledges* der Textrezipient*innen anknüpft, um das intendierte Kommunikationsziel möglichst ohne unerwünschte Nebenwirkungen zu erreichen. Wir wollen also Emotionen und Handlungen vermeiden, die nicht „gemeint“ sind. Überlegen wir uns, was passiert, wenn wir diese Dimension *nicht* berücksichtigen.

Wer den Text in der folgenden Abbildung liest, „spricht“ ihn auf Englisch aus. Und wird sich wahrscheinlich wundern: Ein Berg, der als Loser bezeichnet wird! Aufgrund der englischen Aussprache wirkt der Text ungewollt witzig oder gar peinlich. Für einen Werbetext, der Tourist*innen in die Region locken soll, ist diese Reaktion besonders ungünstig. Das englische Wort *loser* aktiviert Konnotationen, die dem Image von lustigen, energischen Menschen, die einen Fun-Urlaub verbringen, diametral entgegenwirken.

Abb. 61: Fiktives Beispiel für einen Werbetext für das Ski- und Wandergebiet Loser im Salzkammergut (Foto: Dromedar81/Wikipedia; Bearbeitung: ME)

Was könnten wir als Kommunikationsexpert*innen damit machen? Der Berg heißt nun einmal *Loser*, und den Namen des Bergs können wir doch nicht ändern ...

Eine Lösung könnte darin bestehen, die Problematik explizit zu thematisieren, indem man sich zum Beispiel selbst darüber lustig macht. Selbstironie als Humor ist in englischsprachigen Texten eine bekannte Strategie und wirkt auch sympathisch. Man könnte auch darauf hinweisen, wie der Name in der Region ausgesprochen wird, damit die Gäste im Urlaub darüber kommunizieren, ohne selbst in peinliche Situationen zu kommen. So könnten viele Ebenen unterschiedlicher Kommunikationssituationen berücksichtigt werden und die Aussicht auf Erreichen des Kommunikationsziel würde erhöht.

Das setzt natürlich voraus, dass die Gestalter*innen des englischen Textes sich der Situiertheit der englischsprachigen und der deutschsprachigen Textrezeption bewusst sind und die Textwirkung aus beiden Perspektiven holistisch betrachten. In diesem Fall spielt die Aussprache dabei eine Schlüsselrolle.

Es gibt auch transkulturelle Kommunikationssituationen, in denen Zieltexte ohne Vorgabe eines Ausgangstexts produziert werden sollen. Auch in solchen Fällen ist es notwendig, die Funktionswirkung der Texte in der Gesamtheit der Beziehungsebenen zu betrachten.

Seit ein paar Jahren werden viele Fernsehsendungen konzeptuell exportiert, wobei eine Idee, die im lokalen Kontext entstanden ist, durch Lokalisierung global zum Einsatz kommt. Dazu gehört zum Beispiel die britische Sendung *Strictly Come Dancing*, die in Deutschland als *Let's Dance* und in Österreich als *Dancing Stars* sehr erfolgreich wurde. Der englische Titel, der auf sehr kulturspezifischem Wissen basiert und Assoziationen hervorruft, die im deutschsprachigen Raum kaum bekannt sind, wird in ein Englisch übersetzt, das für das neue Publikum nachvollziehbar ist. Mindestens so wichtig ist aber der Ablauf der Sendung, der sich zwar nach der britischen Struktur richtet, aber vertraute Umgangsformen und lokalen Humor zulässt. Die Lokalisierung erfolgt auf der Basis dessen, was das Publikum an Interaktionsmustern bereits kennt und als Teil des „eigenen" Kulturrepertoires erkennen kann.

Ein weiteres Beispiel bietet die Quizsendung *Die Millionenshow*, in Deutschland bekannt als *Wer wird Millionär?* Die Struktur und die optische Einrichtung der Sendung bleiben global konstant, während die kulturelle Anpassung in der Interaktion zwischen Quizmaster*in und Teilnehmer*innen sowie in der Gestaltung der Fragen zum Ausdruck kommt. Vor allem die ersten Fragen sollen witzig wirken, weil sie so „einfach" sind, dass „alle" die Antwort wissen. Gerade hier zeigt sich die komplexe Relation zwischen Wissen, Emotion, Text und Handlung. Zur Illustration hier zwei Fragen aus einer dieser Quizsendungen im deutschsprachigen Raum:

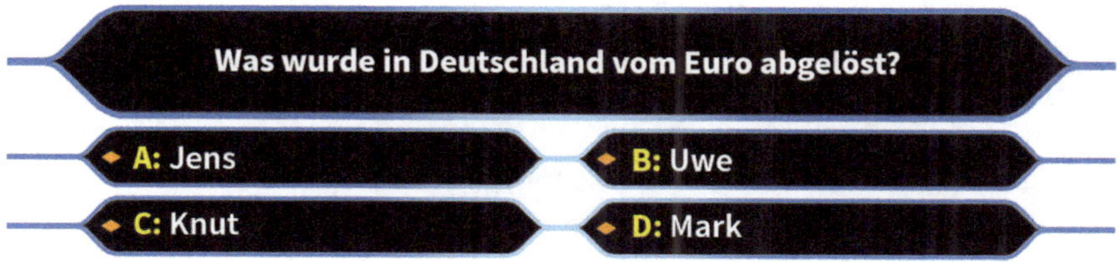

Abb. 62: Frage aus der Millionenshow, Beispiel 1 (Grafik: CTL)

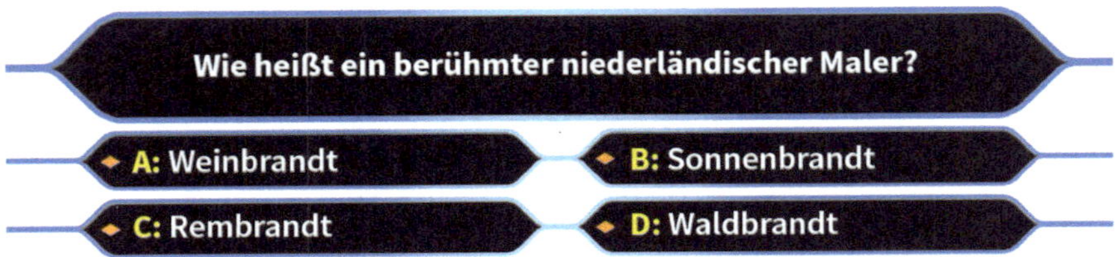

Abb. 63: Frage aus der *Millionenshow*, Beispiel 2 (Grafik: CTL)

Der Witz besteht vor allem darin, dass die falschen Antworten offensichtlich eine alltägliche Bedeutung haben, die „jede* r" kennt. Daher stellen sie nicht ernstzunehmende Optionen dar und die richtige Antwort ist evident.

Bei der Übertragung dieser Sendung in einen anderen kulturellen Kontext müssen die Texte (die Fragen) so gestaltet werden, dass sie sowohl die kulturelle Situiertheit des Wissens als auch die emotionale Wirkung beim Publikum und bei den Teilnehmer*innen berücksichtigen. Eine „zu einfache" Frage am Anfang der Sendung sollte die Leute zum Lachen bringen, während spätere Fragen als schwierig empfunden werden sollen, um die Spannung zu steigern. Aber: Was ist eine *schwierige* Frage?

Die Frage nach der dem Euro vorausgehenden Währung in Deutschland wird in der deutschsprachigen Sendung als „einfach" verstanden, könnte aber in einer anderen Weltregion durchaus als „schwierige" Frage für höhere Geldbeträge eingesetzt werden. Eine ähnliche Frage zur Währungsgeschichte zum Beispiel von Ländern in Asien oder Südamerika würde im deutschsprachigen Raum nicht als „lustige" Frage funktionieren.

Im bekannten Film *Slumdog Millionaire* nimmt ein „ungebildeter" junger Mann aus den Slums von Mumbai an der indischen Millionenshow teil. Die erste Frage, deren Antwort „alle wissen", lautet:

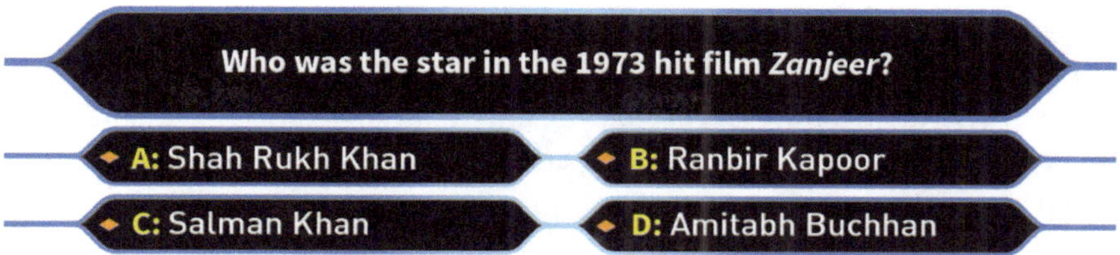

Abb. 64: Frage aus dem Film *Slumdog Millionaire* (Grafik: CTL)

Wissen Sie die Antwort (ohne zu googeln!)?

Wir können davon ausgehen, dass diese erste Frage ähnlich wirkt wie die Frage, ob Weinbrandt, Sonnenbrandt oder Waldbrandt berühmte Maler seien. Sofern wir nicht das kulturspezifische Wissen teilen, können wir auch nicht an der Beziehung zum Geschehen teilnehmen. *Situated Knowledges* sind in uns verkörpert und drücken sich in unserem Verhalten aus.

Für die transkulturelle Textproduktion bedeutet das, dass unsere sogenannten sprachlichen Entscheidungen das Ergebnis einer komplexen und umfassenden Analyse darstellen. Textproduktion und Textverständnis im transkulturellen Kontext berücksichtigen nicht nur Texte als Kommunikationsmittel, sondern vor allem auch Menschen in realen Lebenssituationen.

Manchmal soll der Text im Zielkontext auch eine andere Funktion erfüllen als im Ausgangskontext.

Stellen Sie sich zum Beispiel vor, dass jemand eine Tourismus-Broschüre über das oberösterreichische Salzkammergut erstellt und dazu auch auf Informationen aus anderen Texten zurückgreift, zum Beispiel aus Online-Lexikon-Artikeln oder aus Werken über die Geschichte der Region. Für den neuen Text (die Tourismus-Broschüre) werden dann jene Informationen ausgewählt, die für Reisende interessant sein können, und auf eine Weise dargestellt, die dazu einladen soll, die Gegend zu besuchen.

Allgemeiner gesagt: Auf Basis dessen, was Sie über die Kommunikationssituation des Zieltexts und des Ausgangstexts wissen, wählen Sie also jene Informationen aus, die für den Zieltext wichtig sind, und stellen Sie auf eine Weise dar, die der Kommunikationssituation des Zieltexts entspricht.

Nehmen wir nun an, dass die Tourismus-Broschüre über das Salzkammergut in mehreren Sprachen aufliegen soll, unter anderem auch auf Chinesisch. Der Ausgangstext liegt auf Deutsch vor, er enthält Informationen über einige wichtige Städte und Sehenswürdigkeiten des Salzkammerguts. Unter anderem kommt auch Hallstatt vor.

Wenn der Text für ein Publikum aus China aufbereitet werden soll, müsste zum Beispiel auch überlegt werden, wie mit dem Hallstatt-Nachbau in China umgegangen werden soll. Soll diese Information eingebaut werden – und wenn ja, wie?

Abb. 65: Hallstatt in China (Foto: Hanno Böck (hboeck.de) / Wikipedia)

Abb. 66: Hallstatt in Österreich (Foto: pixabay)

Die chinesische Spiegelung von Hallstatt ist einerseits eine kuriose – und deshalb interessante – Information, die andererseits auch etwas touristisch Wichtiges über Hallstatt aussagt: Die kleine Stadt ist so besonders, dass man sie tausende Kilometer entfernt auch haben möchte und deshalb nachbaut.

Außerdem lässt sich durch das Einbauen der Information zeigen, dass nicht nur ein Text auf Chinesisch erstellt wird, sondern dass man sich auch dafür interessiert, dass es eine Beziehung zwischen China und Hallstatt gibt.

Andererseits ist das „Kopieren" eines „Originals" nicht immer positiv besetzt und im Kuriosen kann sich auch eine explizite oder implizite *Wertung* verstecken: Es gibt ja auch Texte, die sich über den Hallstatt-Nachbau in China lustig machen. Und wir wissen nicht, wie chinesische Leser*innen der Broschüre zu diesem Nachbau stehen. Wir wissen genau genommen gar nicht wirklich, womit sie sich gerne beschäftigen. Einerseits macht es einen Unterschied, ob es sich zum Beispiel um Bergbauingenieur*innen, Literaturwissenschaftler*innen, Jurist*innen oder Architekt*innen handelt, und andererseits werden sie auch individuell unterschiedliche Interessen haben. Wahrscheinlich haben wir es mit einer ganz gemischten Gruppe mit unterschiedlichsten Erwartungen zu tun.

Eine Gemeinsamkeit haben sie aber auf jeden Fall: Sie lesen eine Tourismus-Broschüre über das Salzkammergut, weil sie sich offensichtlich dafür interessieren oder vielleicht auch eine Reise nach Europa ins Auge fassen. Darauf können wir aufbauen.

Und auf dieser Basis können wir auch weiter überlegen, wie wir mit der Information „Hallstatt in China" umgehen, überlegen, ob wir sie in den Text einbauen – und vor allem *wie*. Die Textgestaltung hat dabei auch mit der Beziehung zwischen den Kommunikationspartner*innen zu tun: Was sagt die Art und Weise, wie wir mit der Information umgehen, darüber aus, wie wir die Zielgruppe (potentielle chinesische Tourist*innen) wahrnehmen?

Um solche Beziehungen bei der Textgestaltung angemessen berücksichtigen zu können, braucht es auch Empathie und Sozialkompetenz. Darauf werden wir in Teil IV noch genauer eingehen.

Auf den Punkt gebracht

1. Ausgangstexte und Zieltexte sind in einem Netzwerk transkultureller Beziehungen zu sehen.
2. Sowohl Ausgangs- als auch Zieltexte sind in spezifischen Kommunikationssituationen verankert und für spezifische Zielgruppen gestaltet.
3. Zielgruppen sind heterogen, haben aber auch Gemeinsamkeiten. Beides muss bei der Textgestaltung berücksichtigt werden.

Zum Weiterdenken und Vertiefen

1. Sie bekommen Besuch von Freund*innen aus einem anderen Teil der Welt, die sich besonders für Musik / Fußball / Moderne Kunst / Tanzen / ... interessieren. Sie möchten eine Stadtführung mit ihnen machen.
   a. Wo gehen Sie hin?
   b. Welche interessanten Geschichten können Sie über die Stadt bzw. die Region erzählen?
   c. Worüber recherchieren Sie noch, bevor der Besuch kommt?
2. Welche Situated Knowledges brauchen wir, um den folgenden Text witzig zu finden?

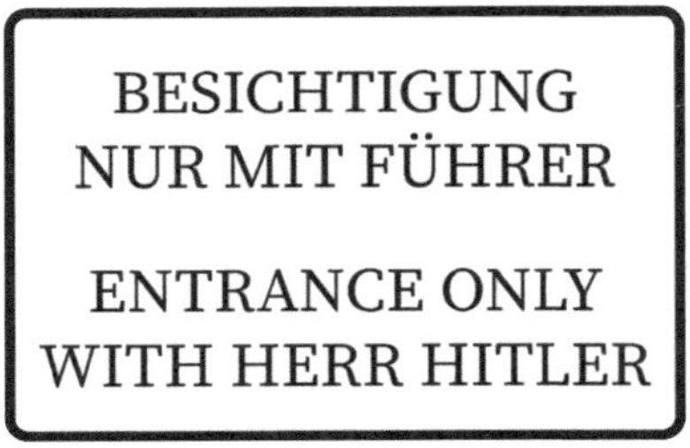

BESICHTIGUNG
NUR MIT FÜHRER

ENTRANCE ONLY
WITH HERR HITLER

Abb. 67: Abbildung eines Hinweisschilds (Grafik: ME)

4 Texte als Kommunikation im aktuellen sozio-politischen Gefüge

Wir haben gesehen, dass Texte Ausdruck von kommunikativem Verhalten sind, schriftlich wie mündlich, dass sie in bestimmten Kommunikationssituationen funktionieren und bestimmte Wirkungen erzielen.

Wie jemand sich ausdrückt, welche Informationen ausgewählt und wie diese dargestellt werden, darin kommt auch eine bestimmte Haltung zum Ausdruck, eine Position zu bestimmten Themen. Texte sind also – wie auch Kommunikation insgesamt – im Kontext von öffentlichen Debatten, Ideologien und anderen sozialen und politischen Gegebenheiten zu sehen.

In Texten wird immer wieder mit Symbolen gearbeitet, die stark mit bestimmten Bedeutungen aufgeladen sein können. Schon in Teil I haben wir uns mit *Konnotationen* auseinandergesetzt, dem Mitgemeinten, das bei der Verwendung von bestimmten Worten mitschwingt. Und wir haben uns mit *Framing* beschäftigt, damit, wie bestimmte Vorstellungen durch gezielte Arten der Sprachverwendung ausgelöst werden.

Wir haben festgestellt, dass Texte mit ihrem Umfeld, ihrem Kontext verwoben sind. Die Art und Weise, wie über bestimmte Themen kommuniziert wird, bestimmt mit, wie Texte verstanden werden – und wie sie gestaltet werden (können), um auf eine bestimmte Weise verstanden zu werden. Begriffe und Symbole werden dadurch mit Bedeutung aufgeladen, dass auf eine bestimmte Art und Weise über sie diskutiert wird.

Wenn das Wort „Kopftuch" in einem Text vorkommt, dann kann damit eigentlich Unterschiedlichstes gemeint sein. Das Kopftuch als Kälteschutz, als religiöses Symbol, als Mode-Accessoire als Schutz der Frisur bei bestimmten Tätigkeiten. Jedes Mal wird eine andere Bedeutung aufgerufen. Welche es ist, hängt mit der unmittelbaren Kommunikationssituation, aber auch mit dem kulturellen Umfeld zusammen und den öffentlichen Debatten, die zu der jeweiligen Zeit in der jeweiligen Diskursgemeinschaft laufen.

So trägt etwa die Kunstfigur „Rosie the Riveter" (Rosie, die Nieterin), die eine „starke Frau" verkörpert – mit der in den 1940er-Jahren in den USA Frauen für die Rüstungsindustrie angeworben werden sollten, ein Kopftuch, das sicherlich ganz anders wirkt als das Kopftuch, das zum Beispiel ein Kind in den 1970er-Jahren „aufsetzen" soll, um sich nicht zu erkälten, und anders als die Kopftücher von Biker* innen oder von Pirat* innen oder das Kopftuch einer feinen Lady im Cabrio, die an die Schauspielerin Grace Kelly in der reichen Glitzerwelt von Monaco erinnert ...

Abb. 68: Das Poster „We Can Do It!" von J. Howard Miller, das mit Rosie the Riveter assoziiert wird (Bild: Wikipedia; restaurierte Version von Adam Cuerden)

Wenn es um die „Kopftuchdebatte" geht, dann rücken die Kopftücher der Biker*innen, Pirat*innen, Ladies und Rüstungsarbeiter*innen in den Hintergrund und das Kopftuch als religiöses Symbol steht im Mittelpunkt.

Abb. 69: Posierende Frau mit Kopftuch (Foto: pixabay)

Aber auch innerhalb dieser Debatte wird das Kopftuch sehr unterschiedlich interpretiert: als Symbol für die Unterdrückung der Frau (durch Familie oder Religion) oder für Selbstbestimmung (gegenüber der Mehrheitsgesellschaft, von der frau sich nicht vorschreiben lässt, wie sie sich zu kleiden hat), als Symbol für Schutz, für tiefe Religiosität, für Abkehr von der kapitalistischen Konsumwelt oder als modisches Accessoire (und als solches wieder Teil der Konsumwelt).

Das Kopftuch steht für ganz unterschiedliche und teilweise sogar widersprüchliche Positionen – auf ganz unterschiedlichen Ebenen.Und durch eine solche religiöse, ideologische oder auch modische Positionierung erhält es eine starke symbolische Bedeutung – auch wenn das Symbol in der Debatte für Verschiedenes stehen kann und dabei Selbstwahrnehmung und Fremdwahrnehmung auch nicht immer zusammenpassen müssen.

Begriffe und Namen können durch ihre Verwendung in bestimmten Kontexten symbolisch aufgeladen werden. So sind etwa die männlichen Vornamen Bernd und Björn zunächst Vornamen, von denen keiner besser oder schlechter konnotiert sein muss als der andere. Manche von uns kennen vielleicht einen Bernd oder Björn, und je nachdem, wie sympathisch oder unsympathisch uns diese Person ist, verbinden wir mit dem Namen positive oder weniger positive Emotionen. Ein Name kann aber auch systematisch mit einer Bedeutung aufgeladen werden.

Ein Beispiel dafür ist ein „Running Gag" der ZDF-Satiresendung *heute-show*, die einen deutschen AfD-Politiker lustvoll beim falschen Vornamen (Bernd statt Björn) nennt – weil dieser sich bei einem Auftritt lautstark gegen eine solche Namensverdrehung verwehrt hat. Die Sendung zieht die Verwendung des falschen Vornamens so konsequent durch, dass sich der Name auch außerhalb der Sendung verbreitet und es zu Irrtümern bei Nachrichtensprecher*innen oder selbst im Bundestag kommt – die von der *heute-show* prompt gefeiert werden.

Wie ein Name, eine Bezeichnung oder ein Begriff aufgefasst werden, als „harmlos" oder als Stichelei, hängt also vom Kontext ab. Im Umgang mit Namen, Bezeichnungen und Begriffen spielen Fremdwahrnehmung und Selbstwahrnehmung eine wichtige Rolle, und diese ist wiederum abhängig von Interpretationen und Diskursen.

Wie Fremdwahrnehmung und Selbstwahrnehmung im sozio-politischen Gefüge aufeinander wirken, sehen wir auch am Beispiel des österreichischen Orts namens Fucking, der vor ein paar Jahren für kurze Zeit mediales Interesse erweckt hat.

Abb. 70: Nachstellung der Fuckinger Ortstafel, Einfahrt (Grafik: ME)

Lange Zeit lebten die Bewohner*innen der Ortschaft mit dem Namen, der seit dem 11. Jahrhundert besteht und kein Grund zur Aufregung war. Bis der Ort von englischsprachigen Besucher*innen „entdeckt" wurde, die den deutschsprachigen Namen „auf Englisch" gelesen und ausgesprochen haben. In Zeiten der spontanen und rapiden medialen Verbreitung erlangte der Ort rasant internationale Bekanntheit. Man machte sich über den Ort und seinen Namen lustig, denn die englische Aussprache erinnert an ein bekanntes englisches Verbum, das aufgrund der Verbreitung des Englischen als Lingua franca und dessen starker Präsenz in den Medien allgemein bekannt ist. Der Druck der Fremdwahrnehmung, die durch den Einfluss der englischsprachigen Medien ausgeübt wurde, veranlasste eine Änderung der Selbstwahrnehmung. Wenn man plötzlich international zur Schau gestellt, ausgelacht und allgemein nicht ernstgenommen wird, hat das natürlich Konsequenzen. Auch wenn es sich „nur" um den Ortsnamen handelt. Der Wohnort ist schließlich auch Teil der individuellen und kollektiven Identität. Eine Änderung des Ortsnamen wurde angeblich vor ein paar Jahren diskutiert, aber nicht umgesetzt. Die Einwohner*innen wollen den Namen behalten.

Abb. 71: Nachstellung der Fuckinger Ortstafel, Ausfahrt (Grafik: ME)

Die Macht des englischen Zugangs zum Ortsnamen bewirkte nicht nur eine Änderung der Selbstwahrnehmung, sondern löste eine Reihe von Handlungen aus (Belustigung, sexuelle Anspielungen, Besucher*innenströme, vermehrter Diebstahl des Ortsschilds etc.), die unmittelbar auf eine spezifische kulturelle Darstellung zurückzuführen sind. Englisch ist heute nicht nur die Lingua franca. Auch die Medienlandschaft wird, zumindest in Europa, von englischsprachigen Sendungen im Fernsehen und online, englischsprachigen Filmen und Nachrichtenagenturen dominiert. Auch wenn Filme etc. synchronisiert und Nachrichten übersetzt werden, wird die kulturspezifische Interpretation des Geschehens dargestellt. Eine Folge daraus ist, dass US-amerikanische kulturelle Perspektiven in weiten Teilen der Welt bekannt sind. Es ist die mediale Präsenz – und daher die Macht – dieser US-amerikanischen Perspektiven, die andere kulturelle Wahrnehmungen verdrängt. Wir sehen am Beispiel eines kleinen österreichischen Orts und eines einzelnen Wortes den starken Einfluss dieses kulturellen Status und wie sich dieser auch auf die Textrezeption auswirkt. Die Erfahrung mit deutschsprachigen Namen und deutschsprachigen Texten, die kulturspezifische *Intertextualität* (die Beziehung *zwischen* Texten) wird durch eine englisch-kulturelle Intertextualität abgelöst.

Woran wir denken, wenn wir etwas hören oder lesen, und was wir in einem Text erwarten, hängt mit unseren bisherigen Erfahrungen mit Texten zusammen. Begriffe – oder Phrasen – können aber nicht nur mit zusätzlichen Bedeutungen *aufgeladen* werden, ihre Bedeutung kann sich auch ändern oder *verblassen*, zum Beispiel dann, wenn sie sehr oft im übertragenen Sinn gebraucht werden.

Ein solches Verblassen sehen wir unter anderem an Vokabular mit ursprünglich religiöser Bedeutung, wie zum Beispiel „absegnen“, „Grüß Gott“ oder „Gott sei Dank!“ – die bereits so oft „weltlich“ gebraucht worden sind, dass sie viel von dieser ursprünglich religiösen Bedeutung verloren haben. Dennoch wird ein Satz wie „Gott sei Dank bin ich Atheist!“ wahrscheinlich immer noch als – freiwillig oder unfreiwillig – komisch interpretiert werden. In einem Roman könnte der Satz einer Figur in den Mund gelegt werden, die entweder nicht sehr auf Sprachverwendung achtet – oder auch einer Figur, die Sprachspiele liebt.

Die Art und Weise, wie wir kommunizieren, wie wir Texte gestalten, wie wir Sprache in Texten verwenden, ist nie „neutral“, sondern immer eine Form, Stellung zu der Welt zu nehmen, die uns umgibt. Ob wir uns über schönes Wetter freuen; uns über etwas ärgern, das schief läuft; ein Erlebnis erzählen; einen wissenschaftlichen Text verfassen oder ein Gedicht schreiben – jeder Text, den wir von uns geben, ist in einem Kontext zu sehen, der mit uns selbst und unserer Beziehung zur Welt zu tun hat. Dass wir uns mit Texten positionieren, ist uns aber nicht immer bewusst. Manchmal werden wir auch auf eine Weise verstanden, die gar nicht dem entspricht, was wir meinen.

Professionelles Texten bedeutet, dass wir mit bedenken, was wie verstanden werden könnte und dies bei der Textgestaltung berücksichtigen.

Wenn wir uns mit professioneller Transkultureller Kommunikation beschäftigen, dann versuchen wir, uns in andere, in verschiedene Kommunikationspartner*innen und in ihre Beziehung zur Welt hineinzuversetzen.

Wie wir bereits gesehen haben, ist die Wirkung von Texten im Kontext dieser Beziehungen zu sehen.

Mit Texten werden bestimmte Positionen eingenommen, über Texte werden Traditionen fortgesetzt oder gebrochen: Es wird Kultur *konstruiert*, fortgeschrieben – oder verändert.

Positionierungen in Texten sind also eine gewisse Art von Öffentlichkeitsarbeit. Diese kann unterschiedlichsten Zwecken dienen und auch politisch genützt werden.

Auch Manipulation oder Othering geschieht durch Kommunikation und lässt sich konkret an Texten zeigen.

Wenn zum Beispiel eine Partei im Wahlkampf „Damit aus Europa kein ‚Eurabien' wird" (AfD), „Islamfreie Schulen" (AfD) oder „Daham statt Islam" (FPÖ) plakatiert, dann werden dadurch Gegensätze, Bedrohungen und Feindbilder konstruiert. Es wird auf der Behauptung aufgebaut, Heimat („Daham") und „Islam" seien nicht kompatibel und man müsse sich für eines davon entscheiden. Im FPÖ-Plakatspruch soll zudem die Verwendung des dialektalen Ausdrucks „Daham" für „Zuhause" auf ein besonders „österreichisches", volkstümliches und volkstümelndes Zuhause verweisen, dessen Gegenteil das Fremde ist. An diese Position des Fremden wird der Islam gestellt. In den AfD-Plakatsprüchen wird ebenfalls mit solchen Gegensätzen gearbeitet, die im doppelten Sinne „plakativ" ausgeschlachtet werden. Damit passiert in diesen Texten, was wir im vorigen Teil des Buches mit Othering beschrieben haben.

Diese Texte stehen aber – ebenso wie andere Texte – nicht alleine, sondern sind im Zusammenhang mit anderen Texten und im kulturellen Kontext zu sehen: im Kontext von rechtspopulistischen Wahlkämpfen in Europa (mit oft bereits proto-faschistischen Zügen) und im Kontext von Feindbildern, die zu Beginn des 21. Jahrhunderts entstanden sind; u. a. in der Aufarbeitung der „Nine-Eleven"-Anschläge am 11. September 2001 in den USA.

Auch zur Kopftuchdebatte ergibt sich eine Querverbindung, die mit der Konstruktion von ebendiesen Feindbildern zusammenhängt. Wer auch immer sich zur „Kopftuchdebatte" äußert, welche Position auch immer dabei vertreten wird, die Äußerung wird in diesem Kontext getätigt und auch in diesem Kontext interpretiert. Welchen Positionen jemand zustimmt, gegen welche jemand sich stellt und welche Positionen jemand auch neu in eine Debatte einbringt, ist vor dem Hintergrund dessen zu sehen, was sich in der Debatte bereits getan hat.

Wie in einer Serie: Wenn eine neue Folge gedreht wird, dann ist die Handlung im Zusammenhang mit den vorigen Folgen zu sehen, baut auf der Handlung dieser Folgen auf – und spielt wahrscheinlich auch noch auf einiges an, das weit über die Handlung der Serie hinausgeht. So ähnlich ist es auch mit anderen Texten (die Folge der Serie ist ja auch ein Text): Wenn ein neuer Text geschrieben wird, hängt er mit jenen zusammen, die bereits vorher da waren, steht in einer Beziehung zu diesen Texten. Auch hier zeigt sich wieder eine Form von intertextueller Beziehung.

Texte beziehen sich natürlich nicht direkt auf *alles*, was vorher war. Aber sie sind im Kontext eines Netzwerks an früheren Texten und aktuellen Entwicklungen zu sehen. Wenn eine aktuelle Pressemeldung von einem EU-Gipfeltreffen berichtet, dann ist der geschriebene Text vielleicht ganz kurz: Er besagt, wann das Gipfeltreffen begonnen hat, wo es stattfindet und welche inhaltlichen Schwerpunkte gesetzt werden sollen.

Dieser kurze Text ist aber im Kontext einer Fülle von Informationen zu sehen: Welche Staaten Mitglied in der EU sind, welche Themen aktuell in der EU diskutiert werden, in welchem Verhältnis sie zu anderen Themen stehen, die früher diskutiert wurden. Wenn wir all diesen Aspekten nachgehen, können wir zurückgehen in die Geschichte der EU, uns mit dem Organigramm der EU auseinandersetzen und mit jedem einzelnen Mitgliedstaat und seinen Vertreter*innen in der EU und auf dem Gipfeltreffen, ihren jeweiligen Positionen zu den Themen, die auf dem Gipfeltreffen diskutiert werden – und wie sich diese Positionen von jenen anderer Vertreter*innen unterscheiden ... und so weiter und so fort.

Wenn wir einen Text gestalten, müssen wir entscheiden, welche Informationen aus dieser potentiell unendlichen Menge an möglichen Informationen wir mitliefern – und wie wir sie darstellen.

Professionelle Textarbeit verlangt, dass wir das Zusammenwirken von Sprache, Kommunikationssituation, Verwobenheit mit Kultur, mit öffentlichen Debatten zu bestimmten Themen verstehen – und dass wir unsere Texte so gestalten, dass sie von anderen so verstanden werden können, wie sie *gemeint* sind.

Auch hier spielt der Aspekt der Verantwortung wieder eine wichtige Rolle: Jeder Text gestaltet die Art und Weise, wie kommuniziert wird, mit. Auch politisch. Mit Texten zu arbeiten bedeutet also, sich dessen bewusst zu werden – und der Verantwortung bewusst zu werden, die damit einhergeht.

Auf den Punkt gebracht

1. Texte sind Ausdruck von kommunikativem Verhalten.
2. In Texten kommen Positionierungen in einem gesellschaftlichen Kontext zum Ausdruck.
3. Die vorherrschende kultur-politische Hierarchie beeinflusst sowohl Textproduktion als auch Textrezeption.
4. Fremdwahrnehmung und Selbstwahrnehmung beeinflussen, wie wir Texte verstehen.
5. Professionelles Texten bedeutet, Texte bewusst zu gestalten und Verantwortung dafür zu übernehmen.

Zum Weiterdenken und Vertiefen

1. Text in einem Kontext – ein „Spinnennetz“:
    a. *Schritt 1:* Lesen Sie eine aktuelle Nachricht zu einem Thema, für das Sie sich interessieren.
    b. *Schritt 2:* Schreiben Sie einen Aspekt, den Sie interessant finden, als Stichwort in die Mitte eines Blattes Papier.
    c. *Schritt 3*: Lesen Sie die Nachricht noch einmal und suchen Sie Informationen heraus, die zu diesem Aspekt passen.
    d. *Schritt 4:* Gruppieren Sie diese Informationen rund um das Stichwort in der Mitte des Papiers und verbinden Sie diese Informationen mit Strichen.
    e. *Schritt 5:* Was fällt ihnen selbst jeweils noch zu diesen Informationen ein? Ergänzen Sie weitere Aspekte und zeichnen Sie sie in das „Spinnennetz“ an Informationen ein.

f. Wie lange können Sie am Spinnennetz weiterspinnen, bis Ihnen das Papier zu klein wird?

2. Was sagt der folgende Text auf einem Formular über die Positionierung der Textproduzent*innen aus? Wie wird die Selbstwahrnehmung der Textrezipient*innen dadurch gesteuert?

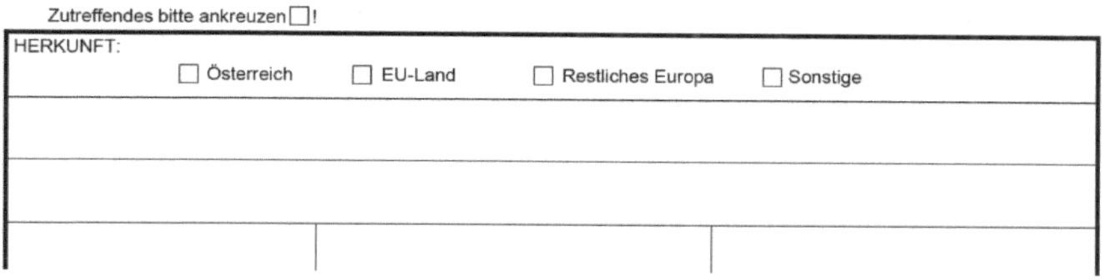

Zutreffendes bitte ankreuzen ☐!

HERKUNFT:
☐ Österreich ☐ EU-Land ☐ Restliches Europa ☐ Sonstige

Abb. 72: Ausschnitt aus einem Formular (Grafik: CTL)

Quellen

Adamzik, Kirsten (2008). Textsorten und ihre Beschreibung. In: Janich, Nina (Hrsg.), *Textlinguistik. 15 Einführungen.* Tübingen: Narr Studienbücher, 145–175.

Bachtin, Michail (2017). *Sprechgattungen.* In: Grübel, Rainer, Lachmann, Renate, Sasse, Sylvia (Hrsg.), [Übersetzung: Rainer Grübel, Alfred Sproede]. Berlin: Matthes & Seitz.

Barthes, Roland (2010 [1978]). *A Lover's Discourse: Fragments.* [Übersetzung: Richard Howard]. New York: Hill & Wang.

Beaugrande, Robert de (1994). Cognition, communication, translation, instruction: The geopolitics of discourse. In: Beaugrande, Robert de, Shunnaq, Abdullah, Heliel, Mohamed H. (Hrsg.), *Language, discourse, and translation in the West and Middle East*, Amsterdam: Benjamins Publishing, 1–22.

Beaugrande, Robert de, Dressler, Wolfgang (1981). *Introduction to Text Linguistics.* London / New York, NY: Longman.

Borinski, Ulrike, Gorbach, Rudolf Paulus (Hrsg.) (2019). *Lesbar. Typographie in der Wissensvermittlung.* Zürich: Triest-Verlag.

Brinker, Klaus (1985). *Linguistische Textanalyse. Eine Einführung in Grundbegriffe und Methoden.* 6. Auflage. Berlin: Erich-Schmidt-Verlag.

Broszinsky-Schwabe, Edith (2011). *Interkulturelle Kommunikation. Missverständnisse – Verständigung*. Wiesbaden: Verlag für Sozialwissenschaften.

Burkart, Roland (2002). *Kommunikationswissenschaft*. Wien: Böhlau UTB.

Dengscherz, Sabine (2016). Sprachstrukturen reflektieren, verstehen – und erklären können. Zur Auseinandersetzung mit Grammatik in der Ausbildung von Lehrenden für Deutsch als Fremd- und Zweitsprache. In: Feld-Knapp, Ilona (Hrsg.), *Grammatik (=CM 3)*. Budapest: Eötvös Collegium, 30–60.

Derrida, Jacques (2001 [1967]). *Writing and Difference*. [Übersetzung: Alan Bass]. London / New York: Routledge.

Derrida, Jacques (2016 [1967]). *Of Grammatology*. [Übersetzung: Gayatri Chakravorty Spivak]. 40. Auflage. Baltimore: Johns Hopkins University Press.

Foucault, Michel (2005 [1966]) *The Order of Things. An Archeology of the Human Sciences*. [Übersetzung: Alan Sheridan]. London: Routledge.

Foucault, Michel (2012 [1975]). *Discipline and Punish: The Birth of the Prison*. [Übersetzung: Alan Sheridan]. New York: Vintage Books.

Haraway, Donna (1988). Situated Knowledges: The Science Question in Feminism and the Privilege of Partial Perspective. *Feminist Studies*, 14(3), 575–599.

Hepp, Andreas (2006). *Transkulturelle Kommunikation*. Konstanz: UVK (UTB).

Jackson, Jane (2014). *Introducing Language and Intercultural Communication*. London / New York: Routledge.

Jakobs, Eva-Maria (1997). Textproduktion als domänen- und kulturspezifisches Handeln. In: Adamzik, Kirsten, Antos, Gerd, Jakobs, Eva-Maria (Hrsg.), *Domänen- und kulturspezifisches Schreiben*. Frankfurt am Main: Peter Lang, 9–30.

Kadrić, Mira, Kaindl, Klaus, Cooke, Michèle (2012). *Translatorische Methodik*. 5. Auflage. Wien: Facultas.

Kaindl, Klaus (1997). Von Hauptdarstellern und Statisten: Zur Rolle des Textes im translationswissenschaftlichen Handlungsspiel. In: Grbić, Nadja, Wolf, Michaela (Hrsg.), *Text – Kultur – Kommunikation. Translation als Forschungsaufgabe*. Tübingen: Stauffenburg, 53–65.

Kaiser-Cooke, Michèle (2004). *The Missing Link. Evolution, Reality and the Translation Paradigm*. Frankfurt am Main: Peter Lang.

Lüsebrink, Hans-Jürgen (2005). *Interkulturelle Kommunikation: Interaktion, Fremdwahrnehmung, Kulturtransfer*. Stuttgart: Metzler.

Merleau-Ponty, Maurice (1966) *Phänomenologie der Wahrnehmung*. [Übersetzung: Rudolf Boehm]. Berlin: de Gruyter.

Porombka, Stephan (2006). *Kritiken schreiben. Ein Trainingsbuch*. Konstanz: UVK UTB.

Reiss, Katharina (1995). *Grundfragen der Übersetzungswissenschaft. Wiener Vorlesungen*. Herausgegeben von Snell-Hornby, Mary und Kadrić, Mira. Wien: WUV.

RESCH, Renate (2006). *Translatorische Textkompetenz. Texte im Kulturtransfer.* Frankfurt am Main: Peter Lang.

RISKU, Hanna (2002). Situatedness in Translation Studies. *Cognitive Systems Research*, 3(3), 523–533.

RISKU, Hanna (2005). Translations- und Kognitionswissenschaftliche Paradigmen. Der Mensch im Mittelpunkt. In: Zybatow, Lew (Hrsg.), *Translationswissenschaft im interdisziplinären Dialog*. Frankfurt am Main: Peter Lang, 55–69.

ROLF, Eckard (1993). *Die Funktionen der Gebrauchstextsorten.* Berlin / New York: de Gruyter.

TYMOCZKO, Maria (2007). *Enlarging Translation, Empowering Translators.* London / New York: Routledge.

UNGER, Gerard (2009). *Wie man's liest.* Zürich: Niggli-Verlag.

WATZLAWICK, Paul, Bavelas, Janet Beavin, Jackson, Don D. (1969). *Menschliche Kommunikation: Formen, Störungen, Paradoxien.* Bern: Hans Huber.

Primärtexte

APOLLINAIRE, Guillaume (1925). *Calligrammes.* 25. Auflage. Gallimard.

APOLLINAIRE, Guillaume (1969). *Poèmes à Lou. Précédé de Il y a.* Gallimard.

IV Sozialkompetenz und Kommunikation

1 Kommunikation als Beziehung

In Irland gibt es einen Gruß, der lautet: „Hihowareya?" Antwort: „Grand, grand". Die Frage „Hihowareya?" („Wie geht's?") ist gar keine Frage; kaum jemand erwartet eine wahrheitsgetreue Beschreibung des emotionalen oder gesundheitlichen Zustands der begrüßten Person. Auf ähnliche Weise ist die „Antwort" keine echte Antwort; „grand" könnte fast alles bedeuten, von „eigentlich ziemlich schlecht" bis „wunderbar".

In vielen anderen Kulturen und Sprachen gibt es ähnlich „nichtssagende" Äußerungen. Warum? Warum fragen wir, wie es jemandem geht, ohne wirklich zu *fragen*? Meistens wollen wir gar keine Auskunft und wundern uns, wenn wir eine „echte" Antwort wie „Heute bin ich überglücklich!" oder „Es geht mir heute ganz mies!" erhalten. Was bedeutet diese kurze Kommunikation denn wirklich?

Nun, wir haben bereits in Teil I festgestellt, dass Menschen nicht *nicht* kommunizieren können. Wir können uns auch nicht *nicht* verhalten. Sobald Menschen einander wahrnehmen, sehen, hören, ... beginnen wir, das gegenseitige Verhalten zu interpretieren. Ähnliches gilt für die Sprache: Alle Menschen sind sprach-begabte Wesen. Wir alle „haben" Sprache in dem Sinne, dass Sprache ein Merkmal der Spezies Mensch ist. Auch Menschen, die aus welchen Gründen auch immer nicht *sprechen* können, sind sprachliche Wesen und besitzen die Fähigkeit, Sprache irgendwie wahrzunehmen und sich zu verständigen.

Wir könnten also zu den bisherigen Grundprinzipien hinzufügen: Wir können nicht *nicht* sprachfähig sein. Sprache gehört zum Menschsein.

Seit Jahrhunderten fragen sich Philosoph*innen, Wissenschaftler*innen und andere, „wozu" die Menschheit Sprache entwickelt hat. In den letzten Jahrzehnten sind viele in der Wissenschaft zum Schluss gekommen, dass die *soziale* Funktion der Sprache zentral ist. Grob gesagt bedeutet das, dass es nicht nur um die Mitteilung von sachlicher Information geht, sondern immer auch um Beziehungsinformation. In vielen Fällen ist die Beziehungsinformation sogar wichtiger als die sachliche: Wer ist diese Person? Ist sie vertrauenswürdig? Teil meiner Gruppe? Kann ich mich auf sie verlassen? Ist Vorsicht geboten? etc. Wir haben bereits gesehen, wie stark die Beziehung zwischen Kommunikationspartner*innen die Interpretation des „Inhalts" einer Kommunikation beeinflusst. Wir haben auch gesehen, dass die Beziehungskonventionen von Gruppen und Kulturen auf bestimmte Weise unseren Umgang miteinander regeln. Menschen sind Herdentiere; das heißt, wir brauchen eine halbwegs stabile Gruppe von Wesen der gleichen Art (*homo sapiens*), um unser Wohlbefinden und Überleben zu sichern. Mitglieder der Gruppe gehen miteinander um, beziehen sich aufeinander, wollen wissen, woran sie sind mit allen anderen Gruppenmitgliedern. Anders ausgedrückt, die Gruppe braucht Struktur und Ordnung.

Es sind die Beziehungskonventionen, die unser Verhalten innerhalb der Gruppe ordnen und strukturieren. Sie liefern uns damit auch ein Interpretationsmuster für das Verhalten der jeweiligen Mitglieder. Wenn zum Beispiel in Irland jemand „Hihowareya?" sagt, wissen wir (wenn uns die Beziehungskonventionen vertraut sind), dass diese Person nicht nach unserem Befinden fragt; sie will lediglich einen höflichen Umgang pflegen und sagen, was erwartet wird. *Höflich* bedeutet in diesem Kontext, dass die Kommunikationspartner*innen einander als Menschen wahrnehmen, dies sprachlich ausdrücken und sonst nichts voneinander verlangen oder erwarten. Wir können Höflichkeit als die gegenseitige Wahrnehmung unter Berücksichtigung der erwarteten Umgangsformen definieren. Demnach ist Sprache als ein *Mittel der sozialen Interaktion* zu sehen.

Wie wir aber schon gesehen haben, bringt Sprache Menschen nicht immer zusammen. Sie kann auch missverstanden oder bewusst dazu verwendet werden, Menschen zu manipulieren oder zu täuschen. Das Gleiche gilt für andere Formen der menschlichen Kommunikation – manchmal bringt uns die Kommunikation zusammen und manchmal eher auseinander.

Im Grunde haben wir Menschen alle dabei das gleiche Grundbedürfnis: Wir wollen uns auskennen und in der Gruppe orientieren können. Es geht also immer um soziale Interaktion. Somit ist Kommunikationskompetenz mit Sozialkompetenz eng verwoben. Und die Beziehungen, von denen wir im Kontext der Kommunikation sprechen, sind immer *soziale* Beziehungen. Welche Rolle diese Feststellungen für die professionelle Transkulturelle Kommunikation spielen, ist das Thema dieses Teils unseres Buchs.

Empathie und Perspektivität

Erinnern Sie sich an den Kaninchen-Hasen des Begrüßungstextes? Wir haben schon ganz am Anfang erkannt, dass er viele Aspekte und Dimensionen der menschlichen Kommunikation symbolisiert. Eine dieser Dimensionen haben wir auch mehrmals erwähnt, ohne uns näher damit zu beschäftigen, wie sie die soziale Interaktion fördert: die *Perspektivität*, das heißt, die Fähigkeit, etwas aus unterschiedlichen Perspektiven zu betrachten.

Was sehen Sie?

Abb. 73: „Kaninchen und Ente“, Fliegende Blätter 1982 (Scan: Wikipedia)

Eine Ente? Einen Hasen? Beides? Etwas ganz anderes?

Wie schon das Bild in Teil II, das als zwei Gesichter oder eine Vase gesehen werden könnte, kann auch dieses Bild so oder so gesehen werden. Vorausgesetzt, wir *wollen* es aus unterschiedlichen Perspektiven sehen. Grundsätzlich gilt, dass wir das alle können: Alle Menschen sind grundsätzlich zur multiperspektivischen Sicht fähig. Mehr noch, wir sind alle auf diese Fähigkeit angewiesen, wenn wir funktionierende soziale Beziehungen eingehen und pflegen wollen. Warum? Und welche Rolle spielt diese psycho-biologische Grundausstattung für uns in der Transkulturellen Kommunikation?

Wie oben erwähnt, sind wir Menschen eine soziale Spezies, für die der Zusammenhalt der Gruppe überlebenswichtig ist. Wer andere Menschen nicht versteht, ihre Absichten nicht abschätzen und ihre Ansichten nicht nachvollziehen kann, ist als Gruppenmitglied benachteiligt. Das Potenzial, auf andere Menschen einzugehen, ist deshalb jedem Menschen angeboren. Dieses Potenzial wird durch eine passende Umgebung, zum Beispiel durch die Interaktion mit anderen Menschen, die unser Verhalten bestätigen und verstehen, im Laufe der ersten Lebensjahre entwickelt. Wir lernen allmählich, dass unsere Handlungen und Äußerungen (sei es auch nur Weinen oder Schreien) bestimmte Verhaltensweisen bei den Menschen in unserer Umgebung auslösen. Wir lernen also, dass unser Verhalten etwas bei anderen bewirkt: Wir lernen, zu kommunizieren. So lernen wir auch, zwischen uns selbst und unserer Umgebung (anderen Menschen) zu unterscheiden. Wir entwickeln durch die Interaktion allmählich ein Ich-Gefühl und begreifen, dass andere Menschen eben andere sind.

Um das eigene Verhalten sinnvoll gestalten zu können, brauchen wir eine Vorstellung davon, was andere davon halten könnten – was es *für sie* bedeutet. So entwickelt sich schnell (ca. bis zum 4. Lebensjahr) die Erkenntnis, dass andere Menschen nicht zwangsäufig die Dinge so sehen, wie wir das tun. Es entsteht das, was Wissenschaftler* innen *Theory of Mind* nennen: die Einsicht, dass es möglich ist, die Welt anders zu sehen. Mit dieser Einsicht ausgestattet sind wir dann fähig, uns von anderen zu unterscheiden und somit auch ihre Handlungen und Äußerungen von den eigenen zu unterscheiden. Dies macht es uns nicht nur möglich, andere zu verstehen; wir können sie dann auch täuschen, überzeugen oder hintergehen. Unabhängig davon, was wir damit machen, bildet die Theory of Mind (diese Bezeichnung wird auch auf Deutsch verwendet) die Grundlage unserer Fähigkeit, eine Beziehung einzugehen. Ohne sich vorstellen zu können, dass andere Personen ein anderes Leben führen, andere Bedürfnisse und Interessen haben und daher die Welt wie auch uns selbst aus einem anderen Blickwinkel betrachten, würden wir de facto nur Gespräche mit uns selbst führen. Die Unterscheidung zwischen *Ich* und *Du* ist fundamental und die Voraussetzung für jede auch nur minimale Interaktion. Diese Unterscheidung ist gleichzeitig eine Beziehung, die emotionaler und kognitiver Natur ist.

Das Vermögen, die Erfahrungen und Gefühle anderer zu erkennen und zu verstehen, nennt man auch *Empathie*. Wie wir sehen werden, spielt der Grad an Empathiefähigkeit eine maßgebliche Rolle beim Gelingen oder Scheitern der Kommunikation.

Die Feststellung, dass Empathie mit Gefühlen zusammenhängt, soll nicht den Eindruck erwecken, dass sie als „kommunikativer Luxus“ betrachtet werden soll, auf den man in der „realen Welt“ der Berufspraxis und des Geschäftslebens verzichten kann. Ganz im Gegenteil. Der schottische Philosoph Adam Smith, dessen Wirtschaftstheorien noch heute als relevant und richtungsweisend gelten, erkannte bereits im 18. Jahrhundert den Stellenwert des sogenannten Einfühlungsvermögens im Vorhersagen und Abschätzen sozialer Bewegungen und des wirtschaftlichen Verhaltens bestimmter Gruppen. Und heute werden gerade im Bereich der Wirtschaftswissenschaften viele Theorien über Kaufverhalten, Sparneigungen, Risikobereitschaft etc. aus der Empathie- und Theorie-of-Mind-Forschung entwickelt.

Empathie- und Einfühlungsvermögen, die einer robusten Theory of Mind entstammen, sind allgemein Voraussetzungen dafür, dass wir andere Menschen sowie ihr Verhalten einschätzen und einordnen und uns im eigenen Verhalten danach richten können. Wer das nicht kann, wer keine Empathiefähigkeit entwickelt hat, fällt durch sein*ihr asoziales Verhalten auf. Der Charakter Sheldon Cooper in der US-amerikanischen Fernsehserie *The Big Bang Theory* zum Beispiel wirkt deswegen „seltsam" oder „lustig", weil er die einfachsten, banalen, alltäglichen emotionalen Regungen (und die damit verbundenen Gedanken) seiner Mitmenschen meist nicht einordnen kann. Seine Logik ist rein rationaler Natur und er ist unfähig, sich eine andere vorzustellen. Er hat keinen Begriff davon, dass andere Menschen etwas empfinden, das er nicht rational begründen kann. Das führt auch dazu, dass er nicht wahrnehmen kann, wie er selbst auf andere wirkt. Seine unterentwickelte Theory of Mind verhindert auch die Vorstellung, dass andere Personen ihn anders sehen könnten, als er sich selbst wahrnimmt.

Wir sehen also, dass Empathie bzw. Theory of Mind in zweifacher Hinsicht für gelungene soziale Interaktion notwendig ist: Um sich in andere einzufühlen und um Selbstwahrnehmung durch andere Perspektiven zu ergänzen.

Dies kann ganz konkrete Folgen haben und auch zur Manipulation verwendet werden. Wenn zum Beispiel ein Unternehmen durch das Verursachen einer Umweltkatastrophe (Ölpest oder Ähnliches) das öffentliche Image beinträchtigt, wird es sehr schnell Maßnahmen ergreifen wollen, um den Imageverlust möglichst gering zu halten. Um überhaupt einen Begriff von Image zu haben, muss dem Unternehmen klar sein, wie es auf andere wirkt. Die Marketing- bzw. Public-Relations-Abteilung wird sich dann bemühen, die öffentliche Stimmung abzuschätzen, und sich überlegen, welche Schritte geeignet wären, die kollektiven Gefühle in eine positive Richtung zu lenken. Ohne Theory of Mind wäre dies alles nicht möglich. Und wenn es sich, wie so oft, um ein multinationales Unternehmen handelt, braucht man eine Theory of Mind, die sehr vielfältige kulturelle Perspektiven berücksichtigt – sei es nur für die Zwecke der eigenen Image-Pflege.

Ein Beispiel für multikulturelle Perspektivität liefert eine Dolmetschung, die vor ein paar Jahren in Österreich zu hören war.

Der damalige Premierminister von Australien hielt eine Rede, um sich im Namen des Staates für Verbrechen gegen die Ureinwohner*innen Australiens zu entschuldigen. Diesen Menschen wurden über Jahrzehnte die Kinder weggenommen, um diese bei „weißen" Familien als „weiß" zu erziehen. Man nahm ihnen das Land weg. Sie wurden erniedrigt, diskriminiert, von der „weißen" Gesellschaft verpönt. Erst nach sehr langer Zeit wurden diese Handlungen im gesellschaftlichen Bewusstsein als Verbrechen erkannt. Es wurden Veranstaltungen organisiert, um die Geschichte der sogenannten

„Forgotten Australians“ in gebührendem Rahmen thematisieren zu können. Internationale Medien berichteten von den Ereignissen, darunter auch österreichische Medien. Hier ein Ausschnitt aus der Rede des damaligen Premierministers, Kevin Rudd:

> We come together [...] to say to you, the Forgotten Australians, and those who were sent to our shores as children, without their consent, that we are sorry. Sorry that as children, you were taken from you families [...] Sorry for the physical suffering, the emotional starvation and the cold absence of love, of tenderness, of care. Sorry for the tragedy, the absolute tragedy of childhoods lost [...]

Wir sehen, dass es sich um sehr intensive Emotionen handelt: das Fehlen von Liebe und Zärtlichkeit, emotionale Kälte, verlorene Kindheit. Das sind alles grausame Erfahrungen, ausgelöst durch grausame Taten. Durch die Wiederholungen des einfachen Wortes *sorry* entsteht ein textueller Rhythmus, der die Emotionalität steigert und der Entschuldigung des Staates Gewicht verleiht.

Diese Rede wurde in einer österreichischen Nachrichtensendung ins Deutsche gedolmetscht. Es wurde bei der Dolmetschung die sprachliche Struktur der Rede beibehalten, aber leider nicht die emotionale Kraft. Denn das englische Wort *sorry* wurde ins Deutsche als *sorry* übertragen. Überlegen Sie sich bitte kurz, wann Sie im Deutschen *sorry* sagen. Es wird Ihnen bestimmt bald auffallen, dass bei der Dolmetschung etwas „nicht stimmt“. Was nicht stimmt, ist die emotionale Wirkung. Man sagt nicht „Sorry, ich habe deine Kindheit geraubt.“ oder „Sorry, dass wir euch emotional ausgehungert haben.“

Es sei denn, man meint es ironisch, herablassend oder mit grausamer Absicht. Solche Äußerungen wirken wie eine Beleidigung und nicht wie eine tief empfundene Entschuldigung. Was fehlte seitens der dolmetschenden Person, war Einsicht in die emotionale Wirkung der Dolmetschung. Das deutschsprachige Publikum, das die Rede auf Deutsch hört, gewinnt einen ganz anderen Eindruck von den Worten und auch Absichten des Premierministers. Und da in diesem Fall der vorrangige Zweck der Rede und aller damit verbundenen Veranstaltungen in deren emotionaler Wirkung bestand, wurde ein falsches Bild der Geschehnisse ausgestrahlt. Es handelt sich nicht nur um „ein kleines Wörtchen“, sondern um die Fehlinterpretation oder zumindest Fehlübertragung der emotionalen Dimension dieser sozialen Interaktion.

Die Logik von Sheldon Cooper würde das nicht erklären können. Dazu brauchen wir die Fähigkeit, die Gefühle anderer Menschen nachvollziehen zu können.

Kommunikationssituationen und kommunikative Bedürfnisse

Am Beispiel der Dolmetschung der Rede des australischen Premierministers sehen wir, dass ohne Berücksichtigung der emotionalen Komponente der Kommunikation situationsadäquates Verstehen kaum möglich ist.

Das Beispiel zeigt auch, wie wichtig ein Bewusstsein für die Emotionalität bei professioneller Transkultureller Kommunikation sein kann. Dabei geht es aber nicht nur um die Emotionen, die andere Kommunikationsteilnehmer*innen empfinden oder bewirken, es geht auch um unser eigenes emotionales Befinden. Denn auch professionell tätige Kommunikationsteilnehmer*innen nehmen emotional an der Kommunikation teil. Und wie wir gesehen haben, gehört es zur Professionalität, dass wir die in der Kommunikationssituation auftretenden Emotionen erkennen und einordnen können.

Im vorigen Teil unseres Buchs haben wir uns hauptsächlich mit geschriebener Kommunikation beschäftigt und uns mit der Identifizierung von Kriterien auseinandergesetzt, die die Interpretation beeinflussen können. Wie sieht es nun mit der mündlichen Kommunikation aus? Welche Faktoren treten dabei in Erscheinung, die wir als Kommunikationsexpert*innen berücksichtigen sollten?

Zunächst erinnern wir uns an das Grundprinzip, dass wir Menschen uns in der Welt auskennen und orientieren wollen. Wir haben gesehen, wie dieses Prinzip in Bezug auf Kommunikation gilt: Wir suchen spontan eine Erklärung für das Verhalten anderer. Dies bewirkt eine spontane Interpretation, die wir in der Textdiskussion auch als die Stiftung von Sinn bezeichnet haben.

Wie wir alle wissen und täglich erleben, findet diese spontane Sinnstiftung auch in der mündlichen Kommunikation statt. Wir hören eine Stimme und machen uns sofort aus dem Tonfall, der Lautstärke, der Aussprache etc. ein Bild davon, wie die Person aussieht. Vielfach bewirkt die Stimme eine spontane Vorstellung des Alters, des Geschlechts und sogar der Persönlichkeit, ohne dass wir die Person je gesehen hätten. Wenn wir mit einer uns vertrauten Person telefonieren, „sagt“ uns oft nur ein einziges Wort, wie es ihr geht. Bei der mündlichen Kommunikation kommt also eine Reihe von

Faktoren ins Spiel, die bei der schriftlichen in dieser Form nicht vorhanden sind.

Dies gilt in noch größerem Ausmaß für die sogenannte Face-to-Face-Kommunikation, also die Form von Kommunikation, in der Menschen einander „von Angesicht zu Angesicht" sehen.

Sie haben bestimmt schon einmal erlebt, wie es ist, jemanden face-to-face kennenzulernen, den* die Sie bisher nur über Telefonieren oder Chatten oder Ähnliches gekannt haben. Das kann manchmal eine große Überraschung – oder ein Schock – sein. Warum? Kurz gesagt: Die Interpretation der Stimme oder des schriftlichen Textes prallt auf die spontane Interpretation der Person, die vor Ihnen steht.

Stellen Sie sich zum Beispiel vor, Sie hätten jemanden über einen der folgenden Texte kennengelernt:

> Bin ein netter Kerl, immer am Boden der Tatsachen. Ich bin gerne in Gesellschaft und allgemein eher unternehmungslustig. Meine Interessen sind: Fitnessstudio, gemütliches Beisammensein mit Freunden, meine PS4, Musik (Elvis ist immer noch The King!), Theater, Ausflüge und Reisen. Ich denke, ich bin für vieles zu begeistern. Einfach melden!

> Ich bin eine Frau mit guter Figur – also stattlich und rund! 66 Jahre jung, nicht zu klein und nicht zu groß und stehe mit beiden Beinen im Leben. Meine größten Hobbys sind Lesen und Wandern. Ich bin verständnisvoll und warmherzig und ich liebe Hunde! Du auch? Dann freue ich mich auf deine Nachricht!

Sie machen sich sofort ein Bild von der Person, die sich so vorgestellt hat. Dabei handelt es sich wirklich um eine *Vorstellung*: Die Person sagt uns zwar „So bin ich." Aber eigentlich sagt sie: „So sehe *ich* mich." Sie wählt aus der Fülle der Eigenschaften, die ihre Persönlichkeit ausmachen, diejenigen aus, die ihr am besten gefallen. Und wir sollen sie auch so sehen. Wir sollen ihre Selbstwahrnehmung und Selbstselektion akzeptieren und übernehmen. Dass wir dies nicht zur Gänze können, haben wir bereits in früheren Kapiteln gelernt: Selbstwahrnehmung und Fremdwahrnehmung klaffen immer auseinander.

Wir interpretieren den Text also aus der eigenen Perspektive und machen uns ein eigenes Bild von der Person, die sich so beschrieben hat.

Hätten Sie zum Beispiel nach Lektüre der obigen Texte erwartet, eine der folgenden Personen kennenzulernen?

Abb. 74: Unterschiedliche Menschen (Fotos: pixabay)

Was passiert nun, wenn wir einander treffen? Die Selbstdarstellung und die Fremdwahrnehmung stoßen auf eine neue Wahrnehmung, die durch zusätzliche Faktoren beeinflusst wird: Die physische Erscheinung gekoppelt mit unseren bisherigen Erfahrungen mit Menschen, die „so aussehen".

Auch in der Face-to-Face-Kommunikation tritt der Erklärungs- bzw. Sinnstiftungszwang in Erscheinung. Und auch hier beziehen wir uns auf ein „Wissen", das uns durch die eigene Lebenserfahrung und die uns vertraute/n Kultur/en und Diskurse vermittelt wurde. Wir interpretieren das physische Erscheinungsbild anderer Menschen in Bruchteilen von Sekunden. Wir alle tun das, und auch hier gilt: Wir können nicht *nicht* interpretieren.

Sobald wir jemandem begegnen, schaltet sich der Interpretationsprozess ein. Was ist das für ein Mensch? Zum Beispiel: Sympathisch? Unfreundlich? Charmant? Wir lernen, auf Merkmale zu achten, die in unsere/n Kultur/en als relevant gelten: Geschlecht? Alter? Hautfarbe? Sozialer Status? Kleidung? etc. Die spontane Zuschreibung von Eigenschaften, die vor allem in der Face-to-Face-Kommunikation eintritt, nennen wir in der Wissenschaft *Attribuierung* oder auch *Attribution.*

Bei der Attribuierung bzw. Attribution findet eine Selektion statt, die von gesellschaftlich konstruierten Merkmalen geprägt ist. Das bedeutet, wir machen Unterscheidungen und ziehen daraus Schlussfolgerungen, die wir für „selbstverständlich“ oder evident halten.

Mann oder Frau? Jung oder alt? „Schwarz“ oder „weiß“? Oder: Alt und daher hilfsbedürftig; jung und daher dynamisch; männlich und daher stark … auch wenn wir nicht alle die gleichen Schlussfolgerungen ziehen, können wir davon ausgehen, dass die Schlüsse, die wir aus der physischen Erscheinung von Menschen ziehen, stark sozial geprägt sind.

Wir schreiben nicht nur Individuen, sondern vielfach auch ganzen Gruppen Eigenschaften zu: Frauen sind emotional nicht belastbar, Italiener*innen sind lebensfroh, „Schwarze“ haben ein gutes Rhythmusgefühl etc. Wenn wir dann Individuen vorrangig als Mitglieder oder Repräsentant*innen einer dieser Gruppen sehen, interpretieren wir ihr Verhalten auf der Basis der gruppenspezifischen Attribution. Das Individuum wird dabei weder in seiner spezifischen Lebensgeschichte noch im Kontext einer bestimmten Situation bewertet – er*sie gehört der undifferenzierten Kategorie „Frau“, „Italiener*in“, „Schwarze*r“ etc. an.

Während es durchaus üblich und sogar notwendig ist, Kategorien als anfängliche Anhaltspunkte fungieren zu lassen, sind damit auch Risiken verbunden. Wir laufen nämlich Gefahr, es dabei zu belassen und eine weitere Differenzierung zu verhindern. Was passiert nun, wenn ein Mensch nur als Repräsentant*in einer Gruppe gesehen (und behandelt) wird?

Ein Mensch, dem die Einzigartigkeit des eigenen Lebens abgesprochen wird, verliert jegliche Individualität. Ihm werden Eigenschaften zugeschrieben, die „alle“ Mitglieder der Gruppe angeblich teilen. Dadurch werden individuelle Eigenschaften verdrängt und nicht wahrgenommen. Das haben wir am Beispiel der Schlagzeile „Afghane sticht auf 16-jährige Nadine ein“ gesehen. Der Tatverdächtige ist „nur“ Afghane, während Nadine als Individuum präsentiert wird. Es kommt zu Verallgemeinerungen, die gerade deswegen schwer zu widerlegen sind, weil die damit erfassten Menschen nur als Schablonen fungieren. Ihr reales Leben wird irrelevant und ausgeblendet.

Dieser Prozess der undifferenzierten Kategorisierung, den wir auch *Stereotypisierung* nennen, bringt gewisse kognitive Vorteile. Wer Menschen leicht (und leichtfertig) kategorisiert, muss sich nicht die Mühe machen, weiter darüber nachzudenken. Er*sie „weiß“ einfach, dass Frauen, Italiener*innen, „Schwarze“ etc. „so sind“ … Wenn wir einzelne Menschen ausschließlich in grobe Gruppenkategorien unterbringen, erspart uns das viel kognitive Arbeit.

Diese kognitive Entlastung hat allerdings einen hohen Preis: Wir lernen nichts dazu. Denn jedes „Gruppenmitglied“, das sich nicht „gruppenkonform“, also nicht unseren Erwartungen entsprechend, verhält, wird zur „Ausnahme“ erklärt. Um bei den obigen Beispielen zu bleiben: Eine Frau, die sich emotional robust zeigt, ein*e schwermütige*r Italiener*in oder „ein* Schwarze*r“, der*die nicht tanzen kann, werden als „keine echte Frau“, „kein*e echte*er Italiener*in“ bzw. „kein*e echte*r Schwarze*r“ oder als seltsam abgetan.

So kann man an der Gültigkeit der Verallgemeinerung festhalten. Jedes „Gegenbeispiel“ wird als Irrtum, als Ausnahme oder als nicht zur Gruppe gehörend erklärt. Es wird keine Entwicklung, Differenzierung oder Ergänzung der Merkmale zugelassen. Wer allerdings eine Begriffserweiterung zulassen will und kann, könnte zum Beispiel die Kategorie „‚Schwarze‘ haben Rhythmus“ durch die Erkenntnis bereichern, dass sehr viele Menschen mit starker Pigmentierung nicht gut oder nicht gerne tanzen. Dieses Zulassen von Erkenntnissen, die aus der Lebenserfahrung kommen, nennt man *lernen*. Wer diese Erkenntnis nicht zulässt, lernt nichts dazu und verstärkt sein*ihr stereotypes Denken.

Warum sind diese Überlegungen für uns in der Transkulturellen Kommunikation so wichtig? Hauptsächlich deswegen, weil wir das Gelingen von Kommunikationsprozessen fördern und unterstützen wollen. Stereotypisches Denken und starre Kategorisierung verhindern den gegenseitigen Respekt, der die Basis und Voraussetzung für gelungene Kommunikation darstellt.

Wir haben bereits in Teil II darüber gesprochen, wie mangelnder Respekt kognitive und emotionale Barrieren aktivieren kann, sodass jede*r Kommunikationspartner*in beim eigenen Standpunkt gefangen bleibt. Ohne die Aussicht auf einen Perspektivenwechsel, der auf Empathie und Verständnis beruht, ist gegenseitiges Verstehen nicht möglich.

Wenn wir nun diese Erkenntnis im Kontext sozio-politischer Machtverhältnisse betrachten, gewinnt die Frage der Empathie noch mehr Relevanz.

Wie wir bereits festgestellt haben, existiert trotz grundsätzlicher Gleichwertigkeit eine erkennbare Kulturhierarchie. Mit anderen Worten, manchen Kulturen wird aufgrund ihrer politischen und ökonomischen Macht ein höherer globaler Status zuerkannt als anderen. Im Kontext der Kategorisierung von Menschen als Gruppenmitglieder bedeutet das, dass auch diesen Gruppen ein höherer oder niedrigerer Status zugeschrieben wird. Individuen, die vorranging als Mitglieder solcher Gruppen identifiziert werden, wird der entsprechende Status zugewiesen. Und sie werden entsprechend (gut oder schlecht) behandelt.

Angesichts unserer Einsichten bezüglich der spontanen Kategorisierung in der Face-to-Face-Kommunikation spielt Status-Zuschreibung im Kommunikationsablauf eine wichtige Rolle.

Wenn wir spontan einer Person einen höheren Status zuschreiben (zum Beispiel aufgrund der Kleidung, der „Hautfarbe", des Alters etc.), behandeln wir sie anders als eine Person, die wir auf einer niedrigeren Hierarchiestufe einordnen. Diese Einordnung drückt sich in unserem Verhalten aus: in unserer Stimme; in unserer Mimik und Gestik; darin, wie viel Raum wir einnehmen; im Nähe-Distanz-Verhältnis etc. Sie drückt sich auch in unserem Sprachverhalten aus: Verwenden wir zum Beispiel komplizierte Ausdrücke, wenn wir mit „fremdsprachigen" Personen reden? Setzen wir Fachausdrücke und Fremdwörter ein, wenn die Gesprächspartner*innen „beeindruckt" werden sollen? etc.

Diese einzelnen Aspekte des Verhaltens werden sofort in ihrer Gesamtheit von Gesprächspartner*innen wahrgenommen. Auch wenn wir die Details nicht einzeln aufzählen oder benennen können, spüren wir alle, wie jemand im Gespräch „zu uns steht". Und diese Einstellung der Gesprächspartner*innen wirkt dann auf unser Verhalten. Wie schon mehrmals gesagt: Kommunikation ist ein *bilateraler Prozess.*

Ein Bewusstsein für die Einwirkung der sozio-politischen Hierarchie und des kulturellen Status hilft uns, mit den eigenen spontanen Reaktionen professionell umzugehen.

Zuschreibung und Kategorisierung können wir nicht ausschalten. Wir können aber sehr wohl die eigenen Gefühle identifizieren und analysieren. Vielleicht nicht immer und nicht sofort, aber mit der Zeit lernen wir, unsere Spontankategorisierung zu hinterfragen, neue Informationen anhand realer Situationen zuzulassen und Menschen als Individuen und nicht (nur) als Mitglieder einer Gruppe zu sehen. So vermeiden wir Stereotypisierung und die damit verbundenen kommunikativen Pannen.

Das bewusste Hinterfragen der eigenen Kategorisierung hilft uns auch, die Perspektiven unserer Gesprächspartner*innen einzunehmen: Wie sehen sie *uns*? Welcher Status wird uns zugeordnet? Aus welchen Gründen? Dies ermöglicht uns ein differenziertes Eingehen auf ihre Bedürfnisse sowie eine gewisse Distanzierung von der eigenen Perspektive. Die Erkenntnis der

Gründe, warum wir Menschen so oder so wahrnehmen, fördert die Empathiefähigkeit. Und diese wiederum fördert ein Gelingen der Kommunikation.

Ein Wort noch zur Gruppenzugehörigkeit: Wir haben in unserem Buch immer wieder die Relevanz der kulturellen Prägung unseres Verhaltens betont. Es gibt kaum einen Aspekt des Lebens, der davon unberührt bleibt. Wir dürfen allerdings nicht vergessen, dass jede*r von uns auch ein einmaliges, einzigartiges Individuum ist. Sie, liebe*r Leser*in, gibt es nur einmal auf der Welt. Auch wenn die Art, wie Sie leben, sprechen, sich kleiden etc. stark von Kulturkonventionen und kulturellen Erwartungen geprägt ist, bleiben Sie eine einzigartige Manifestation davon – und wollen bestimmt auch so gesehen und behandelt werden. Wir dürfen in der Diskussion von Kultur als Rahmen unseres Lebens nicht die Einzelnen übersehen, die diesen Rahmen erleben.

Auch in dieser Hinsicht ist Empathie zu verstehen: Einfühlungsvermögen ist in konkreten, realen Situationen gefragt, in denen reale Menschen über ihre Interessen sprechen. Empathie und die Einordnung unserer Gefühle brauchen wir also auch in der realen Berufspraxis. Hier ein Beispiel einer Annonce von einer Flüchtlingsorganisation (basierend auf einer Anzeige des Diakonie-Flüchtlingsdiensts in Wien, 2016):

Wir suchen DolmetscherInnen für folgende Aufgaben:

Die DolmetscherInnen werden hauptsächlich in Sozialberatungsgesprächen eingesetzt. Diese drehen sich um Themen wie Weiterbildungsmöglichkeiten, Familie, Gesundheit und Trauma. DolmetscherInnen sollen folgende Voraussetzungen erfüllen:

- Solide Sprachkompetenz in Ausgangs- und Zielsprache
- Transkulturelle Kompetenz
- Fähigkeit, in emotional belastenden Situationen zu dolmetschen
- Fähigkeit zur Selbstreflexion und Auseinandersetzung mit der eigenen Rolle in gedolmetschten Gesprächen

In der professionellen Transkulturellen Kommunikation wollen und sollen wir Gefühle nicht ausschalten. Wir sollen und wollen lernen, sie zu erkennen und für die jeweilige Situation passend einzusetzen.

Offenheit, Respekt und eine gewisse Sensibilität für Hierarchien und Machtverhältnisse – und die Art und Weise, wie sie sich in Texten äußern – sind sehr wichtig für gelingende Kommunikation. Kommunikationsexpert*innen brauchen Empathie, sie müssen sich in die Kommunikationspartner*innen und ihre kommunikativen Bedürfnisse hineinversetzen können. Dies gilt nicht nur für das Dolmetschen oder Übersetzen, sondern auch für andere Tätigkeitsfelder, in denen Transkulturelle Kommunikation stattfindet, zum Beispiel in der Kunst- und Kulturvermittlung, in der Öffentlichkeitsarbeit, im Journalismus oder der Kommunikationsberatung. Damit ein Text professionell gestaltet werden kann, ist einiges zu klären, darunter die folgenden Fragen:

Was für Ziele sollen in der Kommunikationssituation erreicht werden? Wie möchte sich die betreffende Person oder das betreffende Unternehmen positionieren? Welche Rolle spielt dabei der Text, der gestaltet werden soll? Was kann mit einem solchen Text erreicht werden? In welchem Zusammenhang steht der Text mit anderen Texten oder anderen Aktivitäten der Person oder des Unternehmens?

Professionalität besteht darin, kommunikative Bedürfnisse im Zusammenhang mit der gesamten Kommunikationssituation und ihrem kulturellen Umfeld zu betrachten: Es geht darum, das Zusammenspiel von Text und Kontext, von Texten in ihrem gesellschaftlichen Umfeld zu verstehen. Dabei müssen wir auch realistisch einschätzen können, welche Rolle Text und Kommunikation bei der Erreichung von Zielen spielen.

Je mehr wir über die tatsächlichen Bedürfnisse und Wünsche, über den Kontext und über das kulturelle Umfeld wissen, desto genauer können wir die Gestaltung von Texten planen und desto besser können wir den Text auf die kommunikativen Bedürfnisse und auf das jeweilige Umfeld abstimmen.

Wir werden wahrscheinlich nicht von vornherein alles über die Situation wissen, was wir brauchen würden, um den Text zu gestalten. Wahrscheinlich werden wir einige nötige Informationen noch recherchieren müssen und bei Bedarf auch den Auftraggeber*innen, die wir bei der Kommunikation unterstützen, weitere Fragen stellen.

Damit wir die richtigen Fragen stellen und gezielt recherchieren können, müssen wir uns dessen bewusst werden, was wir bereits wissen und worauf wir aufbauen können. Und wir müssen uns darüber klar werden, was wir noch nicht wissen und was wir noch herausfinden müssen.

Es braucht also eine Analyse der Situation und unseres Wissensstands über die Situation. Dabei müssen wir uns in die Situation hineinversetzen können. Wie ein sprachliches Element gemeint ist, kann nur aus der Situation heraus beurteilt werden. Sprachliche Elemente sind mehrdeutig.

Wie vielseitig ein einzelnes Wort – je nach Situation – interpretiert werden kann, zeigt die Schauspielerin Ewa Placzynska launig in einem satirischen „Tutorial", das auf YouTube innerhalb von knapp 2 Jahren ca. eine Million Klicks bekommen hat: „How to speak Viennese using only one word". Das Wort ist „Oida". Es kann Erstaunen, Bewunderung, Ärger oder Belustigung ausdrücken – und noch ein paar durchaus komplexe Sachverhalte dazu, wie wir in dem Video „lernen".

Abb. 75: Ein Wort, viele Bedeutungen (Grafik: CTL)

Wie ein Wort wie „Oida" gemeint ist, ist aber nicht nur ein Thema für Satire. Die Frage kann sogar vor Gericht verhandelt werden: Wenn jemand eine*n Polizist*in mit „Oida" anredet, dann kostet das 100 Euro Strafe für „Anstandsverletzung" (wie Fälle in Linz und Wien 2017 und 2018 gezeigt haben). Stellen Sie sich nun vor, jemand sagt neben einem Polizisten „Oida" und möchte den Polizisten damit aber gar nicht ansprechen, sondern verwendet das Wort als einen unpersönlichen Ausruf des Erstaunens oder Ärgers. Dann könnte es sein, dass diese Person damit argumentiert, dass hier keine „Anstandsverletzung" vorliegt, sondern „einfach nur" Jugendsprache verwendet worden ist – und deshalb Berufung gegen die Geldstrafe einlegt. So einen Fall gab es Ende 2018 in Wien. Wenn das Gericht nun entscheidet, ob die Strafe gerechtfertigt ist oder nicht, dann basiert diese Entscheidung auf einer Interpretation der Kommunikationssituation: Wie war „Oida!" in der betreffenden Situation gemeint? Als – wenig respektvolle – Anrede im Sinne von „Du Alter!" oder als saloper jugendsprachlicher Ausruf, der sich auf einen Sachverhalt bezieht und nicht auf eine Person? Also so ähnlich wie der Atheist in Teil III „Gott sei Dank" sagt und dabei „glücklicherweise" meint? Und was ist, wenn der Polizist sich auch dann beleidigt oder nicht ernst genommen fühlt?

Wenn wir uns als Kommunikationsexpert*innen mit Gemeintem auseinandersetzen, dann geht es nicht immer gleich um die Frage von „Anstandsverletzungen" oder anderen Fragen, die zivil- oder strafrechtlich relevant sind (obwohl das natürlich auch vorkommen kann). Aber auch in anderen Situationen müssen wir uns – ebenso wie das Gericht im Oida-Fall – gut in die Kommunikationssituation und in die kommunikativen Bedürfnisse *beider* Seiten hineinversetzen können.

Dabei geht es um die Frage, welche sprachlichen Mittel welche Wirkung hervorrufen (können). Ganz abgesehen von der Frage, inwieweit „Oida" in einer bestimmten Situation als Anrede gebraucht wird oder nicht, ist es in einem bestimmten Sprachregister (einer bestimmten Form der Sprachverwendung also) zu verorten, nämlich in der Umgangssprache bzw. Jugendsprache.

Außerdem spielen Bedeutungsveränderungen, -verengungen oder -erweiterungen eine wichtige Rolle. Bedeutungen sind nicht auf alle Zeiten festgeschrieben, Sprache entwickelt sich dynamisch. Dabei entstehen neue Phrasen, Ausdrücke, Abkürzungen und neue Bedeutungen, die nicht immer für alle verständlich sind. Besonders deutlich ist dies in der Jugendsprache zu sehen. Die Bedeutung von „YOLO", „lmao" oder „sheesh" lässt sich nur schwer aus Bekanntem ableiten, wer also nicht schon weiß, dass damit „you only live once" und „laughing my ass off" gemeint ist bzw. Verwunderung zum Ausdruck gebracht werden soll, kann sich dies auch nur schwer herleiten. Das zum Ausdruck Gebrachte wird nur verstanden, wenn die Konventionen der Gruppe bekannt sind. Damit können Personen je nach Kommunikationssituation in die In-Group einbezogen oder auch ausgeschlossen werden. Dabei geht es nicht nur um Verstehen, sondern auch um Gruppenbeziehungen und um Positionierung.

In einer Kommunikationssituation ergibt sich die Wirkung einer Äußerung nicht nur durch die lexikalische (wörtliche) Bedeutung von sprachlichen Elementen, sondern auch dadurch, welcher Art der Sprachverwendung, also welchem Register sie zuzuordnen sind, zum Beispiel der Jugendsprache, der Umgangssprache, einem gehobenen Sprachregister oder auch verschiedenen Fachsprachen oder der allgemeinen Wissenschaftssprache.

Wenn sich jemand – zum Beispiel eine Person im öffentlichen Dienst – durch „Oida“ oder „sheesh“ beleidigt fühlt, dann muss dies also nicht unbedingt daran liegen, dass er*sie sich direkt angesprochen fühlt, sondern es könnte auch daran liegen, dass er*sie ein anderes Sprachregister erwartet hätte und es als „unhöflich“ oder „respektlos“ empfindet, wenn mit ihm*ihr „Slang“ gesprochen wird. Ähnlich wie die Universitätsprofessorin in Teil III ein achtlos geschriebenes E-Mail als unhöflich interpretieren kann.

Wenn wir uns in eine Kommunikationssituation und die kommunikativen Bedürfnisse von Kommunikationspartner*innen hineinversetzen, dann müssen wir solche Fragen der Sprachverwendung ebenfalls berücksichtigen. Dabei spielen sowohl Sprachregister als auch sprachliche Korrektheit (die auch als Sorgfalt interpretiert werden kann) eine Rolle. Darüber hinaus kann kommunikative Wirkung auch durch die Verwendung unterschiedlicher Sprachen erzielt werden. Darauf werden wir im nächsten Kapitel noch genauer eingehen.

Auf den Punkt gebracht

1. Äußerungen müssen im Kontext der Kommunikationssituation und ihres kulturellen Umfelds eingeschätzt werden.
2. Professionelle Kommunikation braucht Empathie; wir müssen uns in die kommunikativen Bedürfnisse der Kommunikationspartner*innen hineinversetzen können.
3. Dazu gehört auch, dass wir die Wirkung sprachlicher Elemente einschätzen können (Register, Sprachrichtigkeit, Verwendung bestimmter Einzelsprachen).
4. Sozialkompetenz ist ein wichtiger Teil der Kommunikationskompetenz.
5. Sozialkompetenz erfordert die Bereitschaft, für andere Perspektiven offen zu sein und den Standpunkt anderer Menschen und Kulturen zu respektieren.
6. Gelungene Transkulturelle Kommunikation erfordert die Bereitschaft, andere verstehen zu wollen.
7. Standpunkte, die mit dem eigenen nicht kompatibel sind – zum Beispiel aus ethischen oder religiösen Gründen – können dennoch respektiert werden.

8. Respektieren bedeutet: Ich akzeptiere, dass deine Perspektive aufgrund deiner Lebenserfahrung, deiner sozio-kulturellen Prägung etc. für dich gültig ist.
9. Andere Menschen zu verstehen erfordert Empathie.
10. In der Face-to-Face-Kommunikation entstehen bei allen Menschen spontane Interpretationen und Zuschreibungen.
11. Der bewusste Umgang mit den eigenen Gefühlen und Gedanken hilft uns, situationsadäquat zu handeln.
12. Menschen sind nicht nur als Vertreter*innen einer Kultur zu betrachten. Jede*r ist auch ein einzigartiges, einmaliges Individuum und will auch so behandelt werden.
13. Höflichkeit als wesentlicher Teil der Sozialkompetenz fördert das Aushandeln von fairen Interaktionsmustern.

Zum Weiterdenken und Vertiefen

1. Nicht nur „Oida“ kann sehr unterschiedliche Bedeutungen annehmen. Je nach Betonung und Klangmelodie gilt das auch für alle anderen Wörter einer Sprache.
   a. Versuchen Sie einmal, das Wort „Bitte“ auf unterschiedliche Weise auszusprechen: streng, bittend, genervt, belustigt etc. Wie fühlt es sich jeweils an? Was für ein Gesicht machen Sie jeweils dabei?
   b. Stellen Sie sich vor den Spiegel und wiederholen Sie das kleine Experiment, beobachten Sie sich dabei.
   c. Überlegen Sie sich zu einer der Varianten eine kurze Szene und spielen Sie sie in Gedanken durch oder schreiben Sie sie auf.
2. Bei einer Party wird in einer Musikpause heiß über etwas diskutiert. Etwas am Rande steht eine Person, die offensichtlich schon die längste Zeit etwas sagen möchte, aber nicht bemerkt wird. Sie möchten eigentlich gerne hören, was die Person sagen möchte. Was tun Sie?
3. Im Gespräch mit einer Person aus einer Ihnen nicht vertrauten Kultur bekommen Sie das Gefühl, etwas Falsches gesagt zu haben. Überlegen Sie, was Sie tun oder sagen könnten, um die Situation für alle Beteiligten zu entlasten.

2 Sprache und Sprachen im öffentlichen Raum

Sprache dient der Verständigung. Wir kommunizieren mit Sprache, machen uns verständlich, versuchen das, was wir sagen wollen, klar und differenziert auszudrücken. Welche Sprache wir dabei sprechen, hängt davon ab, mit wem wir sprechen, wer uns in welcher Sprache verstehen kann.

Sprache und Sprachverwendung ist aber auch eine Form von Positionierung. Wenn sich ein Uhrengeschäft in Wien „Kék Duna" nennt (Ungarisch für „Blaue Donau"), dann können wir davon ausgehen, dass dieses Geschäft etwas mit Ungarn bzw. mit Ungarisch zu tun hat, dass es von Ungar*innen betrieben wird bzw. von Menschen, die Ungarn nahestehen. Dies wird in dieser Namensgebung mitgeteilt. In dem Namen steckt außerdem eine Anspielung auf den Donauwalzer, der auf Ungarisch „Kék Duna Keringő" heißt („keringő" bedeutet „Walzer"). Und darüber hinaus verbindet die Donau Wien und Budapest.

Abb. 76: Sprachverwendung auf einer Ladenfront in Wien (Foto: SD)

Neben dem ungarischen Geschäftsnamen steht auf Deutsch angeschrieben, was in dem Geschäft verkauft wird. Bei dieser Information geht es vor allem um Verständlichkeit, während beim Namen des Geschäfts auch eine Positionierung eine Rolle spielen kann (die aber wohl nur von einem Teil der Kund*innen verstanden wird). Die Positionierung geht über die unmittelbare Informationsfunktion hinaus. Wir können der Inschrift entnehmen, dass wir in dem Geschäft Uhren und Batterien kaufen können – auch dann, wenn wir keine Ahnung haben, was „Kék Duna" bedeutet. Wenn wir etwas mit „Kék Duna" anfangen können, dann können wir allerdings die zusätzliche Information entnehmen, dass wir in dem Geschäft wahrscheinlich auch verstanden werden, wenn wir auf Ungarisch nach Uhren oder Batterien fragen.

Um Verständigung – und verschiedene Möglichkeiten der Verständigung – geht es auch im folgenden Beispiel: Das Lebensmittelgeschäft „Güler Et“ auf dem für seine Mehrsprachigkeit bekannten Wiener Brunnenmarkt begrüßt seine Kund*innen mit einer Leuchtschrift, die von einer Sprache zur anderen wechselt. Es sind Hinweise auf die Sprachen, in denen die Kund*innen im Geschäft bedient werden können: Türkisch, Serbisch, Kroatisch, Arabisch, Afghanisch, Kurdisch und Deutsch.

Was verkauft wird (hauptsächlich Fleisch, aber auch andere Lebensmittel), wird vor allem durch Bilder ausgedrückt, die in allen Sprachen verständlich sind, kommt aber auch durch die Bezeichnungen „Supermarket“ und „Fleischerei“ zum Ausdruck.

Abb. 77: Mehrsprachigkeit als Aushängeschild eines Lebensmittelgeschäfts (Fotos: SD)

Es ist in diesen Beispielen zu sehen, dass Sprache der Verständigung im doppelten Sinn dient: Wir machen uns verständlich, und wir positionieren uns dabei – und auch dies ist als ein Aspekt der Kommunikation zu sehen.

Welche Sprachen im öffentlichen Raum verwendet werden und welche dabei „auffallen“ – oder auch nicht „auffallen“ – ist unterschiedlich. Im deutschsprachigen Raum ist etwa Englisch sehr verbreitet. In Wien wird Geflügel aus der Steiermark mit „Best Chicken in Town“ beworben, und auf dem Leipziger Hauptbahnhof wird für Eis zum Mitnehmen mit „Have an ICE day“ geworben (und damit gespielt, dass ICE einen Zug der Deutschen Bahn bezeichnen kann). Weitere Slogans lauten „ICE CREAM – ICE DREAM“ oder auch „Eis geht immer“. Unterschiedliche Slogans werden also auf Deutsch oder auf Englisch getextet, je nachdem, welche der beiden Sprachen sich für die Gestaltung der Slogans (zum Beispiel durch Wortspiele) besser eignet.

Je nach Kontext können aber auch andere Sprachen im deutschsprachigen Raum (einigermaßen) „unauffällig“ sein. Dies gilt etwa für lateinische Inschriften an Universitäten, durchaus auch einmal auf einer modernen Glasfassade wie an der Universität Leipzig – oder vielmehr der „Alma Mater Lipsiensis“:

Abb. 78: „ICE CREAM“ und die „Alma Mater Lipsiensis“ in Leipzig (Fotos: SD)

Während bei einem ungarischen Geschäftsnamen außerhalb Ungarns schnell darauf geschlossen wird, dass die Inhaber*innen etwas mit Ungarn zu tun haben, wird bei der Verwendung von Englisch nicht unbedingt auf einen englischsprachigen Hintergrund geschlossen. Englisch ist in dieser Beziehung „unauffällig", eine Lingua franca der internationalen Kommunikation, die die Verständigung mit Tourist*innen erleichtern oder auch weltläufig wirken soll, etwa bei einem „Management Development Institute" oder einem „Knowledge-Atelier", das „Train-Power" in Seminaren anbietet. Und auch bei der Universität Leipzig ist die lateinische Inschrift kein Alleinstellungsmerkmal *dieser* Universität, sondern vielmehr eine Anbindung an historische akademische Traditionen.

Forschungsrichtungen, die sich mit der Verwendung von Sprache im öffentlichen städtischen Raum auseinandersetzen, sind *Metrolingualism* und *Linguistic Landscaping*. Metrolingualism beschäftigt sich mit der gelebten Mehrsprachigkeit in Großstädten, unter anderem auch mit Formen von Sprachmischungen und ihrer kommunikativen Funktion, also mit der Vielfalt von „Language Practice" in modernen Metropolen, auch im Kontext von Migration. Linguistic Landscaping ist eine Form, diese Vielfalt sichtbar zu machen, zu kartografieren und so tiefere Einsichten in die Mehrsprachigkeit in einer Stadt zu gewinnen.

Abb. 79: Sprachenvielfalt im Sortiment am Wiener Brunnenmarkt (Fotos: SD)

Bei Linguistic Landscaping geht es darum, beobachtete Sprachverwendung im öffentlichen (meistens städtischen) Raum zu *verorten*, zu beschreiben und zu analysieren. Dabei können zum Beispiel (in einem ersten Schritt) beobachtete sprachliche Phänomene als Fähnchen in einem Stadtplan eingezeichnet werden: Der Stadtplan wird damit um eine linguistische Komponente erweitert. Der erste Schritt ist also eine Bestandsaufnahme. Interessant an solchen Linguistic Landscapes ist nicht nur, welche Sprachen im öffentlichen Raum verwendet werden, sondern auch, welche Wirkung dadurch erzielt wird. In der Linguistic-Landscapes-Forschung werden Sprachlandschaften also noch genauer analysiert.

Dabei werden auch historische Spuren untersucht, die verschiedene Sprachen hinterlassen haben. Sprachlandschaften sind nicht statisch (gleichbleibend), sondern verändern sich ständig, entwickeln sich weiter. An Sprachspuren im öffentlichen Raum lässt sich vielerlei ablesen: zum Beispiel Aushandlungsprozesse, die die Entwicklung von Regionen und Stadtteilen begleiten. Besonders offensichtliche Beispiele dafür finden sich etwa in Berlin, wo einige Ortsteile in ehemaligen „Ostbezirken" nach dem Fall der Mauer stark ihren Charakter verändert haben und gentrifiziert worden sind, also sich zusehends zu einer teuren Wohn- und Geschäftsgegend entwickelt haben. Bekannt dafür ist etwa der Ortsteil Prenzlauer Berg. Dass die ursprünglichen Anwohner*innen nicht durchwegs glücklich über diese Entwicklung sind, weil sie nicht zuletzt dazu führt, dass sie sich das Leben im Kiez nicht mehr leisten können, kommt nicht nur über Interviews zum Ausdruck, sondern hinterlässt auch Spuren im öffentlichen Raum: Über die Analyse von Plakaten oder Aufrufen zu Unterschriftenaktionen lässt sich einiges über diese Diskurse erfahren.

Linguistic Landscapes zeigen also nicht nur die Präsenz unterschiedlicher Sprachen im öffentlichen Raum, sondern auch Aushandlungsprozesse zu unterschiedlichen Themen. In beiden Fällen zeigt sich in den sprachlichen Spuren auch regionale Geschichte. Durch Neues wird Altes nicht immer abgelöst, sondern Alt und Neu, Belege aus unterschiedlichen Zeiträumen, existieren parallel. Wenn eine Sprachlandschaft analysiert wird, ist dies zwar eine Momentaufnahme, allerdings eine, die auch Spuren ihrer eigenen Geschichte enthält. So wie in einer Stadt gleichzeitig Architektur aus verschiedenen Epochen zu sehen ist, existieren auch Schriftzüge aus verschiedenen Zeiten nebeneinander. Momentaufnahmen von Sprachlandschaften zeigen also verschiedene „Schichten" von dynamischen Veränderungen über die Zeit hinweg.

Fällt Ihnen zum Beispiel an dem folgenden Schild etwas auf?

Abb. 80: Altes Schild auf dem Bahnhof in Fertőszentmiklós (Foto: RD)

Genau – Englisch „fehlt". Das Schild ist an einer Außenwand des Bahnhofs der west-ungarischen Kleinstadt Fertőszentmiklós montiert – und stammt noch aus kommunistischen Zeiten. Der Eingang wird in vier Sprachen ausgeschildert: der Landessprache Ungarisch, zwei Sprachen von „Bruderländern", nämlich Russisch und Deutsch – und einer europäischen Lingua franca, nämlich Französisch.

Dass gewisse Sprachen in Europa als internationale Verkehrssprachen benutzt werden, ist kein neues Phänomen. In Teil II haben Sie bereits darüber gelesen, wie sich kulturelle Machtverhältnisse in der Verwendung bestimmter Sprachen als Lingua franca spiegeln.

Die Verwendung einer solchen Sprache dient dabei nicht nur der Verständigung, sondern auch einer bestimmten Positionierung, zum Beispiel als gebildet und weltoffen. Wer im Mittelalter Latein sprach, konnte sich nicht nur mit gebildeten Angehörigen ganz unterschiedlicher Sprachgruppen verständigen, sondern gehörte auch selbst zu den Gebildeten. Wir haben gesehen, dass Latein im akademischen Kontext selbst heute noch eine gewisse Rolle spielt. Als Lingua franca wurde Latein aber später von Französisch (und teilweise Deutsch) abgelöst. Und wie vorher Latein, war dann Französisch in der Konversation ein Zeichen von höherer Bildung. Haben Sie einmal Leo Tolstois Roman „Krieg und Frieden" gelesen? Da spricht die russische „feine Gesellschaft" bei ihren Empfängen und Soireen vor allem Französisch.

Ein Beispiel dafür, dass Französisch als besonders „chic" und weltläufig empfunden wurde, zeigt auch das folgende Bild der Auslage einer ehemaligen Boutique in Wien:

Abb. 81: Ehemalige Boutique in der Schönbrunner Straße in Wien (Foto: SD)

Durch die Anklänge an das Französische sollte sozusagen Pariser Mode nach Wien geholt werden.

Was hat nun professionelle Transkulturelle Kommunikation mit Linguistic Landscaping zu tun? Linguistic Landscaping zeigt Sprachlandschaften als transkulturelle Räume, in denen verschiedene Kommunikationsbedürfnisse verschriftlichte Spuren hinterlassen haben. Mit unserer Kommunikation bewegen wir uns selbst auch in diesen Räumen. Und mit der Art und Weise, wie wir Sprache verwenden, gestalten wir sie mit – bewusst oder unbewusst.

Der öffentliche Raum ist dabei so etwas wie die Spitze des Eisbergs, die Oberfläche, an der viel von der Art der Sprachverwendung und den damit einhergehenden Positionierungen sichtbar wird.

Dabei werden häufig auch mehrere Sprachen verknüpft oder vermischt: Begriffe aus einer Sprache werden in eine andere „hereingeholt" oder es wird eine Aussage aus Elementen aus verschiedenen Einzelsprachen zusammengestellt. Solche Phänomene wurden häufig im Kontext Migration beschrieben. Die Codeswitching-Forschung setzt sich mit der Funktion solcher Sprachwechsel oder Sprachmischungen auseinander. (Darauf gehen wir im nächsten Teil unseres Buchs noch genauer ein.)

Wenn zum Beispiel jemand in einem türkischen Satz die deutschen Ausdrücke „Sozialversicherung", „Steuererklärung", „Finanzamt" oder „Punkte in Flensburg" verwendet, dann wird ganz klar auf institutionelle Begebenheiten im deutschsprachigen Raum verwiesen, also auf ein Finanzamt zum

Beispiel in Köln, Berlin oder Wien – und nicht in der Türkei. Oder eben auf das Kraftfahrtbundesamt mit Sitz in Flensburg. Der Hinweis auf die jeweilige Institution wäre weniger deutlich gewesen, wenn türkische Bezeichnungen verwendet worden wären.

Sprachmischungen sind nicht nur in individuellen Gesprächen üblich. Wir finden sie auch im öffentlichen Raum und sie hinterlassen Spuren in der Sprache.

In manchen Verknüpfungen nehmen wir die Sprachmischung noch deutlich wahr, zum Beispiel, wenn ein Lokal „Vegetarisches Food" anbietet. Andere Verknüpfungen sind bereits sehr alltäglich geworden, zum Beispiel, wenn in der „Management-Sprache" von einer „Controlling-Abteilung" die Rede ist oder wenn jemand in der „Shopping-City Süd" einkauft.

Menschen, die die „Reinheit" der deutschen Sprache verteidigen möchten, bezeichnen solche deutsch-englischen Sprachmischungen oft abwertend als „Denglisch". Die „Reinheit" einer Sprache ist allerdings eine Illusion. Sprachen sind – über die Menschen, die sie sprechen – laufend miteinander in Kontakt, entwickeln sich weiter und übernehmen auch Einflüsse aus anderen Sprachen. Dieser Kontakt kann durch eine geografische Nachbarschaft oder auch durch Herrschafts- oder Machtverhältnisse begründet sein.

Sprachen, die als Lingua franca verwendet werden, hinterlassen besonders häufig ihre Spuren in anderen Sprachen. Im Deutschen haben wir viele Fremd- und Lehnwörter aus Latein und Französisch. Und derzeit wird viel Vokabular aus dem Englischen übernommen. Auch unser Umgang mit diesem „neuen" Vokabular ist eine Form von Positionierung.

Wenn wir Transkulturelle Kommunikation gestalten, dann spielen solche Positionierungen eine wichtige Rolle. Wir bewegen uns in mehrsprachigen Kommunikationsräumen – und wir setzen unsere eigene Mehrsprachigkeit, unsere sprachlichen Repertoires dabei ein. Darauf werden wir in Teil V noch genauer eingehen.

Auf den Punkt gebracht

1. Positionierung in der Kommunikation geschieht nicht nur darüber, was wir sagen und wie wir etwas sagen, sondern auch darüber, in welcher Sprache wir es sagen.
2. Die gesellschaftliche Rolle von Sprachen ist nicht statisch, sondern verändert sich im Laufe der Zeit.

3. Dadurch verändert sich auch die Wirkung der Verwendung von Sprache im öffentlichen Raum.
4. Linguistic Landscaping setzt sich mit Sprachspuren im öffentlichen Raum auseinander.
5. Durch Linguistic Landscaping wird neben Aushandlungsprozessen in verschiedenen Diskursen auch die Verwendung verschiedener Sprachen im öffentlichen Raum sichtbar gemacht, archiviert und dadurch besser analysierbar.
6. Transkulturelle Kommunikation findet vor dem Hintergrund dieses öffentlichen Raums und verwoben damit statt.

Zum Weiterdenken und Vertiefen

1. Eine Bar in der oberösterreichischen Kleinstadt Rohrbach nennt sich „burnsbar" – und trägt auf der Fassade außerdem noch die Inschrift „café el fuego del mundo".
   a. Wie wirkt diese mehrsprachige Namensgebung auf Sie?
   b. Was meinen Sie – was soll damit bezweckt werden, welche Assoziationen soll die Kombination Englisch-Spanisch auslösen, wie möchte sich die Bar positionieren?

Abb. 82: Die „burnsbar" in Rohrbach, Oberösterreich (Foto: SD)

2. Machen Sie einen Spaziergang in Ihrer Umgebung und sehen Sie sich an, welche Sprachen auf Inschriften verwendet werden. Werden dabei auch mehrere Sprachen gemischt? Welche Sprachen sind es? Was denken Sie, was wird mit der Verwendung dieser Sprachen jeweils bezweckt?
   a. Dokumentieren Sie Ihre Beobachtungen und machen Sie Fotos.
   b. Zeigen Sie Ihre Fotos einem*einer Freund*in und sprechen Sie über die Wirkung.
   c. Gestalten Sie einen Stadt- oder Umgebungsplan nach dem Vorbild der Linguistic Landscapes, indem Sie die Position der Fotos, die Sie gemacht haben, in einen Stadtplan oder eine Landkarte einzeichnen.

Quellen

BEN-RAFAEL, Eliezer, Ben-Rafael, Miriam (2015). Linguistic Landscapes in an era of multiple globalizations. *Linguistic Landscape*, 1(1/2), 19–37.

BLOMMAERT, Jan (2013). *Ethnography, Superdiversity and Linguistic Landscapes. Chronicles of Complexity*. Bristol / Buffalo, NY / Toronto: Multilingual Matters.

BLOMMAERT, Jan (2010). *The Sociolinguistics of Globalization*. Cambridge: Cambridge University Press.

BROSZINSKY-SCHWABE, Edith (2011). *Interkulturelle Kommunikation. Missverständnisse – Verständigung*. Wiesbaden: Verlag für Sozialwissenschaften.

COOKE, Michèle (2017). Translation, Leben und spontane Systeme. In: Cooke, Michèle (Hrsg.), *Translation ohne Biologie – Henne ohne Ei?* Frankfurt am Main: Peter Lang, 147–168.

COOKE, Michèle (2016). The elephant in the room. Communication, chaos and the translation of truth. In: Richter, Julia, Zwischenberger, Cornelia, Kremmel, Stefanie, Spitzl, Karlheinz (Hrsg.), *(Neu)Kompositionen. Aspekte transkultureller Wissenschaft*. Berlin: Frank & Timme, 59–76.

DAVOU, Bettina (2007). Interaction of Emotion and Cognition in the Processing of Textual Material. Meta. *Translators' Journal*, 52(1), 37–47.

DECETY, Jean, Lamm, Claus (2006). Human Empathy Through the Lens of Social Neuroscience. *The Scientific World Journal*, 6, 1146–1163.

DENGSCHERZ, Sabine (2019): Schreibprozesse – mehrsprachig – gestalten. In: Huemer, Birgit, Lejot, Eve, Deroey, Katrien (Hrsg.): *Academic writing across languages:*

multilingual and contrastive approaches in higher education. / L'écriture académique à travers les langues : approches multilingues et contrastives dans l'enseignement supérieur / Wissenschaftliches Schreiben sprachübergreifend: mehrsprachige und kontrastive Ansätze in der Hochschulbildung. Wien: Böhlau Verlag (= Schreibwissenschaft Bd. 1), 181–207

Dunbar, Robin (1998). *Grooming, gossip, and the evolution of language.* Cambridge, MA: Harvard University Press.

Fritz, Thomas (2017). Mehr, multi, poly, metro, trans Sprachigkeit. Von der Verwirrung der Begriffe zu einer möglichst neuen Perspektive. *ÖDaF-Mitteilungen*, 2017/1, 49–62.

Gilbert, Daniel T. (1989). Thinking Lightly about Others. Automatic Components of the Social Inference Process. In: Ulemand, James S., Bargh, John A. (Hrsg.), *Unintended Thought.* New York, NY: Guilford Press, 189–210.

Goffman, Erving (2013 [1961]). *Encounters: Two studies in the study of social interaction.* New York, NY / Indianapolis, IN: Bobbs-Merrill.

Hubscher-Davidson, Séverine (2013). Emotional Intelligence and Translation Studies. A new bridge. *Meta. Translators' Journal*, 58(2), 324–346.

Kadrić, Mira (2016). Dolmetschen als Dienst am Menschen. Kadrić, Mira, Kaindl, Klaus (Hrsg.), *Berufsziel Übersetzen und Dolmetschen: Grundlagen, Ausbildung, Arbeitsfelder.* Tübingen: Francke, 103–119.

Knobe, Joshua, Malle, Bertram F. (2002). Self and Other in the Explanation of Behavior: 30 Years Later. *Psychological Belgica*, 42, 113–130.

Lamm, Claus, Meltzoff, Andrew N., Decety, Jean (2009). How do we empathize with someone who is not like us? A functional magnetic resonance imaging study. *Journal of Cognitive Neuroscience*, 22(2), 362–376.

Lüsebrink, Hans-Jürgen (2005). *Interkulturelle Kommunikation: Interaktion, Fremdwahrnehmung, Kulturtransfer.* Stuttgart: Metzler.

Malle, Bertram F. (2011). Attribution Theories. How people make sense of behavior. In: Chadee, Derek (Hrsg.), *Theories in Social Psychology.* Chichester: Wiley-Blackwell, 72–95.

Malle, Bertram F. (2003). *Attributions as behavior explanations: Toward a new theory.* Unveröffentlichtes Manuskript, University of Oregon. Vordruck verfügbar unter http://cogprints.org/3314 [9.12.2019].

Mubarak, Rehana (2017). *Translating Politeness Across Englishes. The Princess and the Pea.* Frankfurt: Peter Lang.

Otsuji, Emi, Pennycook, Alastair (2010). Metrolingualism: fixity, fluidity and language flux. *International Journal of Mulitilingualism*, 7(3), 240–254.

Papen, Ursula (2012). Commercial discourses, gentrification and citizens' protest: The linguistic landscape of Prenzlauer Berg, Berlin. *Journal of Sociolinguistics*, 16(1), 56–80.

Pennycook, Alastair (2010). *Language as a Local Practice.* London / New York, NY: Routledge.

Pessou, Luiz (2015). Précis on the Cognitive-Emotional Brain. *Behavioral and Brain Sciences*, 38, 1–52.

Reblin, Eva (2018). Das Spiel der urbanen Signifikanten – die Dinge, die Stadt und die Kultur(en) erkunden. In: Schiedermair, Simone (Hrsg.): *Deutsch als Fremd- und Zweitsprache & Kulturwissenschaft. Zugänge zu sozialen Wirklichkeiten.* München: Iudicium, 159–172.

Schotter, John (1993). *Conversational Realities. Constructing Life through Language.* London: Sage.

Shamay-Tsoory, Simone, Lamm, Claus (2018). The neuroscience of empathy – from past to present and future. *Neuropsychologia*, 116(A), 1–4.

Smith, Adam (1986). *The Essential Adam Smith.* Herausgegeben von Heilbroner, Robert L., unter Mitarbeit von Malone, Laurence J. New York / London: WW Norton.

Smith, Adam (2014 [1776]). *The Wealth of Nations.* CreateSpace Independent Publishing Platform.

Soukup, Barbara (2016). English in the linguistic landscape of Vienna (ELLViA): Outline, rationale, and methodology of a large-scale empirical project on language choice on public signs from the perspective of sign-readers. *Views – Vienna English Working Papers*, 25, 1–24.

Steyskal, Christina (2017). Translation als emorationale Tätigkeit. In: Cooke, Michèle (Hrsg.), *Translation ohne Biologie – Henne ohne Ei?* Frankfurt am Main: Peter Lang, 11–50.

Uleman, James S., Saribay, S. Adil, Gonzalez, Celia M. (2008). Spontaneous Inferences, Implicit Impressions and Implicit Theories. *Annual Review of Psychology*, 59, 329–360.

Yashima, Tomoko, Zenuk-Nishide, Lori, Shimizu, Kazuaki (2004). The influence of attitudes and affect on willingness to communicate and second language communication. *Language learning*, 54(1), 119–152.

Yzerbyt, Vincent Y., Rogier, Anouk, Fiske, Susan T. (1998). Group Entativity and Social Attribution: On Translating Situational Constraints Into Stereotypes. *Personality and Social Psychology Bulletin*, 24(10), 1089–1103.

Primärtexte

Placzynska, Ewa (2017, May 20). *HOW TO SPEAK VIENNESE USING ONLY ONE WORD. Video Tutorial.* www.youtube.com/watch?v=iuXR53ex4iI [4. 1. 2019].

V Selbstreflexion und Kommunikation

1 Sprachliche Repertoires reflektieren

Wir haben in den bisherigen vier Teilen unseres Buchs eine Reihe von Aspekten besprochen, die für professionelle Transkulturelle Kommunikation wichtig und zentral sind. Dazu gehören der Umgang mit Kommunikation in verschiedenen Kommunikationssituationen und die Rolle, die Kultur, Texte und Sprachen dabei spielen.

In den folgenden Abschnitten werden wir diese Aspekte noch einmal aus einer anderen Perspektive betrachten: Wir möchten Sie gezielt dazu anregen, über Ihre bisherigen Erfahrungen nachzudenken und zu reflektieren, welche Kompetenzen Sie bereits mitbringen – und wie Sie bei der Beschäftigung mit Transkultureller Kommunikation darauf aufbauen können.

Ihre bisherigen Erfahrungen und Kompetenzen sind *Ressourcen*, also Wissens- und Erfahrungsbestände, auf die Sie zurückgreifen können, wenn Sie sich mit professioneller Transkultureller Kommunikation auseinandersetzen.

Wenn Sie an Ihrer Professionalisierung arbeiten, wird es oft darum gehen, bereits vorhandenes Wissen zu ergänzen – oft aber auch darum, etwas, was Sie zu wissen *glauben*, neu zu überdenken, andere Blickwinkel darauf zu entwickeln und so neues Wissen und neue Wissensstrukturen aufzubauen.

Eine wichtige Ressource, die Sie bereits mitbringen und die Sie im Kontext der Transkulturellen Kommunikation weiterentwickeln und professionalisieren können bzw. sollten, ist Ihr sprachliches Repertoire: Sie haben in der Vergangenheit Sprachen gelernt, Erfahrungen mit Sprache(n) in verschiedenen Kommunikationssituationen gemacht, die durch verschiedene Arten der Sprachverwendung gekennzeichnet waren: mündlich oder schriftlich, informell oder formell, spontan oder „geplant" und „ausgefeilt".

Die sprachlichen Mittel, die Sie dabei verwendet haben und verwenden, stammen aus verschiedenen Sprachen, Registern und Domänen – und Sie haben sie in verschiedenen Kommunikationssituationen erworben. Darauf können Sie in der Transkulturellen Kommunikation aufbauen – einerseits, indem Sie Ihre Erfahrungen reflektieren, andererseits auch, indem Sie sich mit neuen Kommunikationssituationen beschäftigen und lernen, mit ihnen umzugehen, sie sprachlich zu bewältigen.

Im ersten Kapitel haben wir bereits den Begriff der sprachlichen Repertoires eingeführt und wir sind darauf eingegangen, dass wir niemals alle sprachlichen Mittel einer Sprache kennen, sondern nur diejenigen, die wir bisher gebraucht haben. Wir haben festgestellt, dass unsere sprachlichen

Repertoires dementsprechend auch nicht vollständig sind, dass wir also über „Truncated Repertoires" verfügen, wie der Soziolinguist Jan Blommaert es genannt hat.

Sprachenlernen geschieht, indem wir mit Sprache und mit sprachlichen Mitteln in Berührung kommen – und sie nach und nach auch selbst anwenden. Durch die Anwendung von Sprache in Kommunikationssituationen bauen wir unsere sprachlichen Repertoires auf. Dies kann unbewusst geschehen oder auch bewusst. Durch immer vielfältigere und gezieltere Anwendung und die entsprechende begleitende Reflexion professionalisieren wir unseren Umgang mit diesen sprachlichen Repertoires.

Das Konzept vom *sprachlichen Repertoire* („verbal repertoire") geht auf den Linguisten John Gumperz zurück. Gumperz bezeichnet damit zunächst nicht unbedingt *individuelle* sprachliche Repertoires (also die sprachlichen Mittel, die eine bestimmte Person kennt und verwendet), sondern bezieht den Begriff auf *Gemeinschaften.* Im „verbal repertoire" finden sich jene ganz unterschiedlichen und vielfältigen sprachlichen Mittel, die in einer Gemeinschaft in unterschiedlichen Kommunikationssituationen gebraucht werden. Die sprachlichen Repertoires einer Gemeinschaft bilden also die „Language Practice" im Sinne von Alastair Pennycook (die wir ebenfalls bereits in Teil I behandelt haben).

Indem einzelne Personen mit diesen sprachlichen Mitteln, mit den sprachlichen Repertoires einer Gemeinschaft, mit der Language Practice in verschiedenen Kommunikationssituationen immer wieder zu tun haben, übernehmen sie sprachliche Mittel auch in ihre eigenen Repertoires – und wenden sie dann auch wieder selbst in neuen Situationen an. So bauen sie individuelle sprachliche Repertoires auf.

Dadurch, dass wir im Laufe unseres Lebens unterschiedliche Erfahrungen machen, mit unterschiedlichen Menschen sprechen und unterschiedliche Texte lesen, entwickeln sich unsere sprachlichen Repertoires unterschiedlich: innerhalb einer Sprache und in verschiedenen Sprachen.

Durch die Erfahrungen, die wir machen, und die Art und Weise, wie wir Sprache und Sprachverwendung erleben, entwickeln wir auch emotionale Beziehungen zu Sprache, sprachlichen Mitteln und verschiedenen Sprachen. Eine Möglichkeit, diese emotionalen Beziehungen zu verschiedenen Sprachen zu visualisieren und so der Reflexion zugänglich zu machen, ist die Arbeit mit Sprachenportraits.

Abb. 83: Fiktives Beispiel für ein Sprachenportrait (Grafik: SD)

Sprachenportraits sind Selbstportraits: Jemand zeichnet in eine einfache Skizze von einer menschlichen Silhouette Sprachen ein, die er* sie im Laufe des Lebens gelernt hat bzw. die im eigenen Leben eine (wichtige) Rolle spielen.

Sprachenportraits wurden zunächst für die Arbeit mit Kindern eingesetzt, weil sie einen intuitiven, emotionalen, körperbetonten Zugang zu Sprachen und zur eigenen Mehrsprachigkeit bieten. In weiterer Folge wurden sie – aus denselben Gründen – mehr und mehr auch in der Arbeit mit Erwachsenen verwendet: als Ausgangspunkt für die Reflexion der eigenen Sprach(en)repertoires.

Was dabei eine „Sprache" ist, definiert die Person, die das Sprachenportrait zeichnet, selbst. Es geht nicht darum, wie gut jemand eine bestimmte Sprache kann, es gibt keine „Niveaugrenze", ab der eine Sprache eingezeichnet werden kann. Es geht vielmehr darum, sich darüber bewusst zu werden, welche Rolle verschiedene Sprachen (Varietäten, Dialekte) – im eigenen Leben spielen.

Das Zeichnen eines Sprachenportraits kann als Ausgangspunkt dafür genommen werden, sich genauer mit der Rolle von verschiedenen Sprachen in der eigenen Sprach(en)biografie und im eigenen sprachlichen Repertoire auseinanderzusetzen. Darauf werden wir im nächsten Kapitel noch genauer eingehen.

Auf den Punkt gebracht

1. Ihr sprachliches Repertoire ist eine wichtige Ressource, die Sie in die Beschäftigung mit Transkultureller Kommunikation mitbringen.
2. Sprachliche Repertoires können auf individueller oder gesellschaftlicher Ebene betrachtet werden.
3. Aus soziolinguistischer Perspektive umfasst das Repertoire die sprachlichen Mittel, die in einer Gemeinschaft in unterschiedlichen Kommunikationssituationen verwendet werden.
4. Sprachkenntnisse sind mit kommunikativen Erfahrungen verknüpft.
5. Einen Ansatzpunkt für die Reflexion von sprachlichen Repertoires bietet die Visualisierung von Sprachkenntnissen in einem Sprachenportrait.

Zum Weiterdenken und Vertiefen

1. Zeichnen Sie nun Ihr eigenes Sprachenportrait.
   a. *Schritt 1:* Skizzieren Sie eine Silhouette eines menschlichen Körpers.
   b. *Schritt 2:* Zeichnen Sie Sprachen, die Sie im Laufe Ihres Lebens gelernt haben, mit verschiedenen Farben oder Mustern in die Silhouette ein.
   c. *Schritt 3:* Reflektieren Sie – an welchen Körperstellen haben Sie „Ihre" Sprachen eingezeichnet und warum?
2. Knüpfen Sie an das Sprachenportrait an und machen Sie zusätzliche Notizen: Wann sind Sie mit den Sprachen in Berührung gekommen, die Sie in Ihr Sprachenportrait eingezeichnet haben? In welchen Kontexten? Wer waren Ihre Kommunikationspartner*innen dabei? In welchen Kontexten und mit wem sprechen Sie diese Sprachen heute?

2 Mehrsprachigkeit

Sprachenportraits sind also eine Möglichkeit, individuelle Mehrsprachigkeit zu visualisieren. Und sie können als Ausgangspunkt für die weitere Reflexion von Mehrsprachigkeit herangezogen werden, auch dafür, die eigene, individuelle Mehrsprachigkeit vor dem Hintergrund gesellschaftlicher Mehrsprachigkeit zu betrachten.

Was zeigt nun ein Sprachenportrait – und was zeigt es nicht? Wo wollen wir etwas noch genauer wissen, genauer hinschauen? Welche Begriffe, welche Kategorien brauchen wir dafür?

Ein Portrait stellt einen Menschen dar. In vielen Portraits wird die Situation ausgeklammert, in der sie entstanden sind, indem zum Beispiel nur das Gesicht eines Menschen gezeigt wird, vor einem möglichst „neutralen" Hintergrund.

Zuweilen wird in einem Portrait die Situation aber auch bewusst mit eingefangen oder sogar stilisiert: Wenn wir uns zum Beispiel das bekannte Goethe-Portrait des Malers Tischbein ansehen, dann sehen wir den Dichter inmitten einer Szenerie posieren, die an seine italienische Reise erinnern soll: Architektur und Ruinen, Überreste von Kunstgegenständen – Goethe ist wie in ein Stillleben platziert, das symbolisiert, womit er sich auf seiner Reise beschäftigt hat.

Abb. 84: Johann Heinrich Wilhelm Tischbein: Goethe in der Campagna (Foto: pixabay)

In manchen Portraits wird also bewusst auf den Moment oder eine bestimmte Lebensphase Bezug genommen, zum Beispiel eine besondere Reise, wie bei Goethe – oder vielen anderen Menschen.

Ob die Situation nun mit eingefangen ist oder nicht: Jedes Portrait ist eine Momentaufnahme. Wenn wir alte Fotos (von uns selbst) ansehen, erinnern wir uns an die Momente, mit denen sie verbunden sind – oder sind fasziniert davon, wie Personen sich verändert haben, wie wir selbst uns verändert haben.

Abb. 85: Doppelportrait mit Selfiestick (Foto: pixabay)

Wie verhält es sich nun mit Sprachenportraits? Auch sie zeigen Momentaufnahmen: Sie visualisieren, wie eine Person die Zusammensetzung des eigenen sprachlichen Repertoires und entsprechende emotionale Bezüge zu einem bestimmten Zeitpunkt wahrnimmt. Was man aber nicht gut einzeichnen kann, ist, wie sich sprachliche Repertoires *entwickelt* haben, wie sie sich im Laufe der Zeit verändert haben, welche Sprachen wann und in welchen Kontexten dazugekommen sind und welche Sprachen vielleicht in den Hintergrund gerückt sind.

Solche dynamischen Veränderungen und Entwicklungsgeschichten spielen zwar *implizit* in das Portrait mit hinein, indem sie den emotionalen Zugang zu einer Sprache mit beeinflussen, und sich auf die Rolle auswirken, die sie in unserem Repertoire spielt. Die Entwicklungsgeschichten können in einem Portrait aber nicht gut *explizit* abgebildet werden.

Für die explizite Reflexion der Entwicklung von Sprachenrepertoires sind biografische Zugänge besser geeignet. Sehen wir uns dies nun anhand eines Beispiels an: Ein Schriftsteller, der in seiner Autobiografie die Entwicklung seines mehrsprachigen Repertoires an mehreren Stellen explizit beschreibt, ist Elias Canetti. 1905 im bulgarischen Rustschuk geboren, hat er später in

England, in der Schweiz, in Deutschland und in Österreich gelebt, bis er 1938 nach London emigrierte, um der Verfolgung durch das Dritte Reich zu entgehen. Ab den 1970er- und 1980er-Jahren lebte er vor allem in der Schweiz. 1981 wurde er mit dem Nobelpreis für Literatur ausgezeichnet.

Elias Canettis mehrsprachige Kindheit und Jugend ist durch dynamische Veränderungen geprägt: Die ersten sechs Jahre seines Lebens verbrachte er in Bulgarien, als Sohn einer sephardisch-jüdischen Familie. Welche Sprachen dabei eine Rolle gespielt haben, beschreibt Elias Canetti im ersten Band seiner Autobiografie („Die gerettete Zunge“):

> Meine Eltern untereinander sprachen deutsch, wovon ich nichts verstehen durfte. Zu uns Kindern und zu allen Verwandten und Freunden sprachen sie spanisch. Das war die eigentliche Umgangssprache, allerdings ein altertümliches Spanisch, ich hörte es auch später oft und habe es nie verlernt. Die Bauernmädchen zuhause konnten nur Bulgarisch, und hauptsächlich mit ihnen wohl habe ich es auch gelernt. Aber da ich nie in eine bulgarische Schule ging und Rustschuk mit sechs Jahren verließ, habe ich es sehr bald vollkommen vergessen. Alle Ereignisse jener ersten sechs Jahre spielten sich auf spanisch oder bulgarisch ab. Sie haben sich mir später zum größten Teil ins Deutsche übersetzt. Nur besonders dramatische Vorgänge, Mord und Totschlag sozusagen und die ärgsten Schrecken, sind mir in ihrem spanischen Wortlaut geblieben, aber diese sehr genau und unzerstörbar. Alles übrige, also das meiste, und ganz besonders alles Bulgarische, wie die Märchen, trage ich deutsch im Kopf. (Canetti 1979:15)

Diese Sprachen der Kindheit – vor allem (ein altertümliches) Spanisch und Bulgarisch – werden in Canettis Sprachenbiografie also später durch andere Sprachen überlagert. Canetti meint, er habe Bulgarisch „vollkommen vergessen“, da er Bulgarien schon im Alter von sechs Jahren verlassen und auch nie eine bulgarische Schule besucht habe. Bulgarisch ist also nie *Bildungssprache* für Canetti gewesen. Auch Spanisch hat er nicht in der Schule gefestigt, aber doch später immer wieder gehört, es bleibt präsent. Mit der Zeit werden aber doch andere Sprachen wichtiger. Aus Bulgarien übersiedelt die Familie zunächst nach Manchester. Nun spielt Englisch eine bedeutende Rolle im Alltag:

> Bald nach unserer Ankunft in Manchester kam ich in die Schule. Sie befand sich in der Barlowmore Road, etwa zehn Minuten von unserem Haus entfernt. Die Leiterin hieß Miss Lancashire und da die Grafschaft, in der Manchester lag, auch so hieß, staunte ich über den Namen. Es war eine Schule für Knaben und Mädchen,

> ich fand mich unter lauter englischen Kindern. Miss Lancashire war gerecht und behandelte alle Kinder gleichmäßig freundlich. Sie munterte mich auf, wenn ich auf englisch etwas fließend erzählte, denn darin war ich am Anfang den anderen Kindern unterlegen. Aber lesen und schreiben lernte ich sehr bald, und als ich zu Hause die Bücher zu lesen begann, die mir der Vater brachte, merkte ich, daß sie davon nichts hören wollte. Ihr Bemühen ging dahin, daß alle Kinder sich wohl fühlen sollten; um eilige Fortschritte war es ihr nie zu tun. (Canetti 1979:53)

Canettis Bildungssprache in der Schule ist also zunächst Englisch. Die Familie bleibt aber nicht lange in England. Nach dem Tod des Vaters wird 1913 die Übersiedlung nach Wien vorbereitet. Bei einem Zwischenstopp in Lausanne gibt die Mutter dem ältesten ihrer drei Söhne – Elias Canetti – Deutschunterricht. Und sie ist nicht so geduldig und verständnisvoll wie die Lehrerin in Manchester:

> Wir saßen im Speisezimmer am großen Tisch, ich saß an der schmäleren Seite, mit der Aussicht auf See und Segel. Sie saß um die Ecke links von mir und hielt das Lehrbuch so, daß ich nicht hinsehen konnte. Sie hielt es immer fern von mir. „Du brauchst es doch nicht“, sagte sie, „du kannst sowieso noch nichts verstehen.“ Aber dieser Begründung zum Trotz empfand ich, daß sie mir das Buch vorenthielt wie ein Geheimnis. Sie las mir einen Satz Deutsch vor und ließ mich ihn wiederholen. Da ihr meine Aussprache mißfiel, wiederholte ich ihn ein paarmal, bis er ihr erträglich erschien. Das geschah aber nicht oft, denn sie verhöhnte mich für meine Aussprache, und da ich um nichts in der Welt ihren Hohn ertrug, gab ich mir Mühe und sprach es bald richtig. Dann erst sagte sie mir, was der Satz auf englisch bedeutete. Das aber wiederholte sie nie, das mußte ich mir sofort merken. Dann ging sie rasch zum nächsten Satz über, es kam zur selben Prozedur; sobald ich ihn richtig ausgesprochen hatte, übersetzte sie ihn, sah mich gebieterisch an, daß ich mir's merke, und war schon beim nächsten. Ich weiß nicht, wieviel Sätze sie mir das erste Mal zumutete, sagen wir bescheiden: einige; ich fürchte, es waren viele. Sie entließ mich, sagte: „Wiederhole dir das für dich. Du darfst keinen Satz vergessen. Nicht einen einzigen. Morgen machen wir weiter.“ Sie behielt das Buch, und ich war ratlos mir selbst überlassen. (Canetti 1979:83)

Canetti lernt Deutsch also von seiner Mutter – die sich allerdings als sehr strenge und unerbittliche „Lehrerin“ entpuppt.

> So zwang sie mich in kürzester Zeit zu einer Leistung, die über die Kräfte jedes Kindes ging, und daß es ihr gelang, hat die tiefere Natur meines Deutsch bestimmt, es war eine spät und unter wahrhaftigen Schmerzen eingepflanzte Mutterspra-

> che. Bei diesen Schmerzen war es nicht geblieben, gleich danach erfolgte eine Periode des Glücks, und das hat mich unlösbar an diese Sprache gebunden. (Canetti 1979:86f)

Canetti spricht hier von Deutsch als seiner „Muttersprache", es sei aber eine „spät und unter wahrhaftigen Schmerzen eingepflanzte Muttersprache".

Wenn wir an unsere „Muttersprache(n)" denken, dann denken wir normalerweise nicht an einen solchen strengen – und auch reichlich seltsamen – Unterricht, wie ihn Canetti beschreibt. Wir denken dabei eher an „natürliches" Lernen, an frühkindliches, spielerisches, scheinbar müheloses Lernen, das damit einhergeht, dass wir zusammen mit der Sprache auch die Welt entdecken. Der Begriff „Muttersprache" bezeichnet zumeist auch eher Sprachen, die als erste Sprachen gelernt werden – und nicht als vierte oder fünfte. „Muttersprache" ist also eine Kategorie, mit der bestimmte Vorstellungen verbunden sind.

Wenn wir über sprachliche Repertoires und Sprachenbiografien sprechen, dann ordnen wir einzelne Sprachen oft bestimmten Kategorien zu, um uns besser orientieren zu können, um eine Vorstellung davon zu gewinnen, welche Rolle eine Sprache im Repertoire eines Menschen spielt. Wir sprechen dann von Muttersprachen, Erstsprachen, Zweitsprachen, Fremdsprachen, Herkunftssprachen, Familiensprachen etc. Jeder dieser Begriffe fokussiert auf einen bestimmten Aspekt – und lässt andere außer Acht. Die Begriffe „Muttersprache" und „Erstsprache" werden – gerade in „westlichen" Gesellschaften – oft zu einer einzigen Vorstellung verknüpft, dass nämlich die „Muttersprache" auch die erste Sprache sei, die jemand lernt. Und dass erst später „Fremd-" oder Zweitsprachen dazukämen, die aber nie so wichtig würden und nie so gut beherrscht würden wie die „Muttersprache"/Erstsprache. Bei „Muttersprache" schwingt außerdem ein Familienbild mit, in dem die Mutter für die Kindererziehung zuständig ist.

Bei „Erstsprache" wird hingegen darauf fokussiert, dass Sprachen in einer bestimmten Reihenfolge gelernt würden – hintereinander und nicht unbedingt gleichzeitig und parallel. Dabei spielt auch die Vorstellung eine Rolle, dass man eine Sprache besonders sicher beherrsche, wenn man sie besonders früh lernt. Mit dem Begriff „Fremd- und Zweitsprachen" sind in dieser Konzeption Sprachen gemeint, die wir später im Laufe unseres Lebens lernen und die unter Umständen schwächer bleiben als unsere Erstsprache/n.

„Fremdsprachen" werden tendenziell eher „gesteuert" gelernt, typischerweise durch schulischen „Fremdsprachen"-Unterricht oder durch Sprachkurse. Unter „Zweitsprachen“ werden hingegen meistens Sprachen verstanden, die wir (auch) „ungesteuert“ erwerben, durch unser lebensweltliches Umfeld, zum Beispiel, wenn jemand durch Migration in einer späteren Phase des Lebens in einer anderen Sprachumgebung lebt als in der Kindheit. Mit „Herkunftssprache/n“ wird dann im Migrationskontext auf die Sprache/n der früheren Umgebung verwiesen, mit „Familiensprache/n“ auf die Sprachen, die in einer Familie verwendet werden.

Solche Kategorien schaffen grobe Orientierungsmöglichkeiten, aber sie sind nicht so deutlich und so leicht voneinander zu unterscheiden, wie es auf den ersten Blick den Anschein hat. Und eine solche klare – oder starre – Trennung und Zuordnung von Sprachen zu fixen Kategorien ist auch nicht immer sinnvoll.

Dies sehen wir recht gut am Beispiel Elias Canetti. Wenn wir versuchen, die Kategorien Erstsprache, Muttersprache, Herkunftssprache, Familiensprache, Fremdsprache und Zweitsprache auf Canettis Sprachenbiografie anzuwenden, merken wir, dass wir sie dabei immer wieder ein bisschen umdeuten oder „verbiegen“ müssen, weil sie nicht ideal passen.

Unser sprachliches Repertoire ist kein Schubladenkasten, in dem wir einzelne Sprachen „ablegen“ und nach Kategorien „sortieren“. Sprachenbiografien sind heterogener und vielschichtiger, als solche vereinfachenden Kategorien suggerieren. Sprach(en)repertoires entwickeln sich dynamisch, im Kontakt mit Menschen in unterschiedlichen Kontexten und Kommunikationssituationen.

Abb. 86: Die Vorstellung vom „Schubladendenken“ (Foto: pixabay)

Vereinfachte Konzeptionen von „Muttersprache“ bzw. Erstsprache und „Fremdsprache“ bzw. Zweitsprache bestimmen auch das sogenannte „monolinguale Paradigma“. Darunter wird die – vor allem in „westlichen“ Gesellschaften verbreitete – Vorstellung von sprachlichen Repertoires verstanden, die auf einem solchen „Schubladenkasten“ aufbaut. In diesem Konzept ist dann die „Muttersprache“ gleichzeitig Erstsprache und spielt eine wichtige Rolle für die eigene Identität. Außerdem wird das Konzept häufig dafür herangezogen, „Volkszugehörigkeiten“ zu konstruieren. Andere Sprachen, die im Laufe des Lebens gelernt werden, werden nach diesem Konzept nie so wichtig wie die „Muttersprache“/Erstsprache.

Wenn diese Vorstellung verknüpft wird mit einer eindimensionalen Verkettung von Sprache und Kultur, im Sinne von „Kultur = ‚Volk‘ = Sprache“, wird Mehrsprachigkeit zu einem Sonderfall, der die Zuordnung (zum Beispiel zu einem „Volk“ oder einem Nationalstaat) erschwert und zu einer gewissen kulturellen Heimatlosigkeit führt oder zumindest führen kann.

Die Realität ist aber vielschichtiger – und interessanter. Wir haben es mit realen mehrsprachigen Umgebungen und mehrsprachigen Menschen zu tun. Einerseits sind Sprachenbiografien oft komplexer und heterogener, andererseits sind sprachliche Umgebungen auch nicht so einfach und eindeutig nach einzelnen Sprachen „sortiert“. Dies sehen wir unter anderem an den Linguistic Landscapes, die wir in Teil IV besprochen haben.

Ein Konzept, das sich mit der Vernetzung von Sprachen auseinandersetzt, sowohl auf gesellschaftlicher Ebene als auch auf individueller, ist das Konzept des *Translanguaging*. Die Vorsilbe „Trans“ bedeutet – ähnlich wie bei Transkulturalität – auch hier sowohl eine Überschreitung von Grenzen als auch deren Auflösung.

Auf gesellschaftlicher Ebene bedeutet das, dass in einer Kommunikationssituation auch mehrere Sprachen verwendet werden können, dass zwischen verschiedenen Sprachen gewechselt werden kann. Man spricht dabei auch von *Codeswitching* oder *Codemeshing*. Mit „Codes“ sind dabei die jeweiligen Einzelsprachen (oder auch eine bestimmte Varietät einer Einzelsprache oder ein Sprachregister) gemeint, zwischen denen „hin- und hergeschaltet“ wird oder die in der Kommunikation „ineinandergreifen“, wie im Beispiel mit dem deutschen „Finanzamt“ in einem türkischen Satz.

Wenn Translanguaging noch weiter gedacht wird, dann wird das Konzept von „Einzelsprachen“ – wie Englisch, Französisch oder Deutsch – insgesamt in Frage gestellt bzw. als eine (künstliche) Konstruktion verstanden. Dies wird damit begründet, dass sich – sprachwissenschaftlich – keine klaren

Grenzen zwischen Sprachen ziehen lassen, weil Sprachen einander beeinflussen und sich durch Sprachkontakt verändern. Sprachen enthalten dabei immer auch Elemente aus anderen Sprachen und reale „Language Practice" ist mehrsprachig.

Stellen Sie sich vor, jemand sagt: „Die Jalousien am Fenster gehören dringend repariert, hast du den Laptop bei der Hand und kannst schnell im Branchenverzeichnis nachschauen, ob es eine Firma in der Nähe gibt, die das macht?"

Ist das ein mehrsprachiger Satz? Ja und nein. „Jalousie" kommt aus dem Französischen, wo das Wort aber zunächst „Eifersucht" bedeutet: Etwas – oder jemand – wird „eifersüchtig" behütet und nicht den Blicken anderer preisgegeben. Während „Jalousie" noch als Fremdwort erkennbar ist, sieht man dem „Fenster" seine Herkunft nicht mehr so gut an: Es wurde aus dem Lateinischen („fenestra") ins Althochdeutsche übernommen („fenstar"), stellt im Deutschen heute also ein Lehnwort dar. Auch „reparieren" kommt aus dem Lateinischen: „reparare"; den „Laptop" erkennen wir schnell als Englisch, „Branche" als Französisch, und „Firma" kommt aus dem Italienischen bzw. Lateinischen.

Wir sehen also, dass eine Einzelsprache wie Deutsch in sich selbst auch bereits Elemente aus anderen Sprachen trägt, die nicht weiter „auffallen". Wie Sprachen einander beeinflussen und welche Spuren der Sprachkontakt hinterlässt, damit beschäftigt sich ein besonderer Zweig der Sprachwissenschaft: die Kontaktlinguistik.

Translanguaging wird aber nicht nur auf die gesellschaftliche Ebene bezogen, sondern auch auf die Repräsentation von Sprachen im Gehirn einzelner Sprecher*innen. In diesem Fall ist damit gemeint, dass unsere Sprachen nicht voneinander getrennt in unseren Gehirnen „gespeichert" sind, sondern miteinander vernetzt.

Für die Kommunikation bedeutet dies, dass wir nicht zwingend zwischen verschiedenen Sprachen, zum Beispiel Englisch und Französisch „umschalten", sondern dass wir auf ein vernetztes sprachliches Repertoire zurückgreifen und uns jeweils der Elemente bedienen, die wir in einer Kommunikationssituation brauchen, und andere dabei vorübergehend ausblenden.

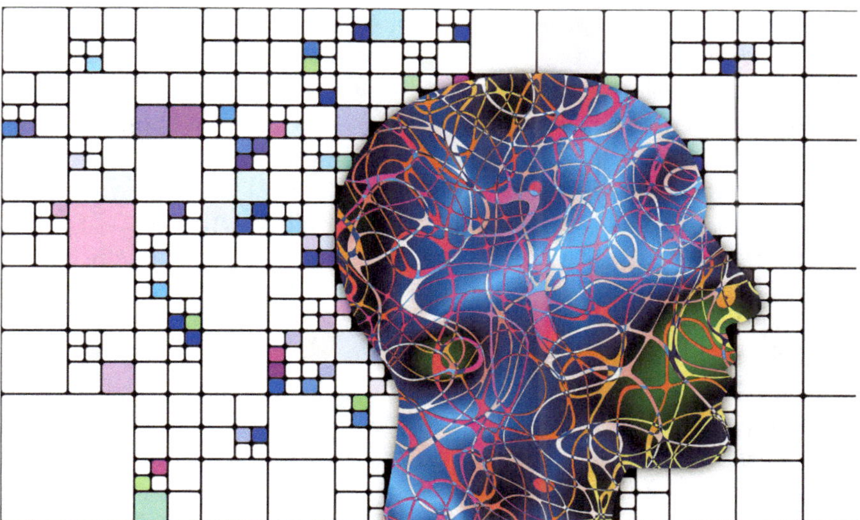

Abb. 87: Vernetzte Sprachenrepertoires (Bild: pixabay)

Es sind allerdings noch viele Fragen offen, die sich auf die Repräsentation von Sprachen im Gehirn beziehen. Es gibt in neuerer Forschung Hinweise darauf, dass es – auch im Hinblick auf die Trennung oder Vernetzung von Sprachen – individuelle Unterschiede gibt, die damit zusammenhängen, wie und unter welchen Umständen welche Sprachen erworben bzw. gelernt worden sind. Dies bedeutet, dass sich wahrscheinlich nicht alle Fragen letztgültig für alle Menschen gleich beantworten lassen.

Spracherwerb und Sprachenlernen sind so komplex, und es spielen so viele Faktoren eine Rolle, dass einfache Modelle nur eine sehr unzureichende Vorstellung von den Prozessen liefern können, die dabei ablaufen – und auch von den Ergebnissen dieser Prozesse, unseren Sprachenrepertoires.

Wie unsere Sprachenbiografie verlaufen ist, hat Auswirkungen darauf, wie sich unser Sprachenrepertoire entwickelt. Manche Aspekte unserer Sprachenbiografie können wir nicht beeinflussen: Wir können uns nicht aussuchen, in was für eine Familie oder in was für ein Land wir hineingeboren werden und mit welchen Sprachen wir aufwachsen und welche Ressourcen sich daraus ergeben.

Später im Leben ergibt sich – abhängig von wirtschaftlichen und politischen Gegebenheiten – aber für viele Menschen die Möglichkeit, bewusst am eigenen Sprachenrepertoire zu arbeiten, es weiterzuentwickeln und den weiteren Verlauf der eigenen Sprachenbiografie mitzugestalten. In der Europäischen Union wird dies auch durch Mobilitätsprogramme wie Erasmus unterstützt, zuweilen sprechen wir bereits von einer „Generation Erasmus".

Wie und in welchen Kontexten wir zu unseren Sprachkenntnissen kommen, wirkt sich auch auf die Ausprägung der Sprachkenntnisse aus. Wenn wir eine Sprache im lebensweltlichen Umfeld gebrauchen, dann kommen wir häufig mit der Alltagssprache in Berührung, sie wird für uns mit der Zeit selbstverständlich. Wenn wir eine Sprache als Bildungssprache lernen, zum Beispiel der Schulunterricht in allen Fächern in dieser Sprache angeboten wird oder wir ein Studium in dieser Sprache absolvieren, dann gewinnen wir Sicherheit in gehobenen Sprachregistern.

Wenn wir eine Sprache auf hohem Niveau beruflich verwenden, dann bezeichnen wir sie als *Arbeitssprache*. Diese Bezeichnung ist vor allem in der Translation gebräuchlich und wird auch in der Transkulturellen Kommunikation verwendet. Um Sicherheit in einer Arbeitssprache zu gewinnen, sollten wir uns sowohl mit ihrer Verwendung als Bildungssprache, als auch mit ihrer lebensweltlichen Verwendung im Alltag beschäftigen – für professionelle Transkulturelle Kommunikation brauchen wir beides. Wir müssen uns in einer Vielfalt an Kommunikationssituationen zurechtfinden können, ein vielfältiges Kommunikationsrepertoire aufbauen und weiterentwickeln. Darauf werden wir in den folgenden Kapiteln noch genauer eingehen.

Auf den Punkt gebracht

1. In Sprachenbiografien kann nachgezeichnet werden, wie sich mehrsprachige Repertoires entwickelt haben.
2. Dabei wird häufig auf Kategorien wie „Muttersprache", „Erstsprache", „Zweitsprache", „Fremdsprache", „Herkunftssprache", „Familiensprache" etc. zurückgegriffen.
3. Mit diesen Begriffen sind bestimmte Vorstellungen verbunden.
4. Diese Begriffe und Vorstellungen ermöglichen eine erste Orientierung, wirken aber auch „schubladisierend".
5. Sprachenbiografien und Sprachenrepertoires sind oft komplexer und vielfältiger, als es sich durch einfache Kategorien darstellen lässt.
6. Das Konzept des „Translanguaging" beschäftigt sich mit Vernetzungen in individueller und gesellschaftlicher Mehrsprachigkeit.

Zum Weiterdenken und Vertiefen

1. Überlegen Sie:
   a. Welche Sprachen würden Sie als Ihre Muttersprache/n, Erstsprache/n, Zweitsprache/n, Fremdsprache/n, Familiensprache/n oder Herkunftssprache/n bezeichnen?
   b. Welche dieser Begriffe passen auf Sprachen in Ihrem Repertoire, welche weniger?
   c. Inwieweit ist die Unterscheidung zwischen Erstsprache/n bzw. Muttersprache/n und Fremdsprache/n bzw. Zweitsprache/n in Ihrem Repertoire sinnvoll? Kommt diese Unterscheidung teilweise an ihre Grenzen? Wenn ja, wo und inwiefern?
2. Sehen Sie sich noch einmal Ihr Sprachenportrait und die daran anknüpfenden Notizen aus den Reflexionsaufgaben im vorigen Abschnitt an – und schreiben Sie nun Ihre Sprachenbiografie. Welche Sprachen haben Sie unter welchen Umständen und in welchem Alter gelernt? Welche Rolle spielen diese Sprachen heute für Sie?

3 Kultur und Identität

„Von wo sind Sie?“ „Woher kommst du?“ – Wie wir auf diese Fragen antworten, sagt viel über uns aus.

Ich bin aus Kreuzberg.

Ich komme aus Berlin.

*Ich bin Europäer*in.*

Oder: *Ich komme aus Tamil Nadu und Berlin.* Oder: *Ich bin Weltbürger*in.*

Warum wollen Leute wissen, „woher“ wir kommen? Und was bringt uns dazu, ihnen diese oder jene Antwort zu geben?

Was hätte zum Beispiel der Schriftsteller Elias Canetti gesagt, wenn man ihn gefragt hätte, woher er komme? Oder der Künstler Vincent von Gogh? Wie bei so vielem, das wir bereits diskutiert haben, lautet die Antwort: Es kommt darauf an. Lesen wir in Wikipedia nach, lernen wir über Vincent van Gogh Folgendes:

> Vincent Willem van Gogh [...] war ein niederländischer Maler und Zeichner; er gilt als einer der Begründer der modernen Malerei. [...] Sein Hauptwerk, das stilistisch dem Post-Impressionismus zugeordnet wird, übte starken Einfluss auf nachfolgende Künstler aus, vor allem auf die Fauves und die Expressionisten. (Wikipedia-Eintrag zu Vincent van Gogh, 2019)

Van Gogh wurde tatsächlich in den Niederlanden geboren. Aber macht ihn das zu einem „niederländischen Maler“? Betrachten wir seinen künstlerischen Werdegang, so stellen wir fest, dass er nicht nur „niederländisch“ gemalt hat.

Abb. 88: „Niederländische“ Periode – „Die Kartoffelesser“ (Foto: Wikipedia)

Seine ersten Bilder spiegeln zwar die dunklen Töne seiner Lebenserfahrungen und seine damalige Stimmung wider, aber im Laufe seines Lebens machte er andere Erfahrungen und malte unter dem Einfluss neuer Sichtweisen und neuer Erkenntnisse.

Mit der Übersiedelung nach Paris, wo er viele Jahre lebte, lernte er französische Künstler*innen kennen, erlebte die bunten und mondänen Straßen von Paris und begann auch, anders zu malen. Unter anderem kam er in Berührung mit der Kunst Japans, das sich ab Mitte des 19. Jahrhunderts dem „Westen“ öffnete. Künstler*innen in Europa, darunter van Gogh, „entdeckten“ vor allem die japanische Kunst der Farbholzschnitte und übernahmen viele Techniken der japanischen Tradition für ihre eigenen Werke. Der sogenannte Japonismus übte einen starken Einfluss auf van Gogh aus, sodass man Folgendes behaupten kann:

> Praktisch jedes seiner von nun an gemalten Bilder weist das eine oder andere „japanische“ Gestaltungsmittel auf […] (Wikipedia-Eintrag zu Vincent van Gogh, 2019)

Abb. 89: Japanischer Einfuss – „Portrait des Père Tanguy" (Foto: Wikipedia)

War van Gogh zu dieser Zeit noch ein „niederländischer" Maler? Mit der Bezeichnung „niederländisch" versucht man, den Maler (und die Person) Vincent van Gogh zu beschreiben. Mit anderen Worten, uns eine Idee davon zu geben, „was" er war und „wie" er war. Es handelt sich hierbei um einen Versuch, ihn so einzuordnen, dass gewisse Erwartungen an ihn aktiviert werden. Zum Beispiel: Ein niederländischer Maler malt in der niederländischen Tradition. Oder: Als Nordeuropäer wird er das Licht anders wahrgenommen haben als zum Beispiel jemand aus dem Süden. Dieses Zuordnen zu einer Kategorie erweckt den Eindruck, dass man weiß, „woran man ist". Und auch wenn die Annahmen und Erwartungen in Bezug auf diesen „niederländischen" Maler einigermaßen stimmen, klammern sie viele wichtige Dimensionen seiner Persönlichkeit und seines Schaffens aus.

Später im Leben übersiedelte van Gogh in den Süden Frankreichs, nach Arles, wo er wieder neue Erfahrungen machte, neue Lichtverhältnisse erlebte. Seine Bilder zeigen die Einflüsse dieses erweiterten Blicks und neuen Lebensgefühls.

Abb. 90: Bild aus Arles – „Die Ernte“ (Van-Gogh-Museum, Amsterdam, Vincent van Gogh Foundation)

Wir können natürlich nicht wissen, was van Gogh geantwortet hätte, wenn man auf die Idee gekommen wäre, ihn nach seiner „Herkunft“ zu fragen. Wir können uns aber fragen, inwiefern seine „Herkunft“ ihn als Maler definierte. Wir stellen dann fest, dass es die Begegnung mit mehreren Kulturen war, die ihn als Künstler ausmachte. Die Kategorisierung „niederländischer Maler“ erzählt nur die halbe Geschichte (oder noch weniger).

Wir sehen am Leben van Goghs auch, dass kulturelle Prägungen und neue Einflüsse einander nicht ausschließen. Vielmehr wirken sie auf- und miteinander, um in einem individuellen Leben etwas Einzigartiges hervorzubringen. Die Kulturen, die van Gogh im Laufe seines Lebens kennenlernte und die ihn prägten, wirkten alle auf ihn. In diesem Sinne waren sein Leben und sein Schaffen ein transkultureller Prozess.

Und das gilt für die meisten von uns, wenn nicht für alle. Vielleicht sagen Sie sich, Sie seien kein*e große*r Künstler*in und hätten nicht den künstlerischen Weitblick van Goghs? Mag sein. Aber wir alle, wie damals van Gogh, leben in einer Welt, die Strömungen und Einflüsse aus mehreren Kulturen zusammenbringt. Manchmal ist das für uns ganz evident; unsere Familie ist „bikulturell“ oder wir besuchen eine internationale Schule. Oft aber fallen uns die transkulturellen Beziehungen, die wir täglich eingehen, gar nicht auf. Die US-amerikanischen Fernsehsendungen, die Bollywood-Musicals, der Kebabstand um die Ecke, bestimmte Moden im Freundeskreis – alles beeinflusst unsere Lebensweise, unsere Werte und unsere Sichtweise. Wer Haiku auf Deutsch gelesen hat, wird vielleicht selbst beginnen, diese „japanische“ (?) Kunstform zu üben. Wer einen Bollywood-Tanzkurs in München besucht, wird beginnen, „indisch“ (?) zu tanzen. Und so weiter. Wir leben eigentlich alle transkulturell.

Zurück zur anfangs gestellten Frage: Warum wollen Leute wissen, „woher“ wir kommen? Sie wollen versuchen, uns einzuordnen. Nun, dies ist ein völlig legitimer Wunsch und drückt das bereits besprochene Bedürfnis nach Ordnung und Verstehen aus.

Wie wir anhand des Lebens von van Gogh oder Canetti – oder des eigenen Lebens – sehen, ist die Antwort nicht so einfach. Es kommt darauf an, was mit „woher“ gemeint wird. Unsere sogenannte „Herkunft“ (Unser Geburtsort? Die kulturellen Traditionen unserer Eltern? etc.) sagt vielleicht etwas über uns aus. Vielleicht auch nicht. Jedenfalls nicht *genug*. Denn wir alle, wie eben Vincent van Gogh und Elias Canetti, haben auch eine Lebensgeschichte, haben einen Entwicklungsprozess hinter (und immer auch vor!) uns, der kulturell sehr komplex ist.

Welche Aspekte davon wollen wir thematisieren? Welche nicht? Es kommt darauf an.

Wie ein Diamant, der je nach Lichteinfall unterschiedliche Facetten zum Vorschein bringt, so besteht auch unsere Identität aus vielen Facetten, die wir entweder gesammelt oder einzeln zeigen und selbst benennen können. Diese sogenannte *Selbstkategorisierung* geht Hand in Hand mit einem Selbst-Bewusst-Sein, das durch Offenheit und Reflexion entwickelt werden kann.

Den transkulturellen Transfer und den Austausch von Wissen, Einsichten und Traditionen hat es schon immer gegeben. Was nehmen wir als Individuen davon auf? Zum Teil bloß die äußeren Ausdrücke davon: Wir essen *escalope milanaise* und nennen es Wiener Schnitzel, wir feiern Allerheiligen als Halloween oder erklären *Sex Education* zu unserer Lieblingsserie.

Manchmal aber dringt der transkulturelle Einfluss tiefer in unser Bewusstsein. Wir erkennen neue Sichtweisen, zum Beispiel, dass der Mensch mehr als fünf Sinne „haben“ kann. Wir übernehmen neue Verhaltensweisen, zum Beispiel einander „High five!“ geben, mit Stäbchen essen oder Schuhe ausziehen, wenn man eine Wohnung betritt. Es kommen oft auch neue Einsichten dazu und, damit verbunden, neue Werte: Mindfulness ist gut für das seelische Wohlbefinden; Mobbing muss thematisiert werden, bevor es bekämpft werden kann; traditionelle chinesische Medizin geht von einer holistischen Auffassung des Menschen aus, die in der „westlichen" Medizin weitgehend fehlt; etc.

Was wir von der Transkulturalität der Gesellschaft und des eigenen Lebens aufnehmen, hängt von unserer Bereitschaft ab, uns für Neues zu öffnen und in unser eigenes Leben zu integrieren. Wir müssen uns dabei nicht *für* die eine kulturelle Perspektive entscheiden und *gegen* eine andere. Transkulturalität ermöglicht eben die Integration vieler kultureller Perspektiven nicht nur in einer Gesellschaft, sondern auch in einer Person. Die gesellschaftliche Vernetzung diverser Perspektiven fördert Synergien, die dem gesamten Kollektiv zugutekommen. Ebenso fördert die sogenannte intra-individuelle Integration das Wohlbefinden Einzelner: Wer die eigenen Identitäten nicht auseinanderhalten muss, sondern sich in der Gesamtheit seiner*ihrer persönlichen Entwicklung und Lebensgeschichte sehen und akzeptieren kann, steigert die kognitiv-emotionale Sensibilität und Flexibilität und fühlt sich wohl.

Was haben diese Erkenntnisse mit professioneller Transkultureller Kommunikation zu tun?

Wir haben schon oft betont, dass die eigene kulturelle Sozialisierung sowie die individuelle Lebensgeschichte unseren Umgang mit Menschen, die Interpretation von Texten, ja unser gesamtes Verhalten beeinflussen.

Als (angehende) Expert*innen der Transkulturellen Kommunikation wollen wir erkennen, welche Rolle die eigene Lebensgeschichte im jeweiligen Kommunikationsablauf spielt. Ob wir dolmetschen, übersetzen, als Auslandskorrespondent*in für eine Reportage recherchieren, eine Webseite gestalten, eine internationale Marketingstrategie planen oder Kommunikationscoaching betreiben, wir sind immer selbst als interpretierende und handelnde Menschen mit dabei. Wir sind vom Kommunikations- und Interpretationsprozess nicht wegzudenken. Allein aus diesem Grund sollten wir wissen, „wer wir sind". Was beeinflusst unser Verständnis der Dinge und der Menschen?

Die Flexibilität und Vielseitigkeit der Identität wird deutlich und liebevoll im Buch „Das kleine Ich-bin-Ich" von Mira Lobe, mit Illustrationen von Susi Weigel, zum Ausdruck gebracht. Ein kleines Wesen geht durch die Welt auf der Suche nach einer Antwort auf die Frage „Wer bin ich?" Es begegnet vielen anderen Wesen, die ihm ähnlich sind, aber nie ganz gleich. Es hat die gleichen Farben wie ein Papagei, aber nicht die Flügel. Es hat die gleichen Haare wie ein Pferd, aber nicht die langen Beine. Es hat ein bisschen von überall, aber es gibt kein anderes Wesen, das ihm genau gleicht. Das macht das bunte Tier traurig. Bis es erkennt, dass das eigentlich Grund zur Freude ist. Es gibt tatsächlich sonst niemand, die* der so ist: Ich-bin-Ich.

Abb. 91: Ein kleines Ich-bin-Ich, selbst gebastelt (Foto: ME)

Das Buch wird als Kinderbuch klassifiziert (kategorisiert!). Aber die Erkenntnis, dass das Lebewesen nicht etikettiert werden muss, dass es von überall her etwas hat und dennoch es selbst bleibt, ist alles andere als kindlich.

Wir können diese „Kindergeschichte“ als Metapher sehen für „die“ kulturelle Identität von Individuen und Gruppen. *Von wo bist du? Wo kommst du her? Wer bist du?* Es gibt selten eine eindeutige, endgültige Antwort. Es kommt eben darauf an.

Das kleine Ich-bin-Ich erkennt, dass es die Definition des eigenen Ichs nicht extern, bei anderen suchen muss. Es darf sich selbst benennen. Oder beschließen, sich gar nicht zu benennen. Die Selbstkategorisierung erleichtert die Interaktion: Wenn wir selbst entscheiden, wer wir sind, können wir ein Bewusstsein für den eigenen Standpunkt entwickeln und haben somit den kognitiv-emotionalen Freiraum, auf andere einzugehen.

Das Nachdenken über die eigene kulturelle Vielfalt ist nicht nur eine Feel-good-Strategie. Die Erkenntnis, dass wir selbst weder schubladisiert noch etikettiert werden wollen, dass wir selbst sagen, wer wir sind und „woher wir kommen“, fördert unsere Sensibilität gegenüber anderen.

Wir haben in Kapitel 4 die wichtige Rolle der Empathie in der Transkulturellen Kommunikation identifiziert. Wir wollen die Bedürfnisse der Kommunikationspartner* innen auch in Bezug auf Identität berücksichtigen. Ein respektvoller Umgang bedeutet, dass wir Identitäten nicht zuschreiben, sondern sich zeigen lassen. Wir ordnen Menschen nicht den Gruppen zu, die uns „passend" erscheinen, sondern überlassen es ihnen, zu definieren, wer sie sind und wie sie sich sehen.

Transkulturelle Kommunikation ernst zu nehmen bedeutet, die Transkulturalität unserer Identitäten zu akzeptieren.

Auf den Punkt gebracht

1. „Eine" Kultur ist keine einheitliche Gruppe; sie besteht aus vielen unterschiedlichen Gruppierungen und Individuen.
2. Kulturen haben einander immer beeinflusst.
3. Kulturelle Identität ist nicht gleichzusetzen mit Nationalität oder „Herkunft".
4. Kulturelle Identitäten sind dynamisch und flexibel.
5. Eine Person kann mehrere kulturelle Identitäten leben.
6. Kulturelle Identität ist ein interner Prozess, der sich in Interaktion mit der Umgebung entwickelt.

Zum Weiterdenken und Vertiefen

1. Schreiben Sie einen Text über sich selbst nach dem Muster eines Wikipedia-Eintrags. Schildern Sie Ihren Werdegang und Ihre Interessen.
   a. Was sind Ihre „Einflüsse"?
   b. Woher kommen diese?
   c. Wie weit zurück reichen diese Einflüsse?
   d. Welche Kulturen tragen zu Ihrer Persönlichkeit bei?
2. Betrachten Sie das folgende Bild von Agnes Conway und lesen Sie dann die Interpretation, die die Künstlerin zu ihrem Bild geschrieben hat:

Abb. 92: Ein Stück Treibholz (mit freundlicher Genehmigung von Agnes Conway)

I do not know how long I lay in the dark. There came a time when I moved up through the deep water. Blind things passed me, going about mysterious business.
When I came into the light I waited, not knowing what I waited for. But when it floated near I grasped it with my being. Once I could have grasped it with large hands.
My name was José. I think I was a handsome man.

a. Wie würde Ihre Interpretation des Bildes lauten? In welcher Sprache?

3. Der Italienisch-Übersetzer hat den geschriebenen Text von Agnes Conway zusammen mit dem Bild (das, wie wir im Kapitel 3 festgestellt haben, ebenfalls Text bzw. Teil des Textes ist) wie folgt interpretiert:

Non so per quanto tempo giacqui nella tenebra. Vi fu un momento in cui risalii attraverso l'acqua profonda. Cose cieche mi passarono accanto, intente a cómpiti misteriosi.
Quando arrivai alla luce, attesi, senza sapere perché attendessi. Ma quando mi passò vicino galleggiando l'afferrai con il mio essere. Una volta avrei potuto afferrarlo con le grandi mani.
Mi chiamavo José, penso che fossi un bell'uomo.

a. Formulieren Sie den geschriebenen Text in einer zweiten Sprache Ihrer Wahl. Auf welche Nuancen des Bildes konzentrieren Sie sich dabei? Warum?

4 Das eigene Kommunikationsrepertoire reflektieren

Wir haben gesehen, dass wir im Laufe unseres Lebens ganz unterschiedlichen kulturellen und sprachlichen Einflüssen begegnen. Wir haben gesehen, dass auch Sprachgebrauch als „Language Practice" im Kontext dieser vielfältigen Einflüsse zu sehen ist, und dass in verschiedenen Kommunikationssituationen verschiedene Formen des Sprachgebrauchs üblich sind. Wir haben uns bereits damit auseinandergesetzt, welche Rolle dabei kulturelle Aspekte, Textsorten oder spezifische kommunikative Bedürfnisse von Kommunikationspartner*innen spielen.

Wenn wir diese Aspekte nun weiterdenken und überlegen, welche Rolle unser sprachliches Repertoire in der Kommunikationssituation spielt, dann wird uns bewusst, dass wir in professioneller Transkultureller Kommunikation nicht nur auf sprachlichen Repertoires, sondern vor allem auf Kommunikationsrepertoires aufbauen.

Schon in Teil I haben wir gesehen, dass es nicht reicht, sprachliche Mittel zu kennen, sondern dass wir uns auch dessen bewusst sein müssen, welche Wirkung sie in unterschiedlichen Kommunikationssituationen erzielen können.

Durch kommunikative Erfahrungen und das bewusste Reflektieren dieser Erfahrungen bauen wir kommunikative Kompetenz auf, entwickeln sie weiter, professionalisieren sie.

In der Transkulturellen Kommunikation spielt kommunikative Kompetenz (verknüpft mit spezifischen Arbeitssprachen und auch unabhängig von Einzelsprachen) eine wichtige Rolle. Für Elias Canetti zum Beispiel war Deutsch eine wichtige Arbeitssprache, er hat seine Bücher auf Deutsch geschrieben.

Wer in Transkultureller Kommunikation mit mehr als einer Arbeitssprache arbeitet, sollte in diesen Arbeitssprachen professionell schriftlich und mündlich kommunizieren können. Dazu gehört, verschiedene sprachliche Register unterscheiden zu können, sprachliche Elemente gezielt für die Textgestaltung verwenden zu können und sich ihrer Wirkung in verschiedenen Kontexten bewusst zu sein.

Für professionelle Transkulturelle Kommunikation brauchen wir also sowohl Wissen über Kommunikation als auch Erfahrungen mit Kommunikation. Das Wissen hilft uns dabei, unsere Erfahrungen zu reflektieren und aus ihnen zu lernen. So können wir unser kommunikatives Repertoire laufend erweitern und professionalisieren.

Wir sammeln Erfahrungen in verschiedenen Kommunikationssituationen, die wir mit der Zeit auch mit sprachlichen Mitteln – und teilweise auch mit Textsorten (wie wir in Teil III gesehen haben) – verknüpfen. Unser sprachliches Repertoire besteht aus jenen Elementen, die wir auch selbst einsetzen können, unser kommunikatives Repertoire hilft uns, das sprachliche Repertoire in konkreten Kommunikationssituationen anzuwenden – und jeweils passende Elemente auszuwählen.

So wie in einem Theater Unterschiedliches aus dem Repertoire an Stücken auf dem Spielplan stehen kann, wählen wir selbst in einer Kommunikationssituation aus, welche sprachlichen Mittel wir einsetzen. Dies ist aber – im Gegensatz zum Zusammenstellen eines Theaterspielplans – oft kein bewusster Prozess, und es ist nicht das ganze „Stück" von vornherein vorgegeben: Wir reagieren gerade in mündlicher Face-to-Face-Kommunikation schnell und großteils unbewusst, passen unsere Sprachverwendung an die Situation und unsere Kommunikationspartner*innen an. Professionalität bedeutet in diesem Zusammenhang, dass wir uns diesen Prozess aber – bei Bedarf – bewusst machen können. Und dass wir auf dieser Bewusstmachung und Reflexion aufbauend unser Repertoire auch gezielt erweitern können.

Was auf dem „Spielplan" unseres kommunikativen Repertoires steht, hat auch damit zu tun, auf welche Weise wir unsere kommunikativen und sprachlichen Repertoires aufgebaut haben.

Abb. 93: In verschiedenen Situationen auf unterschiedliche Elemente fokussieren (Foto: pixabay)

Wenn wir auf Tagalog angesprochen werden, reicht es nicht, dass wir uns in die Kommunikationssituation hineinversetzen können und zu dem Schluss kommen, dass wir gerne Tagalog antworten möchten. Das wird nur klappen, wenn wir auch über entsprechende sprachliche Mittel in unserem Repertoire verfügen. Wenn wir mit Segelfans zu tun haben und uns mit ihnen über Erfahrungen beim Segeln austauschen möchten, dann stellen wir ebenfalls schnell fest, dass wir nicht gut „mitreden" können, wenn uns die sprachlichen Mittel der Fachsprache rund ums Segeln (samt den dazugehörigen Erfahrungen) fehlen. Und wenn wir in einer Sprache zwar eine ganze Menge an „schöner Literatur" und/oder wissenschaftlichen Texten gelesen, aber keinerlei Alltagserfahrungen gemacht haben, dann brauchen wir vielleicht ein Wörterbuch, wenn wir eine Speisekarte aufschlagen oder in einem Geschäft nach ein paar alltäglichen Dingen für den Haushalt (wie Geschirrspülmittel, Schneidbrettern oder Pfannen) fragen möchten.

Manchmal sind bestimmte sprachliche Mittel auch mit der Erinnerung an erlebte Szenen verbunden: Wenn ein Erlebnis für uns mit einem ganz bestimmten Wort oder einer Phrase verknüpft ist, dann wird die Erinnerung an dieses Erlebnis oft dadurch ausgelöst, dass das Wort oder die Phrase wieder vorkommt – vielleicht in einem ganz anderen Kontext.

Die Translationswissenschaftlerin und Schriftstellerin Mascha Dabić behandelt dieses Phänomen in ihrem Roman „Reibungsverluste": Nora, die Hauptfigur des Romans, arbeitet als Dolmetscherin (ohne Ausbildung) für eine NGO, die sich um Geflüchtete kümmert. Wenn sie die Geschichten hört, die sie dolmetschen soll, fallen ihr bei bestimmten Schlüsselwörtern immer wieder eigene Erlebnisse ein, die mit dem Vokabular verbunden sind, das sie nun zum Dolmetschen braucht. Aktuelles Erleben und früheres Spracherleben (oder auch die Vorstellung davon) überlappen einander:

> Mit einem festen und trockenen Händedruck verabschiedete sich Herr Basajew von den beiden Frauen und verließ den Raum. Zwei Sekunden später stand er wieder in der Tür.
> „Bekomme ich diesmal auch einen Fahrschein?", fragte er verlegen.
> „Oh, das habe ich ganz vergessen", sagte Roswitha. „Weil wir ja gerade beim Schuldenberg wegen Schwarzfahrens waren ..."
> Nora lachte. Schwarzfahren hieß auf Russisch jechatj sajzem, das bedeutet wörtlich als Hase fahren. In Russland hatte sie sich in der Metro vorgestellt, dass die Schwarzfahrer vor Angst aufzufliegen wie Angsthasen zitterten, anders konnte sie sich die Metapher nicht erklären. (Dabić 2017:101)

Nora, die Dolmetscherin, erinnert sich hier also an ihren eigenen Zugang zu einer russischen Metapher, einen Zugang, der mit einer Metrofahrt in Russland verbunden ist und den Überlegungen, die sie dabei angestellt hat. An anderer Stelle erinnert sie sich, was ihr Exfreund Vladimir in Russland in einer bestimmten Situation gesagt hat, nicht unbedingt nur auf Russisch: Nora dolmetscht für eine Frau, die erzählt, dass sie sich „unter Kontrolle habe", sie

> „versuche einfach, unauffällig zu bleiben. Bloß keine Aufmerksamkeit erregen." Keep a low profile, das wäre jetzt die perfekte Entsprechung im Englischen, dachte Nora. Diesen Ausdruck hatte Vladimir gerne verwendet, wenn er von den großen Aktionärssitzungen erzählte, das war damals seine Devise gewesen, keep a low profile. (Dabić 2017:60)

Die Kommunikationssituationen, in denen wir unser sprachliches Repertoire aufbauen, sind sehr vielfältig – und auch mit vielfältigen Kommunikationspartner*innen verbunden: Familienmitgliedern, Freund*innen, Nachbar*innen, Lehrer*innen in der Schule, Urlaubsbekanntschaften, aber auch mit Büchern, Serien, Computerspielen, Liedern etc.

Die sprachlichen Mittel, mit denen wir zu tun haben, stammen aus verschiedenen Sprachen und verschiedenen Registern: Im Smalltalk im Urlaub kommt (zum Teil) ein anderer Wortschatz vor als in einem Lehrbuch für Geografie, Englisch oder Französisch, in einer Romanreihe wie J. K. Rowlings *Harry Potter* kommen wir mit einer anderen „Zauberei-Fachsprache" in Berührung als in einem populärwissenschaftlichen Zeitungsartikel über Hexenverbrennungen im Mittelalter.

Unser sprachliches Repertoire ist eine wichtige Ressource für unser Kommunikationsrepertoire. Unsere kommunikativen Möglichkeiten in einer Sprache hängen zum Beispiel auch damit zusammen, inwieweit wir sie auch als Bildungssprache beherrschen und inwieweit wir lebensweltliche Erfahrungen in dieser Sprache gemacht haben.

Unser Kommunikationsrepertoire enthält natürlich nicht nur sprachliches Wissen, sondern auch sprachenübergreifendes. Darauf sind wir aus unterschiedlichen Perspektiven bereits eingegangen: Bereits in Teil I haben wir gesehen, dass in einer Kommunikationssituation nicht nur sprachliche, sondern auch viele andere Faktoren eine Rolle spielen, in Teil II haben wir uns mit kulturellen Bezügen und in Teil III mit Textgestaltung auseinandergesetzt. In Teil IV haben wir uns damit beschäftigt, dass wir für gelingende Kommunikation auch Sozialkompetenz brauchen.

In professioneller Transkultureller Kommunikation verbinden und verknüpfen wir sprachenspezifische und sprachenübergreifende Kompetenzen. Wir verwenden sprachliche Mittel bewusst in spezifischen Kommunikationssituationen und reflektieren ihre Wirkung im jeweiligen Kontext.

Auf den Punkt gebracht

1. Für professionelle Transkulturelle Kommunikation brauchen wir vielfältige kommunikative Repertoires.
2. Kommunikative Repertoires enthalten nicht nur sprachliches, sondern auch sprachenübergreifendes Wissen über Kultur und Kommunikation.
3. Sprachliche Repertoires sind eine wichtige Ressource in unseren Kommunikationsrepertoires.
4. Durch den Kontakt mit Sprache in verschiedenen Kommunikationssituationen bauen wir individuelle sprachliche Repertoires auf, die sprachliche Mittel aus verschiedenen Sprachen, Registern und Kommunikationssituationen enthalten.
5. Wenn wir unsere kommunikativen Repertoires reflektieren, dann reflektieren wir auch, mit welchen Kommunikationssituationen wir bereits Erfahrungen mitbringen und in welchen Kontexten wir unsere sprachlichen Repertoires aufgebaut haben (zum Beispiel als Bildungssprache und/oder im lebensweltlichen Umfeld).

Zum Weiterdenken und Vertiefen

1. Denken Sie an ein Erlebnis, das Sie mit einem bestimmten Wort oder einer bestimmten Phrase in einer „Ihrer" Sprachen verbinden. Welche Rolle spielt das Wort oder diese Phrase in diesem Erlebnis? Erzählen Sie sie Szene jemandem oder schreiben Sie sie auf.
2. Nehmen Sie Ihr Sprachenportrait und Ihre Sprachenbiografie noch einmal zur Hand und überlegen Sie:
   a. Welche Sprachen könnten für Sie als Arbeitssprachen in Frage kommen?
   b. In welchem beruflichen Umfeld möchten Sie diese Arbeitssprachen einsetzen? Welche Kompetenzen brauchen Sie dafür?
   c. Welche Kommunikationserfahrungen haben Sie in den einzelnen Sprachen gemacht?

d. Inwieweit haben Sie diese Sprachen als Bildungssprachen gelernt und inwieweit haben Sie sie im lebensweltlichen Umfeld erworben?
e. Was können Sie gut in diesen Sprachen und wobei fühlen Sie sich weniger sicher?
f. Wie möchten Sie Ihr sprachliches Repertoire in Zukunft weiterentwickeln?
g. Was kann Ihnen dabei helfen?

3. Manche Ausdrücke gehen über bestimmte kollektiv geteilte und medial verbreitete Ereignisse in den kollektiven aktiven Wortschatz über. So wurde nach einem Seilbahnunglück in einem Tunnel in Kaprun häufig vom „Kamineffekt" gesprochen und in der Coronakrise viel vom „Social Distancing" (obwohl eigentlich keine soziale, sondern eine körperliche Distanz gemeint ist). Manche Begriffe erfahren eine Umdeutung. So bezog sich „Abstand halten" vor dem Frühjahr 2020 zumeist auf den Autoverkehr und weniger auf die physische Distanz zwischen Menschen.

   Überlegen Sie: Kennen Sie weitere bzw. ähnliche Beispiele? In welchen Sprachen und Kontexten? Mit welchen Ereignissen hängen sie zusammen? Machen Sie Notizen!

5 Transkulturelle Kommunikation, Studium und Beruf

Wir haben in der Diskussion über Kommunikation, Sprache, Kultur und Translation viele sehr grundlegende Fragen gestellt: Was ist Kommunikation? Was sagt unser Verhalten aus? Was ist die Bedeutung eines Wortes oder eines Textes? Wie verstehen wir, was jemand meint? Die Antwort auf fast alle Fragen lautete: Es kommt darauf an. Und zwar auf unsere Interpretation; darauf, was *wir* darunter verstehen.

Die Antwort „Es kommt darauf an" gilt auch in Bezug auf die Frage: Was bietet eine Auseinandersetzung mit Transkultureller Kommunikation in einem Universitätsstudium? Ein Studium kann als bloße akademische Ausbildung an einer Universität oder Hochschule verstanden werden. Es bedeutet aber auch, wie wir gesehen haben, die kritische Erforschung und Auseinandersetzung mit den Prozessen, die wir als Transkulturelle Kommunikation kennengelernt haben. In diesem Sinne bietet ein Studium sehr viel. Was es *für Sie* bedeutet, wird vorrangig davon abhängen, wie *Sie* es verstehen, was *Sie* daraus machen.

An der Universität wird es natürlich auch darum gehen, wer die einzelnen Lehrenden sind, was sie wissen und wie sie dieses Wissen vermitteln. Auch der Studienplan und die zur Verfügung stehenden Ressourcen werden eine Rolle spielen. Aber wie jeder Text, jeder Kommunikationsakt, wird auch ein Universitätsstudium interpretiert und dabei das verstanden, was wir daraus und darin verstehen wollen.

Wie Sie festgestellt haben werden, wird Ihnen die kritische Reflexion zu Transkultureller Kommunikation die Gelegenheit bieten, sich eingehend mit der menschlichen Kommunikation auseinanderzusetzen. Sich auseinanderzusetzen impliziert, sich selbst in den Lernprozess hineinzubringen. Der Kaninchen-Hase, den wir ganz am Anfang des Buchs kennengelernt haben, gab uns einen kleinen Einblick in die Vielfalt und den Umfang unseres „Stoffs". Es gibt nichts, das nicht irgendwann, irgendwie Gegenstand der menschlichen Kommunikation war, ist oder werden könnte. Eine wesentliche Überlegung in Bezug auf die Beschäftigung mit Transkultureller Kommunikation ist also: Inwiefern bin ich bereit, die Unbegrenztheit und Unvorhersagbarkeit des „Stoffs" zu akzeptieren?

Menschliche Kommunikation ist immer in dem Sinne einmalig, als sie immer im *Jetzt* stattfindet. Eine Aussage von Goethe, von Simone de Beauvoir oder Ariana Grande wird immer und jedes Mal in einer einmaligen Konstellation von Situation, sozio-historischem Kontext und individuellen

Lebensgeschichten wahrgenommen. Das bedeutet konkret für Ihr Lernen: Es gibt kaum Antworten, die immer richtig sind. An der Universität werden Sie in Vorlesungen, Übungen und Seminaren viele Beispiele analysieren, verstehen und interpretieren. Es sind nicht die Bespiele, die wichtig sind, sondern die Prozesse, die sie illustrieren. Sie werden sich mit Begriffen, Methoden, Grundlagen auseinandersetzen, die Sie im Verstehen und Analyseprozess unterstützen können. Sie werden auf Probleme – und deren mögliche Lösungen – aufmerksam gemacht, damit Sie sich bei der Problemerkennung und bei der Suche nach Lösungsmöglichkeiten orientieren können.

Kommunikation ist, wie wir vielfach besprochen haben, ein *Prozess.* Man kann nicht zweimal in den gleichen Fluss steigen. Mit anderen Worten: Genau das gleiche Problem, genau den gleichen Text, genau die gleiche Kommunikationsabsicht wird es nie geben. Es wird von Ihnen erwartet, dass Sie selbst die Probleme und Lösungsmöglichkeiten erkennen, Ähnlichkeiten und Unterschiede zwischen Texten, Äußerungen und Kommunikationssituationen feststellen.

Wenn Sie Transkulturelle Kommunikation im beruflichen Kontext reflektieren, in Meetings, in Verhandlungen, in Interviews oder bei Vorträgen, werden Sie jedes Mal neue, einmalige Probleme kennenlernen. Diese fungieren dann rückblickend als Beispiele: Durch die Analyse dessen, was Sie bereits erlebt haben, ziehen Sie Schlüsse für das nächste Mal. Das „nächste Mal" wird zwar nicht ganz gleich sein, aber ähnlich genug, um Parallelen zu erkennen. Um daraus zu lernen, Regelmäßigkeiten zu erkennen und aus der *bewussten Erfahrung* zu schöpfen.

Ein Universitätsstudium ist, wie jede tiefere Analyse, zwangsläufig auf Theorien begründet. Wissenschaftliche Theorien versuchen, real vorkommende Phänomene und Prozess zu erklären – zu sagen, das geschieht so und so oder aus diesem oder jenem Grund. In der Wissenschaft, wie in jedem Bereich des Lebens, gibt es unterschiedliche Meinungen darüber, warum etwas ist oder wie es zustande kommt. Wie wir in Kapitel 3 gesehen haben, ist man sich nicht einmal darüber einig, warum es Großmütter gibt. Die Perspektivenvielfalt existiert also auch in der Wissenschaft. Aus diesem Grund ist es unumgänglich, eine Vielfalt an Theorien kennenzulernen, die versuchen, zu erklären, was Kommunikation ausmacht, was wir unter Kultur verstehen wollen, was eine Sprache, ein Text etc. ist. Theorien sind also nicht nur *theoretisch.* Sie beziehen sich auf etwas *Reales.* Die Beschäftigung mit unterschiedlichen wissenschaftlichen Meinungen ist wichtig, damit Sie auch lernen, die Gültigkeit dieser Theorien anhand der Praxis der realen Transkulturellen Kommunikation überprüfen zu können.

Die Grundsätze und Theorien, die Ihnen hier und während Ihres Studiums präsentiert werden, sollen also im Kontext der realen Kommunikationspraxis des Lebens gesehen werden. Es genügt nicht, Kommunikations- oder Kultur- oder Translationtheorien bloß „theoretisch" zu lernen. Es bringt nichts, etwas auswendig zu lernen, ohne es zu verstehen. Und wie wir schon gesehen haben, bedeutet *verstehen*, die Relevanz von etwas für sich selbst zu erkennen, sich zu fragen: „Was hat das mit mir, mit meinem Vorhaben zu tun?" Eine Theorie soll nicht nur eine Trockenübung sein; sie soll uns helfen, Kommunikationssituationen „in echt" zu analysieren, zu steuern und zu gestalten.

Wir haben Ihnen in diesem Buch einen Überblick über die wissenschaftliche Beschäftigung mit Transkultureller Kommunikation geboten. Alle, die unser Buch lesen, sind Menschen, die im Alltag kommunizieren, sprechen, lesen, schreiben, Texte interpretieren und verstehen. Wir wollen Sie damit unterstützen, ein Bewusstsein für diese Prozesse zu entwickeln, sodass Sie eben bewusst, verantwortungsvoll und zielgerichtet damit umgehen. Ein Bewusst-Sein legt man nicht nach dem Studium oder nach der Lektüre ab. Kommunikationsprozesse, die wir einmal erkannt haben, werden wir immer wieder erkennen. So entwickeln sich die Erfahrung und die Analysefähigkeit: Je mehr wir erkannt haben, umso mehr werden wir erkennen.

Einmal in Gang gesetzt, entwickelt und differenziert sich der Erkenntnisprozess immer weiter. Wenn wir das zulassen. Wenn wir offen bleiben für die ständigen Änderungen in Kommunikationsmöglichkeiten, in sozio-politischen Machtverhältnissen, in der Konstruktion von kulturspezifischen Realitäten und Identitäten – und nicht zuletzt auch für die Änderungen im eigenen Leben, die ebenfalls neue und zum Teil herausfordernde Perspektiven eröffnen werden.

Wenn wir diese grundsätzliche Offenheit und Lernbereitschaft nicht aufbringen, wird uns nicht nur das Lernen – und die Kommunikation – schwerfallen. Unsere beruflichen Aussichten wären dann auch eher trüb. Offenheit für neue und andere Perspektiven brauchen wir, um unser Know-how für die Bedürfnisse der Arbeitswelt adäquat und überzeugend präsentieren zu können.

Es wird zunehmend erkannt, dass Kommunikation der Schlüssel zum unternehmerischen Erfolg darstellt. Wer sich heute nicht um die zielgruppengerechte, durchdachte und verständliche Kommunikation kümmert, wird nicht – oder nicht wie gewollt – wahrgenommen. Nicht nur ist es wichtig, die Kommunikationsbedürfnisse potenzieller Arbeitgeber*innen, Kolleg*innen oder Mitarbeiter*innen zu erkennen. Wir müssen auch in der Lage sein, sie von unseren Zielen und unserer Expertise überzeugen zu können. Sie sollen erkennen, dass wir etwas sagen, das für sie von Bedeutung ist. Erfolgreiche Kommunikation mit potenziellen Arbeitgeber*innen oder Mitarbeiter*innen setzt zwei Grundbedingungen voraus: das Erkennen ihrer Kommunikationsbedürfnisse und die Schaffung einer Vertrauensbasis. Durch die Beschäftigung mit Transkultureller Kommunikation werden Sie lernen, auf Menschen mit unterschiedlichem Wissensstand, die von unterschiedlichen Präsuppositionen ausgehen, bewusst, respektvoll und einfühlsam einzugehen.

Der Kommunikationsbedarf der modernen Welt steigt exponentiell. Transkulturalität ist ein *fact of life*. Der Bedarf an Expertise im Bereich der Transkulturellen Kommunikation ist vorhanden. Er wird sich mit technologischen sowie sozio-politischen Änderungen und Entwicklungen auch ändern und entwickeln. Wir brauchen die Flexibilität und die Offenheit, die sich ändernden Kommunikationsbedürfnisse zu erkennen, zu definieren und zu benennen. So zeigen wir auch, dass wir den Bedarf decken können.

In welchen Arbeitsbereichen wird Expertise in Transkultureller Kommunikation grundsätzlich gebraucht? Zum einen bieten spezialisierte Bachelorstudien zu Transkultureller Kommunikation eine Grundlage für das Berufsfeld Übersetzen und Dolmetschen, in das Sie sich in einschlägigen Masterstudien noch weiter vertiefen können. Zum anderen können Sie das erworbene Know-how in folgende und ähnliche Bereiche einbringen:

- Lokalisierung
- Werbung (international, transkulturell)
- Pre- und Post-Editing von maschinell übersetzten und maschinell generierten Texten
- Communication Consulting
- Unternehmenskommunikation (Gestaltung und Durchführung von Corporate Communication Policies etc.)
- Öffentlichkeitsarbeit (PR)
- Internationales Personalmanagement
- Transkulturelle Interaktion in der mündlichen Kommunikation, zum Beispiel in der Kund*innenberatung, für NGOs etc.
- Beratung bei multimedialer und transkultureller Textgestaltung

- Kunstvermittlung
- Journalismus
- etc., etc.

Bei dieser Liste ist der letzte Punkt der wichtigste. Niemand kann wissen, wie sich die Technologie, die Politik, das Leben entwickeln werden. Es werden schon in nächster Zukunft viele neue Kommunikationsmöglichkeiten entdeckt werden, die wir uns heute noch kaum vorstellen können. Vor zehn Jahren hätten wohl nur sehr wenige Personen damit gerechnet, irgendwann dem Handy mündliche Anweisungen geben und Fragen stellen zu können. Heute (im Jahr 2020) spricht Siri über 20 Sprachen bzw. mit lokalen Varietäten einzelner Regionen insgesamt weit über 30 Sprachvarianten. Es ist klarerweise nicht die Software allein, die die Sprache verarbeitet; echte Menschen werden benötigt, die die Sprachen – und den Sinn der sprachlichen Angaben – verstehen. Es ist möglich, dass auch Systeme wie Siri irgendwann vollautomatisiert werden und auf menschliches Wissen und Erfahrung verzichten können. Zurzeit aber erfordert die Erstellung dieser automatisierten Funktion einen sehr hohen Personalaufwand.

Was auch immer die Zukunft an Innovationen bringen mag, von einer Sicherheit können wir ausgehen: Menschen werden immer miteinander kommunizieren wollen oder müssen. Es wird auch immer wieder zu Missverständnissen kommen, weil es immer unterschiedliche Bedürfnisse und unterschiedliche Standpunkte geben wird. Auch wenn Computer denken können, erleben sie die Welt nicht als Menschen. Je mehr Kommunikationsarbeit automatisiert und vom Menschen „ausgelagert" wird, umso mehr werden Menschen gebraucht, die gerade die menschliche Dimension der Kommunikation – das Verstehen von Perspektiven, Bedürfnissen, Emotionen, Motivation und Intention – erkennen und einschätzen können. Herkömmliche Berufe werden von neuen abgelöst.

Es gibt immer etwas Neues zu sagen, zu schreiben, zu kommunizieren. Die Verhältnisse zwischen Ländern und Kulturen ändern sich ständig. Menschliche Beziehungen werden immer wieder neu konfiguriert. So ändert sich auch ständig unser „Lernstoff". In diesem Sinne bietet Ihnen ein Studium der *Transkulturellen Kommunikation* keine „Rezepte" und keine *Aus*-Bildung. Sie werden hoffentlich nie *ausgelernt* haben oder das Lernen *abgeschlossen* haben. Was Ihnen die wissenschaftliche Beschäftigung mit Transkultureller Kommunikation bieten kann, ist eine Grundlage, um in

Kontexten der Transkulturellen Kommunikation bewusst, flexibel und hoffentlich auch mit Begeisterung zukunftsgerecht weiterzulernen.

Wir wünschen Ihnen alles Gute dabei!

Sabine Dengscherz und Michèle Cooke
Zentrum für Translationswissenschaft
Universität Wien

Quellen

BERGER, John (1973). *Ways of Seeing*. London: British Broadcasting Corporation & Penguin Books.

BLOMMAERT, Jan (2010). *The Sociolinguistics of Globalization*. Cambridge: Cambridge University Press.

BRANDT, Jürgen (2008). Herausforderungen für die Unternehmenskommunikation im Zeitalter der Globalisierung. In: Crijns, Rogier, Thalhein, Janine (Hrsg), *Kooperation und Effizienz in der Unternehmenskommunikation. Inner- und außerbetriebliche Kommunikationsaspekte von Corporate Identity und Interkulturalität*. 2. Auflage. Wiesbaden: VS-Verlag für Sozialwissenschaften, 9–14.

BUSCH, Brigitta (2011). Biographisches Erzählen und Visualisieren in der sprachwissenschaftlichen Forschung. *ÖDaF-Mitteilungen*, 2011/2, 50–60.

BUSCH, Brigitta (2012). The Linguistic Repertoire Revisited. *Applied Linguistics*, 33(5), 503–523.

BUSCH, Brigitta (2013). *Mehrsprachigkeit*. Wien: Facultas UTB.

BUSCH, Brigitta (2016). Sprachliche Verletzung, verletzte Sprache: Über den Zusammenhang von traumatischem Erleben und Spracherleben. *OBST*, 89, 85–108.

CANAGARAJAH, Suresh (2013). *Translingual Practice. Global Englishes and Cosmopolitan Relations*. New York, NY: Routledge.

CHAUDHARY, Ujwal, Xia, Bin, Silvoni, Stefano, Cohen, Leonardo G., Birbaumer, Niels (2017). Brain–computer interface-based communication in the completely locked-in state. *PLoS biology*, 15(1), e1002593.

CHRYSSOCHOOU, Xenia (2000). Multicultural Societies: Making Sense of New Environments and Identities. *Journal of Community & Applied Social Psychology*, 10, 343–345.

COOKE, Michèle (2012). *Wissenschaft, Translation, Kommunikation*. Wien: Facultas.

Cooke, Michèle (2016). Berufsziel Translation: Zurück in die Zukunft. In: Kadrić, Mira, Kaindl, Klaus (Hrsg.), *Berufsziel Übersetzen und Dolmetschen. Grundlagen, Ausbildung, Arbeitsfelder.* Tübingen: Francke, 323–336.

Cornelissen, Joep (2004). *Corporate Communications. Theory and Practice.* London: Sage.

Dengscherz, Sabine (2014). Zur Dynamik von Sprachenrepertoires. Sprachenpflege und Sprachenerhalt im Studienalltag. *Theorie und Praxis*, 2014/3, 205–230.

Dengscherz, Sabine (2015). „Wie könnte dies ein Nachteil sein?" Einblicke in den Diskurs zur sprachlichen Diversität am Zentrum für Translationswissenschaft. Teilergebnisse einer empirischen Studie zur Mehrsprachigkeit am ZTW. *ÖDaF-Mitteilungen*, 2015/1, 64–81.

Dengscherz, Sabine (2018). Sprachenrepertoire als schreibstrategische Ressource? Zwischenergebnisse aus dem Projekt PROSIMS. Dannerer, Monika, Mauser, Peter (Hrsg.), *Formen der Mehrsprachigkeit. Sprachen und Varietäten in sekundären und tertiären Bildungskontexten.* Tübingen: Stauffenburg, 349–367.

Dengscherz, Sabine (2019). *Professionelles Schreiben in mehreren Sprachen. Strategien, Routinen und Sprachen im Schreibprozess.* Frankfurt a. M.: Lang (= Textproduktion und Medium, Band 17). https://doi.org/10.3726/b16495 [10.01.2020]

Farwell, Lawrence A., Donchin, Emanuel (1988). Talking off the top of your head: Toward a mental prosthesis utilizing event-related brain potentials. *Electroencephalography and Clinical Neurophysiology*, 70(6), 510–523.

Fehr, Ernst, Schmidt, Klaus M. (1999). A Theory of Fairness, Competition, and Coorporation. *The Quarterly Journal of Economics*, 144(3), 817–868.

Foss, Nicolai, Stea, Diego (2014). Putting a Realistic Theory of Mind into Agency Theory: Implications for Reward Design and Management in Principal-Agent Relations. *European Management Review*, 11, 101–116.

Framson, Elke Anna (2016). Arbeitsfeld Wirtschaft. In: Kadrić, Mira, Kaindl, Klaus (Hrsg.), *Berufsziel Übersetzen und Dolmetschen. Grundlagen, Ausbildung, Arbeitsfelder.* Tübingen: Francke, 263–277.

García, Ofelia, Kleyn, Tatyana (2016). Translanguaging Theory in Education. In: García, Ofelia, Kleyn, Tatyana (Hrsg.) (2016). *Translanguaging with multilingual students. Learning from Classroom Moments.* New York, NY / London: Routledge, 9–33.

García, Ofelia, Wei, Li (2014). *Translanguaging. Language, Bilingualism and Education.* New York, NY: Palgrave.

Gogolin, Ingrid, Neumann, Ursula (1991). Sprachliches Handeln in der Grundschule. *Die Grundschulzeitschrift*, 43, 6–13.

GUMPERZ, John G. (1964). Linguistic and Social Interaction in Two Communities. *American Anthropologist*, 1964/66, 137–153.

GUMPERZ, John G. (1982). *Discourse Strategies*. Cambridge: Cambridge University Press.

KRISHNASWAMY, Dolly J. (2010, Juli). 'Locked-In' Patients Can Follow Their Noses. *Science*. www.sciencemag.org/news/2010/07/locked-patients-can-follow-their-n oses [27. 11. 2019].

KRUMM, Hans-Jürgen (2007). Das Diktat der Einsprachigkeit und die mehrsprachige Identität von Migrantinnen. *Jahrbuch Deutsch als Fremdsprache*, 33, 251–260.

KRUMM, Hans-Jürgen (2010). Mehrsprachigkeit und Identität in Sprachenbiographien von Migrantinnen und Migranten. *Jahrbuch Deutsch als Fremdsprache*, 36, 55–74.

KRUMM, Hans-Jürgen, Jenkins, Eva-Maria (2001). *Kinder und ihre Sprachen – Lebendige Mehrsprachigkeit. Sprachenporträts – gesammelt und kommentiert von Hans-Jürgen Krumm*. Wien: eviva.

KYMLICKA, Will (2010). The rise and fall of multiculturalism? New debates on inclusion and accomodation in diverse societies. *International Social Science Journal*, 11, 97–112.

LANGFORD-WOOD, Naomi, Salter, Brian (2002). *Critical Corporate Communications. A Best Practice Blueprint*. Chichester: John Wiley & Sons.

MILADINOVIĆ, Dragan (2014). Deutsch als Zweitsprache. Eine Begriffsanalyse. *ÖDaF-Mitteilungen*, 2014/2, 137–147.

NIJBOER, Femke, Sellers, Eric W., Mellinger, Jürgen, Jordan, M. A., Matuz, Tamara, Furdea, Adrian, Halder, Sebastian, Mochty, Ursula, Krusienski, Dean J., Vaughan, Theresa M., Wolpaw, Jonathan R., Birbaumer, Niels, Kübler, Andrea (2008). A P300-based brain–computer interface for people with amyotrophic lateral sclerosis. *Clinical Neurophysiology*, 119(8), 1909–1916.

PENNYCOOK, Alastair (2010). *Language as a Local Practice*. London / New York, NY: Routledge.

PERNER, Kevin Rudolf (2015). Souverän? – Eine Untersuchung zum Konzept „native speaker".*ÖDaF-Mitteilungen*, 2015/1, 32–50.

PIAGET, Jean (2003). *Meine Theorie der geistigen Entwicklung*. In: Fatke, Reinhard (Hrsg.), Weinheim/Basel: Beltz-Verlag.

REGENTHAL, Gerhard (2009). *Ganzheitliche Corporate Identity. Profilierung von Identität und Image*. 2. Auflage. Wiesbaden: Gabler.

RIEHL, Claudia Maria (2018). Neurolinguistische und psycholinguistische Grundlagen der Mehrsprachigkeitsdidaktik. In: Hepp, Marianne, Nied Curcio, Martina

(Hrsg.), *Educazione plurilingue. Ricerca, didattica e politiche linguistiche.* Rom: Istituto Italiano Studi Germanici, 21–36.

Robalino, Nikolaus, Robson, Arthur (2012). The economic approach to ‚theory of mind'. *Philosophical Transactions of The Royal Society*, 367, 2224–2233.

Semi, Giovanni, Colombo, Enzo, Camozzi, Ilenya, Frisina, Annalisa (2009). Practices of Difference: Analysing Multiculturalism in Everyday Life. In: Wise, Amanda, Velayutham, Selvaraj (Hrsg.), *Everyday Multiculturalism.* London: Palgrave Macmillan, 66–84.

Vertovec, Steven (2010). Towards post-multiculturalism? Changing communities, conditions and contexts of diversity. *International Social Science Journal*, 199(61), 83–95.

Vincent van Gogh (kein Datum). *Wikipedia.* Version vom 24.01.2019, https://de.wikipedia. org/wiki/Vincent_van_Gogh

Yampolsky, Maya A., Amiot, Catherine E., Sablonnière, Roxane de la (2013). Multicultural Identity Integration and Well-Being: A Qualitative Exploration of Variations in Narrative Coherence and Multicultural Identification. *Frontiers in Psychology*, 4 (Artikel 126), 1–15.

Primärtexte

Canetti, Elias (1979). *Die gerettete Zunge. Geschichte einer Jugend.* Frankfurt am Main: Fischer TB.

Conway, Agnes (2013). *The Lost Sailors / I Marinai Perduti.* [Übersetzung: Alessandro Passi]. Venedig: Damocle Edizioni.

Dabić, Mascha (2017). *Reibungsverluste. Roman.* Wien: Edition Atelier.

Lobe, Mira (1986 [1972]). *Das kleine Ich-bin-Ich.* Wien/München: Jungbrunnen.

Schlüsselbegriffe

Die folgenden Erklärungen zu wichtigen Schlüsselbegriffen unserer Einführung sind nicht als feststehende „Definitionen“ zu verstehen, sondern als Anhaltspunkte für den Umgang mit diesen Begriffen. Uns ist ein offener Umgang mit diesen Konzepten wichtig, und die Erläuterungen lassen sich dementsprechend weiterentwickeln und ergänzen. In Klammern finden Sie Anmerkungen dazu, in welchen Teilen unseres Buches Sie noch mehr zu den erwähnten Aspekten lesen können.

Diskurs: Diskurs ist ein Ausdruck der Wechselwirkung zwischen Kultur und Sprache. Wir können Diskurs als eine ‚Sprache innerhalb einer Sprache‘ bezeichnen. Ein Diskurs besteht aus miteinander verflochtenen Aussagen, die zu einer bestimmten Zeit in einem spezifischen Kontext auf spezifischen *Präsuppositionen* beruhen. So sorgt er für Konsens und Akzeptanz innerhalb einer Gruppe, die auf eine bestimmte Weise über eine ihr eigene *Interpretation* (eines Teils) der Welt kommuniziert. Dementsprechend sind Diskurse grundsätzlich politisch bzw. ideologisch geprägt (vgl. Teil II).

Interpretation: Alles wird interpretiert. Alle Menschen interpretieren. Wir interpretieren die Handlungen und Aussagen anderer Menschen. Ihr Aussehen, ihre Kleidung, ihren Blick, ihre Körpersprache. Einfach alles. Es gibt nichts, das nicht interpretiert wird. Das bedeutet, dass wir die Welt, in der wir leben, unsere sogenannte Um-Welt, auch interpretieren. Die Interpretation, die gewisse Kollektive oder Gruppen gemeinsam haben, wird oft als *Kultur* bezeichnet (vgl. Teil II). Alle Menschen interpretieren grundsätzlich auf der Basis der eigenen Biografie. Das bedeutet aber nicht, dass es uns nicht gelingen kann, die Perspektive anderer Menschen zu berücksichtigen, sofern wir dies wollen.

Kommunikation: Kommunikation ist Verhalten und passiert, wenn Menschen einander wahrnehmen. Kommunikation ist nicht immer bewusst und gewollt, und auch die Interpretation von Kommunikation erfolgt bewusst oder unbewusst – immer von einem bestimmten Standpunkt aus (vgl. Teil I).

Kommunikationskompetenz: Mit Kommunikationskompetenz meinen wir die Fähigkeit, sich in der Mehrdimensionalität von *Kommunikationssituationen* zurechtzufinden (vgl. Teil I). Dazu gehören auch Sozialkompetenz und Empathie (vgl. Teil IV). Jeder Mensch ‚hat' Kommunikationskompetenz. Wir alle können diese Kompetenz durch Analyse und Reflexion weiterentwickeln, fördern und professionalisieren.

Kommunikationssituation: Kommunikation ist immer situiert, also in einer Situation verankert. Die Kommunikationssituation wird durch mehrere Dimensionen bestimmt. Dazu gehören Rahmenbedingungen (z. B. räumliche und zeitliche Faktoren oder soziale Nähe und Distanz), Medien, Adressat*innen, das sozio-politische Machtgefüge, Kontexte, Intentionen und Kommunikationsrollen. Die Kommunikationspartner*innen agieren in einer Kommunikationssituation auf der Basis von früheren Erfahrungen und kulturbedingten Erwartungen (vgl. Teil I).

Kultur: Kultur ist eine in einer Gemeinschaft erlernte Art zu leben, sich zu verhalten und das Verhalten anderer zu interpretieren. Der Kulturbegriff wurde und wird unterschiedlich gebraucht und wird häufig missbraucht, um andere auszugrenzen. Kultur kann an unterschiedliche Arten von Kollektiven geknüpft sein, zum Beispiel eine Institution, eine Familie, einen Freundeskreis, eine Region, eine Nation, eine Sprachgemeinschaft, einen Verein oder eine andere Interessengemeinschaft o. ä. Menschen gehören deshalb mehr als einer „Kultur" an. Die Grenzen zwischen diesen Kulturen sind in der Regel nicht klar zu ziehen (vgl. Teil II).

Mehrsprachigkeit: So gut wie alle Menschen sind bis zu einem gewissen Grad mehrsprachig. Sie sprechen oder verstehen verschiedene Varietäten innerhalb einer Einzelsprache oder verfügen über mehrsprachige *sprachliche Repertoires* (vgl. Teil V). Die Verwendung von sprachlichen Mitteln aus bestimmten Einzelsprachen kann der Positionierung in der *Kommunikation* dienen (vgl. Teil IV).

Präsupposition: Im kulturwissenschaftlichen Sinn ist mit Präsupposition eine Voraussetzung gemeint, eine Information, die in einer *Kommunikationssituation* nicht explizit mitgeliefert wird, weil es als „selbstverständlich" gilt, dass sie bekannt ist (vgl. Teil I).

Sprachkompetenz: Sprachkompetenz bezieht sich in der Regel auf eine Einzelsprache, die als solche benannt wird, zum Beispiel Deutsch, Englisch oder Russisch etc. Dabei wird häufig beschrieben, wie „gut" jemand eine solche Sprache „beherrscht", es ist dann (vor allem in Bezug auf Fremdsprachen) auch von „Sprachniveau" die Rede. Eigentlich sind dies Vereinfachungen, die (unter anderem aus soziolinguistischer Perspektive) vielfach kritisiert worden sind (vgl. Teil I und Teil V). Alle Menschen sind grundsätzlich sprachlich kompetent, weil Sprache eine wesentliche Dimension des Menschseins darstellt. Sprachkompetenz sollte nicht mit *Kommunikationskompetenz* gleichgesetzt werden (vgl. Teil I).

Sprachliche Repertoires: Sprachliche Repertoires umfassen die sprachlichen Mittel, die eine Person (oder eine Gemeinschaft) kennt und in der Kommunikation einsetzt. Dabei sind nicht nur Mittel in einer Einzelsprache gemeint (vgl. Teil V).

Text: Wenn „Text“ enger gefasst wird, sind damit verwobene Gebilde aus sprachlichen Zeichen gemeint, die begrenzt und zusammenhängend sind. In einer offeneren Definition kann „Text“ noch viel weiter gefasst werden (vgl. Teil III). Für unsere Zwecke ist besonders wichtig, Texte in ihrer jeweiligen *Kommunikationssituation* zu erfassen und damit in ihrer kommunikativen Funktion zu verstehen.

Transkulturelle Kommunikation: Transkulturelle *Kommunikation* meint *Kommunikation* über „Kulturgrenzen“ hinweg und *Kommunikation* in einem transkulturellen Raum.
Das Konzept der Transkulturalität betont die Vielfalt in und Verflechtung zwischen Kulturen. In *professioneller Transkultureller Kommunikation* werden Kommunikationsabläufe vor einem komplexen, vielschichtigen kulturellen Hintergrund verstanden und analysiert (vgl. Teil II). Dabei wird die Mehrdimensionalität von *Kommunikationssituationen* (vgl. Teil I), auch vor dem Hintergrund von Macht- und Marktverhältnissen (vgl. Teil II) berücksichtigt. Professionelle Transkulturelle Kommunikation zielt auf bewusste, verantwortungsvolle Gestaltung von *Texten* und Kommunikationsabläufen im aktuellen soziopolitischen Gefüge ab (vgl. Teil III), für die es Sozialkompetenz und Wissen über die Wirkung von sprachlichen und anderen Kommunikationsmitteln braucht (vgl. Teil IV). Auch Selbstreflexion spielt eine wichtige Rolle dabei (vgl. Teil V).

Translation: Translation ist eine wichtige Dimension der *(Transkulturellen) Kommunikation.* Jeder Kommunikationsprozess kann als Beziehung zwischen den Kommunikationsteilnehmer*innen bezeichnet werden. Bei Translation findet eine Änderung dieser Beziehung statt. Dementsprechend ändert sich im Zuge einer Translation das Interpretationspotenzial und das Verstehenspotenzial einer Aussage, eines *Texts* oder einer Handlung. Translation erfolgt nicht nur mittels gesprochener oder schriftlicher Sprache, sondern auch zwischen unterschiedlichen Medien mit unterschiedlichen Funktionen, Zielen und Wirkungen. Translation als Beziehung ist ein bilateraler Prozess. In dem Sinne ist Translation auch immer ein Angebot, die Beziehungsdynamik zu ändern, das von den beteiligten Kommunikationsteilnehmer*innen angenommen oder abgelehnt werden kann (vgl. Teil I).

Lizenzhinweise

Alle in diesem Buch verwendete Abbildungen des Center for Teaching and Learning unterliegen der Lizenz „CC-BY-SA 3.0 AT“ (https://creativecommons.org/licenses/by-nc-sa/3.0/at/).

Alle in diesem Buch verwendete Abbildungen von pixabay.com unterliegen der Pixabay-Lizenz (https://pixabay.com/service/license/).

Alle in diesem Buch verwendete Abbildungen von unsplash.com unterliegen der Unsplash-Lizenz (https://unsplash.com/license).

Alle in diesem Buch verwendete Abbildungen von wikipedia.org und pexels.com unterliegen der Lizenz „CC0“ (https://creativecommons.org/publicdomain/zero/1.0/).

Abkürzungen/Abbildungsnachweise

CTL	:	Center for Teaching and Learning, Universität Wien
ME	:	Michael En
RD	:	Robert Dengscherz
SD	:	Sabine Dengscherz

Mag. Dr. Sabine Dengscherz, Privatdoz. ist Wissenschaftlerin und Lehrbeauftragte am Zentrum für Translationswissenschaft der Universität Wien (ZTW). Sie forscht interdisziplinär zu Transkultureller Kommunikation, Mehrsprachigkeit und Schreibprozessen.

a.o. Univ.-Prof. Dr. Michèle Cooke, MA ist seit über 30 Jahren Übersetzerin. Sie lehrt und forscht seit 1992 am Zentrum für Translationswissenschaft der Universität Wien. Zu ihren Forschungsschwerpunkten zählen der Zusammenhang zwischen Kognition, Emotion und Kommunikation sowie die Ethik der Transkulturellen Kommunikation.

BUCHTIPP

Daniel Reimann

Interkulturelle Kompetenz

2017, 90 Seiten
€[D] 10,90
ISBN 978-3-8233-8113-6
eISBN 978-3-8233-9113-5

Dieser Band behandelt Interkulturelle Kompetenz als Gegenstand des Fremdsprachenunterrichts. Er erklärt Grundbegriffe, wirft einen Blick in die Geschichte, betrachtet zentrale Schlüsselwörter und führt in verschiedene didaktische Modelle des interkulturellen Lernens ein. Schließlich werden unterrichtspraktische Aspekte betrachtet: Wie lehrt man inter- und transkulturelle Kompetenz? Kann man sie evaluieren? Aufgaben mit Lösungen runden den Band ab.

Narr Francke Attempto Verlag GmbH + Co. KG \ Dischingerweg 5 \ 72070 Tübingen \ Germany
Tel. +49 (0)7071 9797-0 \ Fax +49 (0)7071 97 97-11 \ info@narr.de \ www.narr.de